Actualités Françaises

Actualités Françaises

A Complete Course for Advanced Students
Part one

D O Nott
Assistant Master
Manchester Grammar School

J E Trickey
Head of Modern Languages
Stockport School

 The English Universities Press Ltd

ISBN 0 340 12471 7

First published 1971

The English Universities Press Ltd
St Paul's House Warwick Lane London EC4M 7BT

Printed and bound in Great Britain by
Butler and Tanner Ltd Frome and London

Preface

This is Part 1 of a two-year course designed to cover all aspects of advanced French language studies. The course is suitable for use in schools and colleges, and in particular for students who have attained G.C.E. 'O' level standard in any traditional or alternative syllabus and are aiming to reach G.C.E. 'A' and 'S' level after two years. In preparing the course we have taken account not only of present 'A' and 'S' level syllabuses but also of current ideas and proposals for new approaches in advanced French studies. Colleges of Education and Technical Colleges will find in Parts 1 and 2 ample material for intensive work in French language and 'civilisation'; Part 1 on its own could well form the basis of a 'continuation course' in schools for those who will not be examined in French at Advanced level.

This first-year course contains thirty-four units each based on a passage of contemporary French; the units are grouped under seven main themes, and illustrated by photographs, diagrams and simple statistical tables. Each passage is accompanied by a vocabulary of words and phrases to be learned, questions in French for comprehension and discussion, hints and plans for essay work, grammar notes illustrated by examples from the passages, and exercises. A comprehensive grammatical index is provided at the end of the book. Twenty sections from the passages, marked ✱, are suitable for French–English translation; for English–French translation, we have included at the end of the book thirty-four passages, each corresponding to one unit of the course, and a further fifteen passages for re-translation into French, to be used in conjunction with the tape recording of the original French version (*see below*).

The recorded tapes contain:

(1) A reading of one passage from each chapter (marked ◗);
(2) Seven short recordings in dialogue or interview form;
(3) Grammar exercises (those marked ◗ in this book);
(4) Seven model answers to essay questions (those marked ◗ in this book);
(5) The French text of fifteen passages for re-translation. (The English version of these is printed at the end of this book.)

The passages are intended to be a stimulus and a basis for oral and written work, while at the same time providing definite points of reference for the learning of vocabulary and grammar. This form of presentation enables the student to see how ideas can be expressed in French; if he intelligently adapts and imitates phrases, constructions and points of style from the passages he will soon learn how to compose an essay of reasonable length and accuracy.

Suggested teaching sequence

The course is flexible in that teachers and students are not obliged to devote the same amount of time and attention to each and every unit; however, when a passage *is* chosen for detailed study, the following approach is suggested:

(a) The passage should first be read at home, and the comprehension questions studied.
(b) In class, oral work on the comprehension questions leads on to discussion of topics arising from these, or based on the statistical tables and accompanying questions, and on the suggested discussion topics. The questions and topics given in the book are intended as a guide, and need not be followed rigidly. The class should be encouraged to make notes on ideas, vocabulary and so on. Alternatively, after going through the comprehension questions orally, the class could write answers to them, either immediately or at home.
(c) Part of the following lesson could be spent on planning the essay, with more detailed attention given to discussing and noting down vocabulary and phrases. Use of the 'model essay' recordings can be made at this point.
(d) The grammar notes should then be introduced in class; the time devoted to explanation will depend on the needs of the class. The grammar section should then be studied at home and the exercises prepared. The next lesson or part of it can then be devoted to the exercises — orally, in writing, or in the language laboratory, as appropriate. It is important that class time spent on exercises be kept to a minimum; in particular, the sentences for translation are a means of testing, and not of teaching, the points covered.
(e) Vocabulary, phrases and grammar should be tested regularly, at an appropriate point in the teaching cycle.

(*f*) Passages suitable for French–English translation (marked ✳) can be set either as unseens at the beginning of the cycle, or after the passage has been discussed in French.

(*g*) The passages for English–French translation (at the end of the book) are best used after the completion of the cycle, to test assimilation of the grammar and vocabulary studied. The aim here is to avoid the traditional use of 'proses' as a teaching method, involving laborious correction and explanation of mistakes made through tackling new structures without preparation.

(*h*) The fifteen retranslation passages (also at the end of this book), used in conjunction with the tape recordings of the original French version, provide an audio-lingual approach to prose composition (see the Introduction to the booklet accompanying the tapes) which is taken further in Part 2 of the course.

The approach outlined above represents sufficient work for between four and six periods, plus homework. Probably *not more than half* the units in the book will be selected for this approach; for the rest, while it is recommended that the grammar of every unit be studied and learned, treatment of the passages themselves may be limited to reading at home, translation of particular sections, or writing answers to comprehension questions, as appropriate.

Vocabulary

The vocabulary given alongside the passages is not intended merely to help comprehension, but (with certain exceptions, e.g. units 14 and 25) to be learned and tested. It is suggested that the students also keep their own vocabulary note-book, divided up either alphabetically or into areas of interest. The 'further vocabulary' section illustrates differences in idiom and usage between French and English. Most of these points should become part of the students' active linguistic stock-in-trade; the process of analysing and comparing such differences in structure should be a continuous and cumulative one throughout the course.

Grammar

Although the index provides a means of reference to grammar points, it is suggested that students keep their own grammar note-book, under the teacher's guidance, perhaps using the reference-headings that appear in the grammar sections of this book.

viii

Dictation

This should not be neglected in advanced work: short extracts from the passages can be given from time to time, perhaps divided into longer segments than usual, each segment being read out several times at natural speed. In the language laboratory, the possibilities for useful work of this kind are enormous (see below).

Tape recordings

The passages, dialogues, exercises, model essays and retranslations recorded on tape can be used in the language laboratory or in the classroom. Depending on the needs of the class, the *grammar drills* can either be prepared beforehand or presented unseen; wherever possible the vocabulary used reinforces that of the corresponding passage. The *recorded passages* are intended to give practice in listening to familiar material; in most cases they should be prepared beforehand and then listened to without reference to the book; the comprehension questions can be recorded by the French assistant, or presented from the book, to be answered orally or in writing. The recorded *dialogues and interviews* (the texts of these are available in a separate booklet) are presented without comprehension questions. Both these sets of recorded material can be used for exercises of various types:

(*a*) Transcription. The student listens to the passage, stopping and replaying it as often as necessary, and writes down the text in French.

(*b*) Translation. As (*a*), only the text is to be written down in English.

(*c*) Dictation. The passage may be divided up and presented in the traditional segments of half a dozen words, or in longer sections of up to about twelve seconds' duration.

(*d*) Summary. The student, after listening to the passage a given number of times, has to write in English a summary of the main argument.

(*e*) Résumé. As (*d*), only the summary is to be made in French, and may be oral or written.

(*f*) Comprehension.

Suggestions for the use of the *model essays* and the *retranslations* are given in the booklet accompanying the tapes.

Further reading

Alongside the close study of the passages in the book, it is essential that the student be given a programme of extensive reading of selected French novels and plays, preferably by twentieth-century authors. The choice of books must ultimately depend on the tastes and interests of each class; ideally, they should be works of modern literature in their own right, but which the student can read rapidly enough to maintain his interest. If these criteria can be approached, it is not unreasonable to expect everyone in the class to read two such books a term. After reading the book, the student may be set to write a summary in French (plot, characters, etc.) or, later, a critical appraisal, preferably in French.

In our experience, it is not enough to suggest to students that they obtain certain books from the public library or even the school or college library; it is better to have at hand sets of six or a dozen copies of several works. Most of those listed below are available either as cheap 'Livres de Poche' or in editions by English publishers, with helpful introductions and notes, such as the series 'Textes français classiques et modernes' published by the University of London Press Ltd.

Reading list

(1) Youth

M. Pagnol	*La Gloire de mon père*
	Le Château de ma mère
Colette	*La Maison de Claudine*
	Le Blé en herbe
H. Bosco	*Barboche*
	L'Enfant et la rivière
H. Troyat	*La Tête sur les épaules* (U.L.P.)
F. Sagan	*Bonjour tristesse*
	Un certain sourire
F. Mauriac	*Le Mystère Frontenac*

(2) Adventure

Frison-Roche	*Premier de cordée*
H. Troyat	*La Neige en deuil*
A. de Saint-Exupéry	*Vol de nuit*
P. Boulle	*Le Pont de la rivière Kwai*
C. Aveline	*Voiture 7 place 15*
G. Simenon	. . . .

(3) Society

A. Chamson	*Les Hommes de la route*
	Roux le bandit
E. Dabit	*Hôtel du Nord*
R. Vailland	*325 000 francs*
H. Bazin	*Les Oberlé*
E. Zola	*Contes choisis* (U.L.P.)

(4) Humour

M. Pagnol	*Topaze*
J. Romains	*Knock*
R. Queneau	*Zazie dans le Métro*

(5) Others

J. Anouilh	*L'Alouette*
A. Camus	*L'Étranger*
A. Gide	*La Symphonie pastorale*
	Isabelle
J. Giono	*Regain* (U.L.P.)
J.-P. Sartre	*Les Jeux sont faits*

Newspapers and periodicals

Every group of advanced students should have the chance to read and find their way around a selection of French newspapers and magazines. Enquiries about subscriptions to the following publications should be addressed to Hachette, 4 Regent Place, London, W.1.

Le Monde hebdomadaire
Le Figaro hebdomadaire
Le Figaro littéraire
Paris-Match
L'Express
Le Nouvel Observateur
Réalités
Salut les copains
Mademoiselle âge tendre

The cost of taking out a subscription to any one of these is very low when it is shared by all the members of a class, and they are more likely to be read if obtained in this way than if they are available only in the school or college library. No one will read any of these periodicals from cover to cover; the important thing is to get into the habit of reading in full one or two important articles every week.

We are very grateful to colleagues in schools for their valuable help in testing our material; to Mrs Elizabeth Nott for typing the manuscript; to Mme Simone Wyn-Griffith for advice on points of French; and to our editors, Messrs P. J. Downes and E. A. Griffith, for their helpful and constructive criticisms.

D. O. N.
J. E. T.

Acknowledgements

Thanks are due to the following for kind permission to reprint the extracts included in Units 1 to 34:

(Unit) 1 from 'Le monde vu par une classe', Danièle Hunebelle, *Réalités*, 9/60; 2 from 'Les lycéens prennent l'accent pendant leurs vacances', Jean Gaillard, *Le Figaro littéraire* 22/1/68; 3 from 'Ecole ou communauté éducative?', B. Girod de l'Ain, *Le Monde hebdomadaire*, 30/3/67; 4 from 'Un étudiant d'université', G. J. P. Courtney, *Je vous présente*, Longmans Green & Co. Ltd, 1966; 5 from 'Messieurs les ronds-de-cuir', school magazine, Lycée Champollion, Grenoble; 6 from 'Quelle violence?', Françoise Giroud, *L'Express*, 5/2/68; 7 and 9 from *Pourquoi tous ces copains?*, J. M. Deramat, Librairie Charpentier, 1964; 8 from 'Pourquoi la famille redevient la cellule du monde moderne', Tanneguy de Quénétain, *Réalités*, 3/66; 10 from *Le Monde*, 25/8/65; 11 from 'Les Français et le sport, © Sofrès and *L'Express*, 12/2/68; 12 from *Le Monde*, 6/1/63; 13 from 'La neige à forfait', René Backmann, © *Le Nouvel Observateur*, 29/11/67; 14 from '60 heures à la dérive', Joan de Kat, *Le Figaro*, 25/6/68; 15 from an article by Janine Herbay in *La Vie Française*, 24/7/64; 16 'Le psychiatre et le permis de conduire', Pierre Gaxotte, *Le Figaro*, 1966; 17 from 'Les tueurs du dimanche', Macaigne and Dubessy, *Le Figaro*, 22/4/68; 18 from 'On néglige le chemin de fer', Alfred Sauvy, *Le Figaro littéraire*, 29/4/68; 19 from 'Sauver les autobus', Robert Franc, *L'Express*, 23/10/67; 20 from 'Bataille pour le Chunnel', Jérôme Pietrasik, © *Le Nouvel Observateur*, 20/3/68; 21 from 'Du bruit autour des aéroports', Pierre Voisin, *Le Figaro*, 30/11/66; 22 from 'Peut-on vivre hors les murs?', Colette Gouvion, *L'Express*, 18/10/62; 23 from 'Vivre à Sarcelles', Josette Alia, *Le Nouvel Observateur*, 13/12/67; 24 from an article by Pierre George in *Population*, 1/65; 25 from *325 000 Francs*, Roger Vailland, Editions Buchet Chastel; 26 from 'Les Révoltés de la Rhodia', Chris Marker, © *Le Nouvel Observateur*, 22/3/67; 27 from 'Les Retombées de Mai', Jacqueline Dana, © *Le Nouvel Observateur*, 15/7/68; 28 from *Automation et Humanisme*, Georges Elgozy, Calmann-Lévy, Éditeurs, 1967; 29 from a televised interview with General de Gaulle by Michel Droit, editor of *Le Figaro littéraire*; 30 from 'Le travail des femmes en France' in *Notes et études documentaires*, La Documentation Française, 12/11/66; 31 from 'La Française retourne au foyer', Lucien Rioux, © *France Observateur*, 26/3/64; 32 from 'Ce qui va changer pour les femmes', Tanneguy de Quénétain, *Réalités*, 1/66; 33 from 'Trois parlementaires racontent leur vie de femme-député', Maurice Colinon, *Femmes d'Aujourd'hui*, 17/4/68; 34 from *Le Figaro littéraire*, 4/3/68.

Thanks are also due for kind permission to reproduce the following items:

Tables and statistical material from *Les Cahiers Français* (pp. 23, 50, 57, 116, 160), *Notes et études documentaires* (p. 50), *La Documentation Française Illustrée* (p. 58); (p. 94) 'Trafic Marchandises', *L'Express*, 1966; (p. 123) 'La montagne', © 1964 by Productions Musicales Alleluia Gérard Meys, 10 rue Saint Florentin, Paris 1er P.M.A. 151 and (p. 172) 'On ne voit pas le temps passer', © 1965 by Productions Musicales Alleluia Gérard Meys, 10 rue Saint Florentin, Paris 1er P.M.A. 170; (p. 132) 'Les Usines' from *Les Villes Tentaculaires* by Emile Verhaeren, *Mercure de France*.

Cartoons: (p. 1) from *Le Grand Duduche* by Cabu, © Dargaud S.A. Paris, 1967; (pp. 56 and 97) 'Le petit monsieur de Michel Claude' by Michel Claude, *Le Figaro littéraire*, 1968; (p. 84) 'L'histoire de l'automobile' by Sempé, *Idéréa*; (p. 147) 'L'automatisme' by Folon, *Le Nouvel Observateur*, 1969.

Photographs: Camera Press (pp. 25, 26, 29, 45, 101, 102); *Documentation Française* (pp. 155, 161, 176); Esso Standard S.A.F. (p. 129); French Embassy (pp. 76 bottom, 111, 115, 119, 136); French Government Tourist Office (pp. 57, 65, 67, 71, 81, 95, 131); Keystone Press Agency Ltd. (pp. 4 top, 20, 72, 75, 76 top, 123, 174); London Express News and Feature Services (pp. 4 bottom, 51, 112, 144); SNARK International (p. 140).

Contents

I
L'Enseignement

L'humour de Cabu

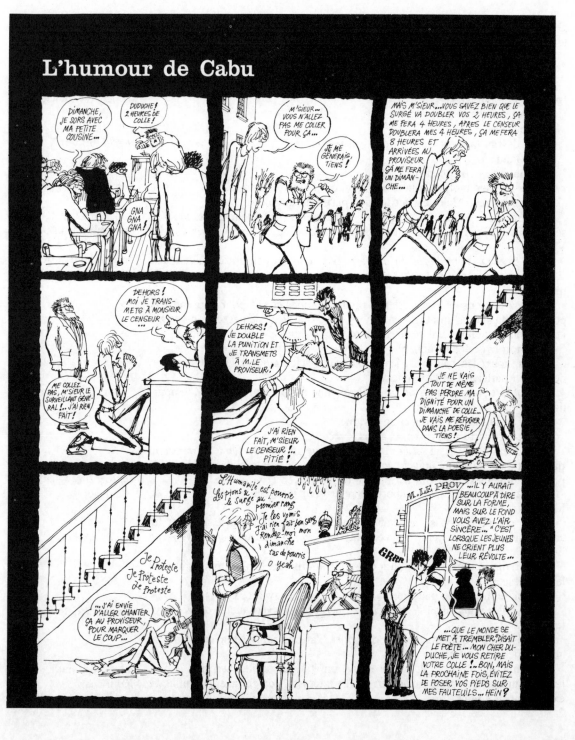

1

Interview avec quatre élèves
d'un lycée parisien

Dites-moi, vous quatre, vous avez l'impression que cela sert à quelque chose, le lycée, ou bien vous perdez votre temps?

—Oh, les études, c'est indispensable.

—Tout seul, on n'aurait pas le courage de travailler...

—Oui, c'est utile, les études, mais j'estime qu'on nous bourre le crâne dans beaucoup de matières.

estimer: to think

matière (f): subject

Par exemple?

—L'histoire.

—Le dessin, la musique, on perd son temps.

dessin (m): art

—Le latin...

Pourquoi êtes-vous contre le latin?

—Les langues mortes, à notre époque, ça ne veut rien dire.

langue (f): language

—Tu exagères, Alain, ça fait un peu partie de la culture.

—Domergue dit ça pour se poser, parce que le professeur le dit. Mais ce serait plus utile de nous expliquer les spoutniks, que de traduire les vers de Virgile.

vers (m): line of poetry

Vous trouvez qu'au lycée on devrait vous tenir au courant de l'actualité?

actualité (f): current events

—Nous sommes à un âge où nous aimerions savoir ce qui se passe dans le monde.

—Dans un sens, le lycée est fait pour travailler et pas pour apprendre la politique. Mais dans un autre sens, si un élève qui vient de passer son bac n'a jamais fait de politique, il se retrouve tout seul dans la vie, en politique.

C'est ton avis, Jean-Michel?

—Les nouvelles sportives, les événements scientifiques, je trouve qu'on devrait en parler. Mais la politique...

—Peut-être la politique, on ne pourrait pas nous l'expliquer avec l'impartialité requise.

—On en fait déjà en éducation civique.

Qu'est-ce que tu en penses, Francis?

—Eh bien la classe, ce serait moins monotone autrement. On a l'impression qu'on vit dans plusieurs univers, ici on est prisonnier d'un monde indispensable pour les diplômes, mais qui n'a pas de rapport avec la vraie vie.

rapport (m): relation, contact

Qu'est-ce qui est le plus important pour vous au lycée, les professeurs ou les camarades?

—Ce qui nous pousse à venir au lycée, quand on y pense, ce sont les camarades, cela nous rend le lycée plus agréable, parce que sinon venir au lycée...

sinon: otherwise

—Oui, mais comme on va au lycée pour apprendre, le plus important c'est les professeurs.

—Moi, je ne trouve pas; on n'a pas de rapports avec eux.

Que voulez-vous dire? Vous n'avez de rapports avec aucun de vos professeurs?

vouloir dire: to mean

—C'est-à-dire que moi, je fais du sport, j'ai des rapports avec mon professeur de gymnastique.

—Avant, en 6ᵉ et 5ᵉ, et même en 4ᵉ, on était davantage liés avec le professeur surtout le professeur de lettres. Il s'intéressait davantage. Il était assez exceptionnel, il était...

davantage: more

lié: friendly

2

Il vous connaissait mieux?

—Oui, il nous connaissait mieux. Nos professeurs actuels ne nous connaissent pas assez. Ils ne nous disent pas assez ce qu'ils pensent de nous au point de vue des études. Ils ne nous considèrent pas assez en tant que garçon normal dans la vie. Le professeur devrait nous parler en particulier. Il ne dit jamais carrément ce qu'il pense de nous.

Comment le professeur doit-il aider ses élèves?

—Il doit s'intéresser à tout.

—En faisant de bons cours et en les aidant à travailler en donnant de bonnes explications.

—En s'intéressant aussi à leur avenir: il doit savoir ce que ses élèves veulent faire plus tard.

Vos professeurs s'intéressent à votre avenir?

—Ils n'ont pas le temps.

—Je le regrette d'autant plus qu'à mon avis le professeur est à même de nous guider, de nous donner des conseils utiles, plus que les parents ou les amis.

Qu'est-ce qui vous paraît le plus important: l'explication du maître, la leçon, l'interrogation écrite ou orale, les réponses du maître à vos questions?

—Oh, l'explication du maître. C'est sa raison d'être même.

—Les professeurs devraient apporter plus de documents; en langue vivante, apporter des documents du pays; en géographie, des films.

—Le professeur est irremplaçable pour tout ce qui ne se trouve pas dans les livres. Quand le cours devient intéressant en français, c'est que le professeur s'éloigne du sujet.

Vous aimez qu'on s'éloigne du sujet?

—Oui. Ça permet d'ouvrir la discussion.

—On approfondit beaucoup plus la question, on comprend mieux généralement le cours quand il y a une discussion.

—J'ai souvent des opinions qui ne sont pas celles des professeurs, et ce que j'aime dans la discussion c'est qu'on peut les vérifier, voir si elles sont fausses.

	actuel: present
	en tant que: as
	carrément: straightforwardly
	cours (m): lesson
	avenir (m): future
	avis (m): opinion
	raison d'être (f): justification
	s'éloigner: to move away
	approfondir: to go deeply into

Note

le bac: Le baccalauréat, examen qu'on passe à la fin de la classe terminale, donne le droit d'entrer à l'université.

Verb Constructions

servir à qch.: to be useful for sth.
s'intéresser à qch.: to be interested in sth.
penser à qch. (à qn.):
to think of (i.e. have in mind) sth. (s.o.)

penser de qch. (de qn.):
to think of (i.e. have an opinion about) sth. (s.o.)
pousser qn. à faire qch.: to encourage s.o. to do sth.
aider qn. à faire qch.: to help s.o. to do sth.

Further Vocabulary

on nous bourre le crâne: we are crammed
ça fait partie de la culture:
it's a part of (it belongs to) culture.
pour se poser: for effect
tenir au courant de...:
to inform about . . ., keep up to date with . . .
qui vient de passer son bac:
who's just taken the baccalauréat

le professeur de lettres:
the French teacher (in France); the English teacher (in Britain, U.S.A.), etc.
d'autant plus que...:
all the more because . . ., particularly since . . .
(il) est à même de nous guider:
he's in a position to guide us
c'est que...: it's because . . .

A Questions à préparer

1 Essayez de résumer en une phrase les réponses faites par ces élèves à la question: 'Est-ce que cela sert à quelque chose, le lycée?'
2 Quels changements apporteraient-ils au programme scolaire? Pourquoi?
3 Quel devrait être le rôle des professeurs?
4 Quelles critiques font-ils de leurs professeurs?
5 Pour quelles raisons aiment-ils venir au lycée?

B Sujet de rédaction à discuter

Quels changements apporteriez-vous à votre programme scolaire?

(1) Qu'est-ce qui vous intéresse à l'école en particulier?
(2) En quelles matières est-ce qu'on vous bourre le crâne? Pourquoi? Est-ce nécessaire?
(3) Est-ce vrai que les langues mortes ne servent plus à rien?
(4) A quoi servent les études d'histoire?
(5) Quelles matières sont à votre avis les plus utiles?
(6) Est-ce que la spécialisation en 'Sixth Form' vous plaît ou est-ce que vous auriez préféré un programme plus général?
(7) Devrait-on vous tenir au courant de l'actualité?
(8) Y a-t-il des cours d'éducation civique dans votre lycée? A quoi servent-ils?

Plan proposé: 1er paragraphe: Le programme actuel. 2e: Ce que vous n'y aimez pas. 3e: Les changements que vous y apporteriez. 4e: L'importance de l'école pour vous, et de ces changements en particulier.

Devant un lycée parisien.
'Ce qui nous pousse à venir au lycée, ce sont les camarades.'

Lauréats du concours général avec leurs prix.
'... le lycée est fait pour travailler...'

C Sujet de rédaction à discuter

Comment considérez-vous que l'école vous prépare pour la vie?

(1) Quelle importance est accordée dans votre lycée aux activités extra-scolaires, aux 'clubs', aux 'cercles'? A quoi servent ces activités? Y participez-vous? Pourquoi (pas)?
(2) Qu'est-ce qui vous pousse à venir au lycée? Serait-il juste de dire que le lycée est une société en miniature? En quoi cette description est-elle vraie ou fausse? (Mettez les deux points de vue en classe: démocratie/autorité; adultes/jeunes; responsabilité envers les parents, la société, etc.) 'cercles'? A quoi servent ces activités? Y participez-vous? Pourquoi (pas)?
(3) Les rapports entre élèves et professeurs dans votre lycée sont-ils bons ou mauvais? Pourquoi sont-ils ainsi? Que proposeriez-vous pour les améliorer, s'ils ne sont pas ce que vous souhaitez?
(4) Est-ce que les professeurs sont mieux équipés pour vous donner des conseils utiles que vos parents? Justifiez votre réponse.

Plan proposé: (1) Décrivez l'enseignement que vous avez reçu jusqu'ici. Quel profit espérez-vous tirer de l'école? (2) L'école vous aide à obtenir des diplômes mais est-ce qu'elle offre autre chose? Jusqu'à quel point est-elle une société en miniature? (3) A tout prendre est-ce que le système vous offre une préparation efficace pour la carrière dans laquelle vous espérez vous engager? Quels changements apporteriez-vous? (4) Résumez les arguments et donnez votre avis sur la question. Quels buts devrait se proposer un système d'enseignement moderne?

Grammar

Note: The sign — before an example indicates that it is taken from the reading passage.

1 Personal Pronouns

Use of *on*

(*a*) *On* can only be used as the **subject** of the verb. It has several meanings, depending on the context:
— *on n'aurait pas le courage...:*
  you (one) wouldn't have . . .
— *on devrait vous tenir au courant:*
  they should keep you informed.
N.B. When *on* refers to several persons, or to a woman, the adjective agrees:
— *on était davantage liés avec...:*
  we were closer to . . .

(*b*) As the **object** of a verb, 'one' is translated by *vous*. 'You' and 'us' are translated in the usual way:
— *on nous bourre le crâne:* they cram us.
N.B. *vous* is sometimes omitted:
— *Ca permet d'ouvrir la discussion:*
  That enables one to . . .

(*c*) *On* has the same possessive adjectives and reflexive pronouns as *il* and *elle*:
— *on perd son temps.*
— *Vous aimez qu'on s'éloigne du sujet?*

(*d*) The passive voice is often avoided in French by the use of *on* with the active voice:
— *on peut les vérifier:* they can be verified.
— *on ne pourrait pas nous l'expliquer:*
  it couldn't be explained to us.
N.B. This construction is obligatory when the verb in French has an indirect object. The indirect object cannot become the subject as it can in English, e.g. 'he is told' must be translated *on lui dit*.
— *on devrait en parler:*
  they ought to be spoken about.

(*e*) *L'on* is often used instead of *on* to avoid hiatus:
  si l'on comprenait bien...

2 Auxiliary Verbs   *devoir, pouvoir*

These verbs have a number of uses, some of which are peculiar to certain tenses. Examples are frequent in the reading passages and should be noted.

(*a*) *devoir*
Present tense
— *Comment le professeur doit-il aider ses élèves?:*
  How should the teacher . . .? (i.e. in general)
Il doit venir demain:
He is (due) to come tomorrow.
Les élèves doivent faire leurs devoirs:
The pupils have to do their homework.
Ce professeur doit être exceptionnel!:
That teacher must be exceptional!
Conditional
— *Les professeurs devraient apporter...:*
  The teachers ought to bring . . .
Il aurait dû nous parler:
He should have spoken to us.
The use of this tense implies a moral obligation, whereas the present tense does not.
Imperfect tense
Il devait venir demain:
He was (due) to come tomorrow.

Les élèves devaient faire leurs devoirs:
The pupils had to do their homework.
Ce professeur devait être exceptionnel!:
That teacher must have been exceptional!
Perfect and past historic
Il a dû (Il dut) partir:
He had to leave, he must have left.

(*b*) *pouvoir*
Present
— *on peut les vérifier:* they can be verified.
Puis-je les vérifier?: May I check them?
Future
Il pourra le faire: He may do it.
Conditional
— *on ne pourrait pas l'expliquer:*
  they couldn't explain it (i.e. they wouldn't be able to . . .).
Imperfect
On pouvait lui parler:
One could speak to him (i.e. one was able to habitually).
Perfect
— *On a pu lui parler:*
  We could speak to him (i.e. it was possible on a particular occasion).
— *Il a pu le faire:* He may have done it.

3 The Article

(a) **Used in French** where omitted in English:
  (i) with abstract nouns:
    — *l'histoire, le dessin, la musique, l'actualité, la politique, la vraie vie* (real life), *dans la vie* (in life), etc.
  (ii) with plural nouns, in a general statement about the category mentioned:
    — *les études, c'est indispensable:*
      school work is indispensable.
    — *plus que les parents ou les amis.*

(b) **Omitted in French:**
  (i) before an adjective preceding a noun:
    — *de bons cours; de bonnes explications.*
  (ii) after *en:*
    — *en géographie, en politique, en sixième.*
  (iii) when a person is placed in a particular category, trade or profession:
    — *on est prisonnier:* one is a prisoner.
    — *en tant que garçon normal:*
      as a normal boy

4 Comparisons

(a) The comparative of adjectives and adverbs is formed with the adverbs *plus, davantage* (more); *moins* (less); *si, aussi* (so, as). The second term is introduced by *que:*
  — *ce serait **plus** utile de nous expliquer les spoutniks **que** de traduire...*
    *Ce n'est pas **aussi** (or **si**) utile de traduire les vers de Virgile **que** de...*

(b) In comparisons of quantity the comparatives are **plus de, moins de, autant de** (as much, as many), **tant de** (so much, so many):
  — *Les professeurs devraient apporter plus de documents...*
    Les professeurs nous donnent tant d'explications...!

(c) *meilleur — mieux*
  Note the following common irregular comparisons:
  Adjectives: *bon — meilleur — le meilleur*
      mauvais — plus mauvais or *pire — le plus mauvais* or *le pire*

Adverbs: *bien — mieux — le mieux*
      mal — plus mal or *pis — le plus mal* or *le pis*
Distinguish between adjective and adverb:
  Ses explications sont meilleures:
  His explanations are better.
  — *il nous connaissait mieux:* he knew us better.

(d) Note the following examples of the **superlative**:
  — *Qu'est-ce qui est le plus important pour vous?:*
    What is the most important (thing) in your opinion?
  — *le plus important, c'est les professeurs:*
    what is most important, is the teachers.
    Le mieux serait de...:
    The best thing would be to . . .
    Le plus intéressant, c'est...:
    The most interesting thing (aspect) is . . .

5 Prepositions

The sense of many prepositions varies in different phrases; the purpose of this section is to illustrate the most important uses of various prepositions as they occur in each passage. (For prepositions used as the complement of a verb, see the section Verb Constructions after each passage.)

à — *à notre époque:* in our times, nowadays
   — *à mon avis:* in my opinion
en — *en particulier:* individually

Exercises

❧ (1) **Personal Pronouns** *On* instead of the passive
  (a) with verbs + direct object
    Exemple: Les opinions peuvent être vérifiées?
    Réponse: Oui, on peut vérifier les opinions.
  1 De bonnes explications sont données? 2 Les spoutniks ne sont pas expliqués? 3 La politique n'a jamais été mentionnée? 4 De bons rapports ont été établis? 5 Des conseils seront donnés? 6 Son temps sera perdu? 7 Vous n'êtes jamais informés?

  (b) with verbs + indirect object
    Exemple: Nous travaillons. (dire)
    Réponse: On nous dit de travailler.
    Exemple: Ils expliquent les spoutniks. (défendre)
    Réponse: On leur défend d'expliquer les spoutniks.
  1 Vous traduisez Virgile. (ordonner) 2 J'apprends la politique. (permettre) 3 Tu fais du sport. (demander) 4 Nous écoutons le profes-

seur. (conseiller) 5 Les professeurs apportent des documents. (conseiller) 6 Les élèves s'éloignent du sujet. (interdire)

(2) Auxiliary Verbs *devoir*
(a) 'should', 'should have'
>*Exemple:* Ces cours sont excellents. Il faudrait les suivre.
>*Réponse:* Vous devriez suivre ces cours.
>*Exemple:* Vous aviez un problème? Il fallait interroger le professeur!
>*Réponse:* Vous auriez dû interroger le professeur!

1 Le lycée est indispensable. Il faudrait y aller. 2 Vous aviez des documents. Il fallait les apporter! 3 La politique vous intéresse? Il faudrait en faire! 4 Votre professeur ne vous connaissait pas? Il fallait lui parler! 5 Le latin est important. Il faudrait en faire! 6 La géographie vous intéressait? Il fallait l'étudier!

(b) 'must have'
>*Exemple:* Le professeur est en retard! Il a probablement oublié ses documents.
>*Réponse:* Oui, il a dû les oublier!
>*Exemple:* Le professeur ne les a pas reconnus. Il les avait probablement oubliés.
>*Réponse:* Oui, il avait dû les oublier.

1 Il a réussi dans les examens. Il a probablement gagné le premier prix. 2 Il a reçu de bonnes notes. Il avait probablement impressionné ses professeurs. 3 Tout le monde est content. Son cours a probablement été intéressant. 4 Le professeur de lettres s'intéressait davantage. Il avait probablement été exceptionnel. 5 Il fait bien son travail. Il l'a probablement compris! 6 Il a bien fait son travail. Il l'avait probablement compris!

(3) Auxiliary Verbs *pouvoir*
(a) 'could'
>*Exemple:* Te serait-il possible d'étudier le russe?
>*Réponse:* Oui, je pourrais l'étudier.
>*Exemple:* Ne vous a-t-il pas été possible d'étudier le latin?
>*Réponse:* Non, nous n'avons pas pu l'étudier.

1 Vous était-il toujours possible de vérifier vos opinions? 2 Ne te serait-il pas possible de faire du sport? 3 Lui a-t-il été possible d'expliquer les spoutniks? 4 Ne leur était-il pas toujours possible de s'éloigner du sujet?

(b) 'may have', 'might have'
>*Exemple:* Il est idiot de refuser cette explication. Vous ne savez pas si elle est bonne!
>*Réponse:* C'est vrai. Elle a pu être bonne.
>*Exemple:* Il était utile d'exprimer nos opinions. Heureusement, elles n'étaient pas fausses!
>*Réponse:* C'est vrai. Elles auraient pu être fausses.

1 Il est idiot de faire du bruit! Vous ne savez pas si le professeur est venu! 2 Il était utile de parler aux professeurs. Malheureusement, ils ne nous ont pas aidés! 3 Il est idiot de critiquer le professeur. Vous ne savez pas s'il a dit la vérité! 4 Il était utile de parler politique. Malheureusement, on ne s'est pas montré impartial! 5 Il est idiot de condamner cet auteur. Vous ne savez pas s'il a appris des faits nouveaux. 6 Il était utile d'écouter ces élèves. Heureusement, ils ne nous ont pas vus!

(4) The Article Translate:
1 Latin is less interesting than what we do in Geography. 2 If you have good teachers, you will also have interesting lessons. 3 Is school work in the Sixth Form related to real life? 4 Politics ought to be explained in schools. 5 As a teacher, one should keep oneself up to date with current affairs.

(5) Comparisons Translate:
1 Nowadays people are more interested in sputniks than in Virgil. 2 Explanations in class are less useful than those which are given individually. 3 The *baccalauréat* would be a better examination, if one didn't have to study so many subjects. 4 If he always has the best mark in History, it's because it is the subject he likes best. 5 The most interesting thing in lessons are discussions with the teacher. 6 The worst thing in school is examinations.

La réforme de l'enseignement secondaire (1): 'la 6ᵉ pour tous'

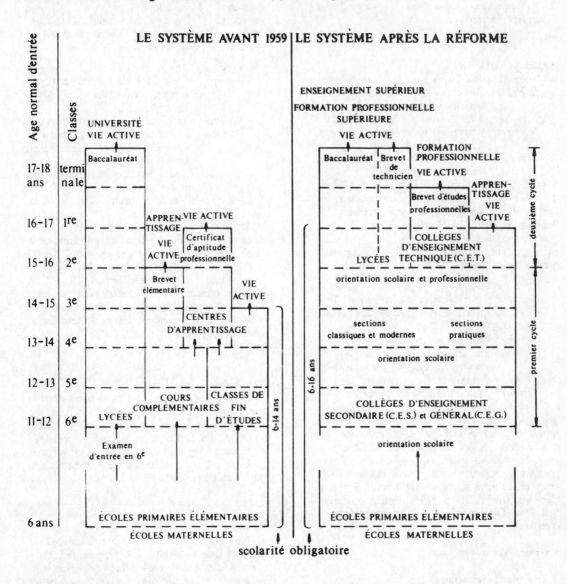

LE SYSTÈME AVANT 1959 | LE SYSTÈME APRÈS LA RÉFORME

Les collèges d'enseignement secondaire

Les premiers C.E.S. furent créés en 1963. Ces établissements polyvalents et mixtes accueilleront, de la 6ᵉ jusqu'à la 3ᵉ, tous les enfants de chaque génération, sauf dans les secteurs ruraux, qui seront desservis par des collèges d'enseignement général (C.E.G.).

brevet (m): certificate
école (f) *maternelle:* nursery school
scolarité (f) *obligatoire:* compulsory schooling
orientation (f): guidance
formation (f): training
professionnel: vocational
polyvalent: comprehensive, multi-purpose

8

1 Que veut dire l'expression 'la 6ᵉ pour tous'? Comment entrait-on en 6ᵉ avant la réforme?

2 Que veut dire le mot 'orientation'? Le système de l'orientation est-il meilleur que celui des examens pour déterminer les aptitudes d'un élève?

3 En vous référant aux deux schémas, indiquez les changements apportés par la réforme en ce qui concerne (*a*) la durée de la scolarité obligatoire et (*b*) l'âge d'entrée au lycée.

4 Les C.E.S. sont des établissements 'polyvalents': expliquez ce que vous entendez par ce mot.

La réforme de l'enseignement secondaire (2)

LA STRUCTURE DES ÉTUDES DANS LES C.E.S. (premier cycle) ET DANS LES LYCÉES (second cycle)

Baccalauréat ou Brevet de Technicien

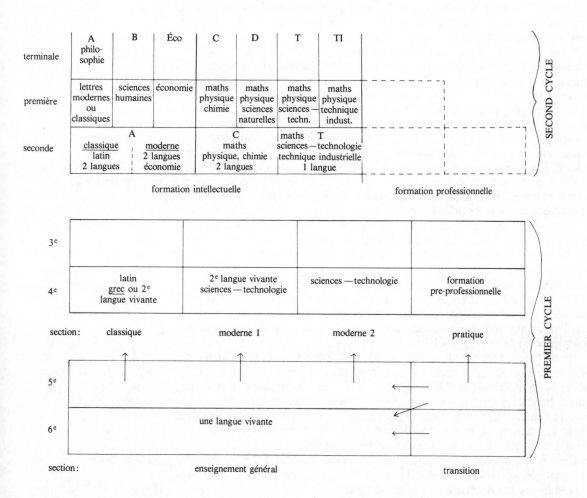

En classe terminale, tous les élèves doivent étudier les matières suivantes: français, histoire/géographie, une langue vivante, mathématiques, philosophie.

Les sections de transition:

Un élève qui, après l'orientation scolaire, entre en 6ᵉ 'de transition' et dont les capacités intellectuelles se développent plus tard, peut, après un an ou deux, passer dans une section 'générale'.

sciences (f) *naturelles:* biology, etc.
moyen: average
niveau (m): level

1 A quel âge est-ce qu'un élève peut commencer l'etude d'une langue vivante? Quand est-ce qu'il peut commencer l'étude d'autres langues?

2 Dans quelle section entrera-t-il s'il veut étudier trois langues étrangères?

3 A quoi servent les sections de transition au niveau de la 6ᵉ et de la 5ᵉ?

4 A quel niveau est-ce que la spécialisation commence? Les études sont-elles plus, ou moins, spécialisées en France qu'en Angleterre?

Vacances scolaires à l'étranger

Sur dix candidats au bac, cinq ont passé au moins un mois de vacances dans le pays où l'on parle la première langue de leur programme. Trois y ont passé au moins trois mois, à un an d'intervalle. A Paris et autour de Paris, le pourcentage des favorisés est légèrement supérieur.

programme (m): curriculum

favorisés: the lucky ones
légèrement: slightly

Il faut noter aussi que le nombre des jeunes partant à l'étranger pour les grandes (et les petites) vacances augmente régulièrement, et on observe un phénomène assez surprenant: l'abaissement de l'âge des voyageurs. Plusieurs organisations ont dû modifier leurs structures, rechercher des moniteurs et des monitrices qualifiés devant l'afflux des demandes concernant des enfants de huit et neuf ans et même de sept.

abaissement (m): lowering

afflux (m): flood
même: even

Que pensent les pédagogues de ce phénomène surprenant? Ils sont, dans l'ensemble, favorables mais insistent tous sur la nécessité d'imposer aux enfants et aux jeunes gens éloignés du milieu familial un contrôle très rigoureux.

pédagogue (m and f): teacher
milieu (m): environment
contrôle (m): supervision

Il y a eu des erreurs graves. Les parents ont envoyé leurs enfants n'importe où à l'étranger, de n'importe quelle façon, sans prêter assez d'attention à l'encadrement, sans prendre les précautions nécessaires. Un enfant n'est pas un touriste. Résultat: des catastrophes psychologiques, même physiques. Dans le sud de l'Angleterre, de véritables 'gangs' de jeunes Français en vacances ont pu se constituer et les pouvoirs publics britanniques se sont émus: 'interdit aux Français', pouvait-on lire, à une certaine époque, dans des établissements de la côte anglaise, dans des boutiques.

encadrement (m): circumstances, setting
véritable: real
se constituer: to form
s'émouvoir: to be alarmed
interdire: to forbid
côte (f): coast

Les organisations françaises ont pris conscience du danger et se sont adaptées à cette situation nouvelle. A quelques exceptions près, le contrôle est devenu plus rigoureux, organisateurs, professeurs, moniteurs ayant pris conscience de leurs responsabilités.

Un enfant doit tirer un profit considérable d'un séjour à l'étranger. Sa personnalité s'affirmera, dans un environnement nouveau. Son horizon intellectuel se développera. Curieusement, c'est dans la pratique de la langue que le bénéfice paraît le plus aléatoire, ou le plus difficile à contrôler:

s'affirmer: to assert itself

aléatoire: uncertain

— A l'étranger, reconnaît une organisatrice, l'enfant attrapera certainement un certain accent, la musique de la langue, mais ses progrès sont liés directement à la fréquentation de cours de vacances spéciaux.

lier: to link, tie

Une heure de cours par jour dans le milieu apporte à l'élève un goût nouveau de la langue. C'est comme apprendre à nager dans l'eau — et apprendre les mouvements avec une méthode.

goût (m): liking

Après trois séjours de vacances en Angleterre, en Allemagne, en Suisse, en Espagne ou en Italie, l'adolescent devient, en effet, un excellent nageur. Il sent la langue, son oreille est adaptée à sa musique, à ses structures. Le problème, pour l'éducateur, c'est alors de replacer cette connaissance touristique, ce langage de la vie quotidienne, dans un contexte réellement éducatif.

quotidien: daily
éducatif: educational
au loin: far away

'Attention aux voyages,' écrit Stendhal dans une lettre, 'l'esprit n'en rapporte pas toujours ce qu'il était allé chercher au loin.' Il ne suffit pas de voyager, de sauter une frontière. Encore faut-il arriver au bon endroit, savoir s'entourer — et savoir s'ouvrir. Un enfant expatrié peut devenir facilement un exilé s'il est livré à lui-même. Loin de chez lui, plus vivement encore que dans sa famille, il reflète ceux qui l'entourent.

loin de: away from
vivement: vividly

Further Vocabulary

à un an d'intervalle: in successive years
(ils) insistent sur la nécessité de...:
they stress the need to (that it is essential to) . . .
d'autant plus rigoureux que...:
all the more strict as . . .
sans prêter assez d'attention à...:
without giving sufficient attention to . . .
(elles) ont pris conscience du danger:
they have realised (become aware of) the danger.
à quelques exceptions près: with a few exceptions

tirer un profit considérable de...:
to benefit enormously by . . ., get a lot out of . . .
ses progrès sont liés... à la fréquentation de...:
his progress depends on whether he attends . . .
trois séjours de vacances: three holidays
attention aux voyages!: beware of travel!
il ne suffit pas de voyager:
it's not enough to travel (travelling is not enough).
livré à lui-même: left to his own devices

A Questions à préparer

1 Quel est le pourcentage des candidats au bac ayant passé au moins un mois de vacances à l'étranger?

2 Quels sont les deux faits qui ont obligé les organisations à modifier leurs structures?

3 Comment ont-elles modifié leurs structures, en particulier?

4 D'après les pédagogues, que faut-il faire?

5 Pourquoi les parents sont-ils à critiquer?

6 Que veut dire le mot 'encadrement' dans ce contexte?

7 Pourquoi les pouvoirs publics se sont-ils émus?

8 Qu'est-ce que les pouvoirs publics ont fait?

9 Quel profit un enfant peut-il tirer d'un séjour à l'étranger?

10 Quelle est la meilleure méthode pour faire des progrès dans la pratique de la langue?

11 Expliquez la différence entre un 'expatrié' et un 'exilé'.

B Sujet de rédaction à discuter

Les séjours de vacances à l'étranger.

(1) Avez-vous fait un séjour à l'étranger? Aimeriez-vous en faire un? Iriez-vous seul ou en groupe? Pourquoi?

(2) Quel profit espéreriez-vous tirer d'un tel séjour?

(3) Est-ce que les jeunes de 7, 8, 9 ans peuvent profiter d'un séjour de vacances à l'étranger? A votre avis, quel âge faut-il avoir au minimum pour en profiter?

(4) Les cours de vacances sont utiles pour la pratique de la langue. Mais quels sont les autres avantages à tirer de ces cours? (Ceux offerts par les Universités de Paris, de Grenoble et de Poitiers sont très populaires chez les jeunes de toutes nationalités.)

Plan proposé: (1) Pourquoi les séjours de vacances à l'étranger sont de plus en plus populaires. Les principales raisons qui poussent les gens à aller à l'étranger. (2) La manière de profiter au mieux de ces séjours. Quels préparatifs faut-il faire en particulier? (3) Les dangers qui existent. Comment éviter de s'ennuyer ou de devenir 'un exilé'. Comment être sûr d'arriver 'au bon endroit'. (4) 'La personnalité s'affirmera.' 'L'horizon intellectuel se développera.' — Justifiez ces remarques. Résumez les raisons pour lesquelles vous aimeriez faire un séjour à l'étranger.

Grammar

1 The Infinitive

(a) All prepositions except *en* govern the infinitive. The present participle is often used in such cases in English:
- *sans prendre les précautions nécessaires:*
  without taking . . .
- *la nécessité d'imposer...:*
  the need for imposing . . .
- *Le problème,... c'est de replacer...:*
  The problem . . . is placing . . .

But
- *en donnant de bonnes explications:*
  by giving good explanations   (passage 1)

(b) ***à* and *de* + infinitive**
à is used to link certain adjectives to a following infinitive:
- *cette langue est facile à apprendre.*
- *le bénéfice paraît le plus difficile à contrôler.*

But *de* is used with these adjectives in impersonal constructions:
- *Il est facile d'apprendre cette langue.*
- *Il est difficile de contrôler le bénéfice.*

N.B. This construction is used with numerous adjectives:
- *Il serait préférable de suivre des cours de vacances.*
- *Il était impossible de trouver des moniteurs.*

2 Pronominal Verbs

(a) The passive is often translated by the pronominal form:
- *Son horizon intellectuel se développera:*
  . . . will be developed.
- *Sa personnalité s'affirmera:*
  . . . will be expressed.

(b) Verbs used intransitively in English take the pronominal form in French:
- *de véritables gangs ont pu se constituer:*
  . . . have been able to form.

- *Les organisations françaises... se sont adaptées à...:*
  . . . have adapted to . . .

Note that the English verb has the same form whether or not it has an object, but that the French verb will be pronominal if it has no object:
- *Ils s'arrêtent:* They stop.
- *Ils arrêtent le progrès:* They stop progress.
- *La porte s'ouvre:* The door opens.
- *Il ouvre la porte:* He opens the door.

3 The Article

The article is used before names of countries, continents, provinces, etc.:
- *dans le sud de l'Angleterre.*
  La Bretagne fait partie de la France.

But it is **omitted**:
(a) after *en*:
- *en Angleterre, en Allemagne, en Suisse,* etc.

(b) in adjective phrases:
- *les vins de France:* French wines
(c) after *de*: 'from'
- *Il arrive de France:* He is back from France.

Note that the article is used with masculine names of countries in adjective phrases: *les vins du Portugal*; and after *de* ('from'): *Il arrive du Japon.*

4 Inversion

When adverbs are placed for emphasis in front of the verb, inversion often occurs:
- *Encore faut-il arriver au bon endroit:*
  You **still** have to arrive . . .

Note other examples of this inversion from your own reading.

5 Indefinites *n'importe*

N'importe means '(absolutely) any . . .' and can be followed by *qui, quoi, où, quel,* etc., *lequel,* etc., *comment*:

    n'importe qui: anyone
    n'importe quoi: anything
    — *n'importe où*: anywhere

    — *de n'importe quelle façon*:
    any old how (in any way)
    Quel livre? — N'importe lequel!:
    Which book? Any one!
    Comment le faire? — N'importe comment!:
    How should I do it? Any way you like!

6 Prepositions

à, en, dans: in expressions of place, each can mean 'at', 'in', 'to', 'into'.

à serves to distinguish one point in space from another, whereas *dans* tends to emphasise the limits of the space named; *en* is usually used without the article and is less definite than *dans*.

    — *à l'étranger*: abroad
    — *dans le sud de l'Angleterre*:
    in the south of England
    — *à Paris*: in Paris (and not in Rome, etc.)

    dans Paris: within the city of Paris, in the heart of Paris
    — *en Angleterre*: in England
    — *dans le pays*: within the country

à   — *dix candidats au bac*:
    ten candidates for the baccalauréat
en   — *en vacances*: on holiday
dans   — *dans l'ensemble*: on the whole
devant   — *devant l'afflux*: faced with the flood
par   — *par jour*: per day, a day
sur   — *sur dix candidats*: out of ten candidates

Exercises

❦ (1) **The Infinitive** Constructions with *à* and *de*
    Exemple: Il est facile de faire cela.
    Réponse: Cela est facile à faire.
1 Il était difficile de comprendre cela. 2 Il sera impossible de dire cela. 3 Il sera difficile de préparer ce travail. 4 Il était amusant de voir ce cours. 5 Il est impossible de lire ces notes. 6 Il est difficile de contrôler ces aspects. 7 Il est agréable d'entendre cet accent.

❦ (2) *n'importe*
    Exemple: A qui faut-il demander?
    Réponse: Demandez à n'importe qui!
    Exemple: Que faut-il faire?
    Réponse: Faites n'importe quoi!
1 Comment faut-il aller? 2 Où faut-il aller? 3 Quelles précautions faut-il prendre? 4 De toutes ces organisations, laquelle faut-il choisir? 5 Quand faut-il partir? 6 A quel âge faut-il commencer?

(3) **Pronominal Verbs**
    Exemple: Le séjour a développé sa personnalité.
    Réponse: Sa personnalité s'est développée pendant le séjour.
1 Les cours de langue accroissent leur capacité d'apprendre. 2 Les cours de conversation ont étendu ses connaissances de la langue. 3 Les organisations ont modifié leurs structures. 4 On peut facilement expliquer ce phénomène. 5 On a rapidement organisé des cours de vacances.

(4) **The Article** Translate:
1 After returning from Germany, he spent a month in Switzerland. 2 She is back from the United States; she says she wouldn't like to live in America. 3 England is part of Europe. 4 Portuguese wines are good, but French wines are best. 5 I have spent several holidays in Europe.

3

École ou communauté éducative?

✷ Du temps de Jules Ferry, en 1880, l'école primaire était le centre de la vie locale. Dans le village, l'instituteur n'était pas seulement le maître de ses élèves, mais aussi le conseiller des adultes, un membre influent de la communauté. Depuis lors l'école s'est de plus en plus refermée sur elle-même. Ses instituteurs, ses professeurs, vivent trop souvent complètement en marge de la vie et des activités locales.

instituteur (m): (primary) schoolteacher

depuis lors: since then
marge (f): fringe

Qu'est-ce qui explique cette séparation, et comment peut-on faire de l'école le centre culturel de la communauté?

La multiplicité des établissements:

Avant la guerre, le rôle de l'État et des municipalités consistait presque exclusivement à fournir des maîtres et des locaux pour les enseignements scolaires et universitaires, à entretenir des musées et des théâtres peu nombreux. La nécessité pour les adultes, dans un monde où les métiers se transforment rapidement, de refaire des études, l'aspiration de couches toujours plus larges de la population — dont la durée de travail et la fatigue musculaire diminuent — à différentes activités de loisirs élargissent brutalement le champ de l'éducation, de la culture et du sport.

fournir: to provide
local (m): premises
entretenir: to maintain
métier (m): job
couche (f): section

Pour y répondre on a jusqu'à présent, en France, multiplié les établissements distincts possédant leurs propres équipements: ici un nouveau collège d'enseignement secondaire (C.E.S.), là une maison des jeunes, plus loin une bibliothèque municipale, ailleurs des terrains de sport, etc. Politique extraordinairement coûteuse puisque chacun de ces établissements ne sera utilisé que pendant quelques heures par jour. ✷

ailleurs: elsewhere
politique (f): policy

Un ensemble synthétique?

Il en résulte que les communes, qui doivent participer au financement de tous les équipements collectifs, ont des charges financières de plus en plus lourdes. L'une d'entre elles, celle de Yerres (Essonne), a décidé de tenter une expérience de synthétisation. (Cette localité est une commune-dortoir — dix-huit mille habitants et bientôt trente mille — de la vaste agglomération parisienne.)

collectif: communal
charge (f): expense
tenter: to try
expérience (f): experimen
dortoir (m): dormitory
agglomération (f): conurbation

'Lorsque nous avons pris le pouvoir, il y a deux ans,' déclara son maire, 'tout ce que l'on offrait aux habitants comme activité culturelle c'était une 'bibliothèque' logée dans le coin le plus sombre de la mairie. Le 'bibliothécaire', un manchot, payé 2F de l'heure, venait deux heures tous les samedis. Il avait vingt-cinq clients!

bibliothécaire (m and f): librarian
manchot (m): one-armed man

'Nous avons installé une bibliothèque dans un bâtiment préfabriqué, recruté une bibliothécaire à temps plein. Il y a neuf cents inscrits. Mais le local est déjà trop petit!'

inscrire: to enroll

Il s'agissait donc d'en construire un plus grand. Mais il fallait aussi une maison des jeunes, une salle de spectacle et un collège d'enseignement secondaire, des terrains de sport. Pour la première fois en France, avec la participation active de tous les ministres concernés, un ensemble intégré a été conçu. Il comprendra un collège d'enseignement secondaire de mille deux cents élèves, une salle de spectacle, une bibliothèque, une maison des jeunes et des équipements sportifs.

salle de spectacle (f): theatre

comprendre: to include

Tous ces bâtiments communiqueront entre eux. C'est ainsi que la cantine du C.E.S., conçue en 'libre service', pourra servir le soir pour les usagers de la maison des jeunes et pour les adultes venant suivre des cours du soir. Jeunes et adultes pourront avoir accès, après les heures de classe, aux salles scientifiques et de travaux pratiques du collège. Enfin la salle de spectacle, la bibliothèque et le gymnase pourront être aussi bien utilisés par les élèves que par les autres.

conçu: planned

accès (m): entry

Pour respecter règlements et traditions, collège, maison des jeunes et bibliothèque ont des entrées séparées. Espérons que cette séparation se limitera aux accès, ce qui serait déjà une révolution en France.

Notes

une commune: une des 38 000 divisions territoriales administrées par un maire assisté du conseil municipal.
les Maisons des Jeunes: établissements où les jeunes peuvent se réunir pour jouer, lire, etc.

Verb Constructions

consister à faire qch.: to consist in doing sth.
il s'agit de faire qch.: it is a question of doing sth.

(il s'agissait donc...: so what was needed, was . . .)

Further Vocabulary

des théâtres peu nombreux: a few theatres
refaire des études: to do further study
la durée de travail: working hours

il en résulte que...: the result is that . . .
tout ce qu'on offrait comme activité:
·the only activity that was available

A Questions à préparer

1 Pourquoi est-ce que les adultes s'intéressent davantage maintenant à l'éducation?
2 ...et aux activités de loisirs? (Comment est-ce que leur travail s'est transformé?)
3 Pour répondre aux nouveaux besoins qu'a-t-on fait, en France, jusqu'à présent?
4 Qu'est-ce que l'auteur trouve à critiquer dans cette politique?
5 Pourquoi est-ce que Yerres a été choisi pour construire cet ensemble intégré?
6 Qui se servira de cet ensemble?
7 Quels avantages offrira-t-il à la communauté, et, en particulier, aux adultes?

B Sujet de rédaction à discuter

Le rôle de l'école dans la communauté.
(1) Votre école est-elle déjà utilisée en dehors des heures de classe?
(2) Comment votre école pourrait-elle mieux servir: les anciens élèves... vos parents... vous-mêmes pendant les vacances; en somme, la communauté?
(3) Dans votre quartier où est-ce que les jeunes se rencontrent le plus souvent? (clubs de jeunes, cafés, dancings, écoles, églises, etc.) Quels avantages l'école pourrait-elle offrir sur ceux-ci?
(4) Quels problèmes y aurait-il si l'école ouvrait ses portes à la communauté? — d'ordre financier (l'entretien de l'équipement — équipement nouveau) — d'ordre humain (le personnel — enseignants, surveillants, concierges, etc.) — d'ordre technique (responsabilité de l'organisation).

Plan proposé: (*a*) Question (1) La situation actuelle. (*b*) Questions (2), (3). (*c*) Question (4) Les problèmes. Donnez votre opinion: êtes-vous pour ou contre? Pourquoi?

15

Grammar

1 The Passive

(a) The passive is formed by the use of *être* and the past participle:
— *chacun de ces établissements sera utilisé:*
    each one . . . will be used.
The past participle must agree with the subject:
— *(ils) pourront être... utilisés:*
    (they) may be . . . used.

(b) The passive is often avoided by using *on* and the active voice:

— *tout ce que l'on offrait aux habitants:*
    all that the inhabitants were offered. (see 1.1*d*)

(c) Instead of the passive the pronominal form may be used:
— *Espérons que cette séparation se limitera aux accès:*
    . . . will be restricted to the entrances. (see 2.2*a*)

2 Comparisons

(a) **Comparative:**

  (i) *aussi bien... que:* as well as
    — *(ils) pourront être aussi bien utilisés par... que par...:*
      (they) may be used by . . . as well as by . . .

  (ii) *un plus grand, de plus grands:*
    a larger one, larger ones
    — *il s'agissait d'en construire un plus grand (de plus grands):*
      it was a matter of building a larger one (larger ones).
    Similarly with other adjectives:
    J'en ai vu de meilleurs:
    I have seen better ones.

  (iii) *de plus en plus; de moins en moins:*
    more and more; less and less
    — *les communes ont des charges de plus en plus lourdes:*
      . . . heavier and heavier expenses.

— *les métiers se transforment de plus en plus vite:*
    . . . more and more rapidly.
Other examples:
    Les métiers se transforment de plus en plus:
    . . . more and more.
    Il va de mieux en mieux:
    He's getting better and better.
Toujours plus is the equivalent of *de plus en plus*:
— *l'aspiration de couches toujours plus larges de la population:*
    the aspiration of wider and wider sections of the population.

(b) **Superlative:**
— *le coin le plus sombre de la mairie:*
    the darkest corner *in* the town hall.
The superlative is followed by 'in' or 'of' in English, but always by *de* in French.

3 Auxiliary Verbs *falloir*

— *il fallait aussi une maison des jeunes:*
    a youth centre was also needed.

Falloir followed by a direct object translates 'to need', 'to require'.

4 Prepositions

à   — *une bibliothécaire à temps plein:*
      a full-time woman librarian
de introduces many adjective phrases which in English are introduced by 'in':
    — *une commune-dortoir... de la vaste agglomération parisienne:*
      a dormitory suburb in the huge Paris conurbation
    — *l'abaissement de l'âge:*
      the reduction in the age (passage 2)

    — *une expérience de synthétisation:*
      an experiment in integration
de   — *du temps de...:* in the days of . . .
    — *payé deux francs de l'heure:*
      paid two francs for each hour's work (compare *par jour* in passage 2)
en   — *conçue en libre service:*
      designed as a self-service
jusque   — *jusqu'à présent:* up to now

Exercises

◈ (1) **The Passive**   Use of pronominal verbs

> *Exemple:* On fait cela souvent.
> *Réponse:* Cela se fait souvent.
> *Exemple:* On a poursuivi les études.
> *Réponse:* Les études se sont poursuivies.

1 On a transformé plusieurs organisations.
2 On voit bien cela.   3 On explique cela facilement.   4 On a posé des problèmes à tous les niveaux.   5 On a adapté le système aux nouvelles conditions.   6 On a fermé la porte avec bruit.

◈ (2) *falloir*

> *Exemple:* Nous avions besoin d'une Maison des Jeunes.
> *Réponse:* Il nous fallait une Maison des Jeunes.
> *Exemple:* Nous aurons besoin d'une bibliothèque.
> *Réponse:* Il nous faudra une bibliothèque.

1 Nous avons besoin de terrains de sport.
2 Nous aurions besoin de bâtiments préfabriqués.   3 Nous avons eu besoin d'une bibliothécaire.   4 Nous aurions eu besoin d'un local plus grand!   5 Nous avons besoin de l'argent!   6 Nous avons eu besoin d'un terrain de sport.

(3) **Comparisons**   Translate:

1 The school will be open to adults as well as young people.   2 The policy of separate premises will become more and more costly and less and less educational.   3 Leisure activities will increasingly be organised on school premises.   4 The Yerres experiment will be followed by more important ones.   5 They will have to build larger and larger schools.   6 It is the most interesting educational experiment in the region.   7 The result is that working hours in France are the longest in Europe.

4

Un étudiant d'université

—Qu'est-ce qui vous a amené à choisir cette carrière?

—Mes parents ne savaient pas que je voulais aller à l'université. C'est le directeur de mon école qui m'a conseillé de faire une licence de lettres. A la fin de ma dernière année d'études secondaires (c'est-à-dire en classe de philosophie) le directeur de l'école m'a appelé et m'a demandé si je préférais faire une carrière dans les lettres ou enseigner avec le baccalauréat comme instituteur dans un village. Il m'a dit qu'il serait préférable pour moi d'entrer à l'université et de poursuivre mes études tout en travaillant à mi-temps pour subvenir à mes besoins. C'était pour moi la seule solution parce que mes parents ne pouvaient pas payer mes études supérieures.

—Est-ce que c'était dans votre famille une tradition d'entrer à l'université?

—Non. Pour mes parents, c'était une aventure plutôt qu'une promotion. Ils m'ont donné la permission quand même de mener une vie indépendante, malgré mon jeune âge — ce qu'ils n'ont pas permis à ma sœur qui est devenue institutrice.

—Pourquoi êtes-vous allé à l'Université de Lille?

—En France on ne choisit pas son université. L'Université de Lille couvre trois départements et j'étais obligé pratiquement de m'y inscrire parce que j'habite le Pas de Calais. Ceux du Nord et de la Somme viennent également à Lille. Pour entrer à l'Université il suffit d'avoir le baccalauréat. Il n'y a pas de limite d'âge et il n'y a pas d'autres critères d'entrée. On s'inscrit tout simplement à la Faculté des Lettres ou à la Faculté des Sciences, suivant ce que l'on a fait. On remplit des fiches — c'est tout.

✻ —En quoi le régime universitaire est-il différent de celui d'une école ou d'un collège?

—Le régime des universités est beaucoup plus large que celui d'une école. En général, on n'a qu'une quinzaine d'heures de cours par semaine. J'appelle 'cours' des conférences dans des amphithéâtres qui sont généralement surpeuplés, car il y a en France un manque de locaux. La plupart des cours sont polycopiés et mis en vente à la Faculté. On peut ainsi préparer un certificat sans avoir jamais assisté aux cours. Ce n'est pas la solution idéale, et ce n'est pas conseillé, mais c'est possible. Les cours polycopiés sont évidemment plus propres que les notes qu'on prend à la main et cela facilite les révisions. C'est un système très apprécié de tous les étudiants français.

—Est-ce que vous travaillez quelquefois en petits groupes?

—Pour ce qu'on appelle les cours 'magistraux' le professeur s'adresse directement aux étudiants (qui sont au nombre de 150 ou 200) en se servant peut-être d'un micro et les étudiants n'arrêtent pas de prendre des notes. Mais il existe aussi des groupes de 'T.P.' — c'est-à-dire de Travaux Pratiques — où les étudiants sont environ une trentaine et participent à la discussion. Le professeur aura donné un travail à préparer — par exemple une version ou un thème que l'étudiant est censé préparer chez lui. Il vient ensuite au cours pour discuter sa traduction avec le professeur — on est interrogé un à la fois. Il faut dire cependant qu'il peut y avoir une grande différence de niveau entre les étudiants. ✻

—Vous poursuivez vos études pendant combien de temps?

—On peut choisir une seule matière pour faire la licence qui comporte quatre certificats en tout. J'ai choisi l'anglais. En principe on peut faire sa

18

amener: to induce

directeur (m): headmaster
conseiller: to advise

quand même: all the same
malgré: in spite of

également: also

critère (m): condition
suivant: according to
fiche (f): form
régime (m): regulations

large: liberal

surpeuplé: overcrowded
manque (m): shortage
polycopié: cyclostyled

propre: neat
faciliter: to make easier

version (f): translation from foreign language
thème (m): translation into foreign language
censé: supposed
niveau (m): standard
comporter: to involve

licence en trois ans — c'est le minimum — mais en pratique on met toujours au moins quatre ans.

— Que faites-vous pour gagner de l'argent?

— Je donne des cours dans une école privée — une dizaine d'heures par semaine. Certains de mes amis corrigent des copies d'élèves. Les étudiantes font souvent du baby-sitting pour les parents qui veulent sortir — ce qui est assez bien payé — on y gagne 10F pour la soirée dans certains cas. Beaucoup de mes camarades sont aussi 'pions' — c'est-à-dire surveillants d'externat ou d'internat dans des collèges. Ils ont un horaire d'environ vingt à vingt-cinq heures de surveillance par semaine, ils sont logés et nourris par l'école et ils reçoivent en plus un petit salaire qui leur sert d'argent de poche.

— Les étudiants travaillent aussi pendant les vacances?

— Oui, bien sûr. Je connais un étudiant qui, pendant les grandes vacances, servait de guide au Mont-Saint-Michel. L'argent qu'il gagnait en deux mois lui permettait de couvrir ses frais pour toute l'année universitaire, et le tout en pourboires! Beaucoup d'étudiants travaillent aussi comme garçons de café dans les stations balnéaires. Ils sont même quelquefois obligés de payer le café qui les emploie, tant le montant des pourboires est élevé. Ce sont là, évidemment, des cas exceptionnels. Il faut ajouter qu'à chaque rentrée universitaire ceux qui travaillent trop pendant les vacances sont épuisés!

copie (f): exercise

surveillant (m): supervisor
externat (m): day-school
internat (m): boarding-
  school

frais (m.pl): expenses
pourboire (m): tip
station balnéaire (f):
  seaside resort, spa
montant (m): amount (of
  money)
épuisé: exhausted

Verb Constructions

préférer faire qch.: to prefer to do sth.
être censé faire qch.: to be supposed to do sth.
arrêter de faire qch.: to stop doing sth.
être obligé de faire qch.: to be forced to do sth.
amener qn. à faire qch.: to induce s.o. to do sth.
conseiller à qn. de faire qch.: to advise s.o. to do sth.
permettre à qn. de faire qch.: to allow s.o. to do sth.
assister à (un cours): to attend, be present at (a lecture)
habiter (un département): to live in (a county)

payer qn.: to pay s.o.
payer qch.: to pay for sth.
servir de (guide): to act as (a guide)
(qui leur sert d'argent de poche:
which is useful to them as pocket money)
se servir de qch.: to use sth.
subvenir aux besoins de qn.:
to meet, look after, the needs of s.o.

Further Vocabulary

faire une licence de lettres:
to study for a degree in French
faire une carrière dans les lettres:
to follow a career on the arts side
ma dernière année d'études secondaires:
my last year at secondary school
les études supérieures: higher education
mener une vie indépendante: to be independent
il suffit d'avoir le baccalauréat:
all you need is the baccalauréat

en quoi... est-il différent de...?:
how does it differ from . . .?
qui sont au nombre de 150 ou 200:
who number between 150 and 200
les étudiants sont environ une trentaine:
there are about thirty students
on met au moins quatre ans:
one takes at least four years
la rentrée universitaire:
the start of the university year

A Questions à préparer

1 Quels problèmes sa décision d'aller à l'université a-t-elle soulevés pour lui et pour ses parents?

2 Pourquoi sa sœur n'est-elle pas allée à l'université?

3 Quelles sont les principales différences qui existent entre les systèmes anglais et français au niveau universitaire? (choix de l'université, critères d'entrée, etc.) Quels critères d'entrée sont imposés par les universités anglaises?

4 Que veut-il dire par le mot 'large'?

5 Résumez les différences essentielles entre le régime universitaire ainsi décrit et celui d'une école.

6 Pourquoi les étudiants doivent-ils gagner de l'argent? Qu'est-ce qui montre en particulier que l'aide financière qu'ils reçoivent de l'État ne leur suffit pas?

7 Quel effet le travail rémunéré a-t-il sur certains étudiants?

B Sujet de rédaction à discuter

Un étudiant ne devrait pas travailler pendant les vacances. Discutez.

(1) Mettez-vous à la place de celui qui parle. Selon lui, comment un étudiant devrait-il passer ses vacances? Quelle idée se fait-il de l'étudiant? Quel devrait être son souci majeur? Comment est-ce qu'il envisage l'aide offerte par l'État?

(2) Que pourrait-on dire en faveur de ce point de vue? Comment l'université diffère-t-elle de l'école? Combien de mois par an passe-t-on à l'université? Comment le travail rémunéré peut-il nuire aux études?

(3) Que pourrait-on dire contre? Quels avantages, à part l'argent, peut-on tirer de cette sorte de travail? Comment pourrait-on mettre à profit l'argent qu'on y gagne?

(4) Résumez les arguments. Donnez votre point de vue.

Après l'examen.

Grammar

1 Demonstrative Pronouns

(a) *ce*

(i) *Ce* translates 'it' when referring back to an idea, a fact or a sentence:
— *ce n'est pas conseillé, mais c'est possible.*
— *C'est tout; c'est le minimum.*
— *C'était... la seule solution.*
— *c'était... une tradition d'entrer à l'université.*

(ii) *Là* and *ici* can be added for emphasis—
— *Ce sont là... des cas exceptionnels:*
Those are exceptional cases.
C'est là une question très importante:
That is a very important question.
C'est ici un problème intéressant:
This is an interesting problem.

(iii) *C'est* and *ce sont... qui (que)* are used to emphasise a noun:
— *C'est le directeur qui m'a conseillé:*
It was my headmaster who . . .
In this construction *c'est* generally remains in the present tense.

(b) *ceci, cela*

Ceci and *cela* refer to facts, statements, ideas and phrases rather than single nouns. (*Cela* refers **back**, *ceci* refers **forward.**)

— *cela facilite les révisions:*
that makes revision easier.
Il faut noter ceci: les cours sont polycopiés:
You must note this: . . .

(c) *celui, celle, ceux, celles*

Celui, celle, etc., translate 'that', 'those', etc., and refer to a particular noun:

(i) followed by a relative pronoun:
— *ceux qui travaillent trop...:*
those who work too hard . . .

(ii) followed by *de* to mark possession:
— *En quoi le régime universitaire est-il différent de celui d'une école?:*
How is the university system different from that of a school (a school's)?
— *Ceux du Nord...:*
Those from the Nord department . . .

(iii) followed by *-ci* or *-là*:
Des deux régimes celui-ci est plus large que celui-là:
Of the two systems this one (the latter) is more liberal than that one (the former).

2 Relative Pronouns *ce qui, ce que*

Qui and *que* always refer back to a particular **noun**; *ce qui* and *ce que* refer to a **clause, phrase** or **idea**:

(a) translating 'what':
— *Pour ce qu'on appelle les cours 'magistraux'...:*
As for what are called lectures . . .
— *nous aimerions savoir ce qui se passe:*
we would like to know what happens. (passage 1)

(b) with *tout* translating 'all that':
— *tout ce qui n'est pas dans les livres:*
all that isn't in the books. (passage 1)

on fait tout ce qu'on veut:
you do whatever you like.

(c) translating 'which':
— *Ils m'ont donné la permission... de mener une vie indépendante..., ce qu'ils n'ont pas permis à ma sœur:*
. . . which they didn't allow . . .
— *les étudiantes font... du baby-sitting..., ce qui est assez bien payé.*

3 Infinitive

Noun + *à* + infinitive

—*Le professeur aura donné un travail à préparer:*
. . . a piece of work to be prepared.
une maison à vendre: a house for sale (to be sold)

Note the passive meaning of the infinitive in this adjectival construction, and note further examples from your reading.

4 Prepositions

à — *travaillant à mi-temps:*
    working part-time, half the time
    travail à temps partiel: part-time work
— *on prend à la main:*
    one takes down by hand
de and *par* are both used after the past participle to introduce the agent or the instrument of the action. *de* is more commonly found with verbs denoting an attitude of mind, verbs of the senses and verbs denoting a usual, expected relationship:
— *apprécié de tous les étudiants:*
    appreciated by all the students
— *logés et nourris par l'école:*
    given board and lodging by the school

de — *différent de celui d'une école:*
    different from a school's
en in expressions of time, means 'within', 'in the space of':
— *en trois ans:* in the course of three years
    dans trois ans: at the end of three years
en forms many adverb phrases:
— *mis en vente:* put on sale
— *en pratique:* in practice
— *en principe:* theoretically, as a rule
— *en plus:* moreover, in addition

Exercises

(1) *ce*
Exemple: Il est nécessaire d'avoir le bac.
Réponse: Avoir le bac, c'est nécessaire.
1 Il serait préférable d'entrer à l'université. 2 Il est agréable de mener une vie indépendante. 3 Il est nécessaire de travailler pendant les vacances. 4 Il est utile de donner des cours. 5 Il est indispensable de gagner de l'argent. 6 Il est important d'étudier. 7 Il est beau de ne rien faire.

(2) *c'est là, ce sont là*
Exemple: Voilà un cas exceptionnel.
Réponse: C'est là un cas exceptionnel.
Exemple: Voilà des cas exceptionnels.
Réponse: Ce sont là des cas exceptionnels.
1 Voilà la difficulté. 2 Voilà les problèmes. 3 Voilà la seule solution. 4 Voilà les vrais avantages. 5 Voilà un problème particulier. 6 Voilà des idées curieuses.

(3) The infinitive after *à*
Exemple: Ce travail doit être préparé.
Réponse: Ce travail est à préparer.
1 Ces élèves doivent être interrogés. 2 Ces corrections doivent être faites. 3 Ce problème doit être résolu. 4 Cette décision doit être prise. 5 Ces méthodes doivent être critiquées. 6 Cette tradition doit être respectée. 7 Ces cours doivent être suivis.

(4) Verb construction *demander* (etc.) *à qn. de faire qch.*
Exemple: Qu'as-tu dit à tes amis? — de nous attendre ici.
    Qu'est-ce que tu leur as dit?
Réponse: Je leur ai dit de nous attendre ici.
1 Qu'est-ce que le directeur a conseillé à l'étudiant? — d'aller à l'université. Qu'est-ce qu'il lui a conseillé? 2 Qu'est-ce que ses parents ont permis à leur fils? — de mener une vie indépendante. Qu'est-ce qu'ils lui ont permis? 3 Qu'a-t-il promis à son professeur? — de travailler pendant les vacances. Qu'est-ce qu'il lui a promis? 4 Qu'est-ce que ses parents ont défendu à Jean? — de travailler comme garçon de café. Qu'est-ce qu'ils lui ont défendu? 5 Qu'est-ce que le professeur a demandé à ses élèves? — de prendre des notes. Qu'est-ce qu'il leur a demandé? 6 Qu'est-ce que l'élève a reproché à ses amis? — de ne pas réfléchir sur la vie. Qu'est-ce qu'il leur a reproché? 7 Qu'est-ce que les parents ont interdit à leur fille? — de mener une vie indépendante. Qu'est-ce qu'ils lui ont interdit?

(5) *cela, celui, ce qui*, etc. Translate:
1 We were forced to do that. 2 They are supposed to listen to what he is saying. 3 Those who have the baccalauréat can go to university. 4 The French university system is different from the English one. 5 They allowed him to ask what was happening. 6 They can work as supervisors or as waiters: the former are better paid but the latter earn more in tips. 7 You can find all you have to know in the cyclostyled lectures; which is very useful for all those who are unable to attend the lectures.

Les étudiants d'université

(1) Évolution des effectifs dans les facultés

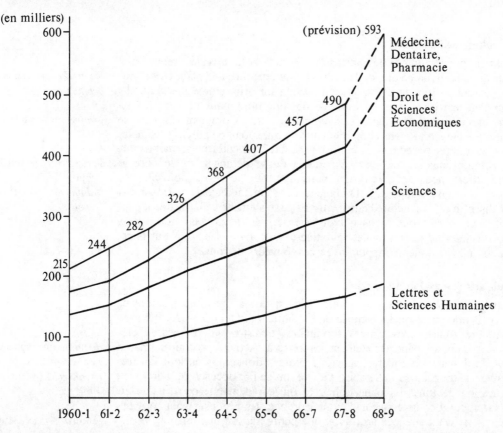

(en milliers)

(prévision) 593 — Médecine, Dentaire, Pharmacie

490 — Droit et Sciences Économiques

457

407

368

326

282

244

215
200

— Sciences

— Lettres et Sciences Humaines

100

1960-1 61-2 62-3 63-4 64-5 65-6 66-7 67-8 68-9

(2) Origine sociale des étudiants

Occupation du père	Pourcentage de la population	Pourcentage des jeunes entre 16 et 24	Pourcentage des étudiants
Cadres supérieurs, industriels, professions libérales	5	9	41
Employés, cadres moyens	16	19	28
Commerçants, artisans	9	15	16
Ouvriers	34	32	8
Agriculteurs	21	22	6
Retraités, sans occupation	15	3	1
	100	100	100

évolution (f): development
effectifs (m.pl): numbers, manpower
droit (m): law

cadres (m.pl): salaried staff (managers, scientists, technologists)
employé (m): clerk, office worker
commerçant (m): shopkeeper
agriculteur (m): farmer
de la part de...: from . . ., on the part of . . .

(1) 1 Qu'est-ce qui caractérise la période entre 1960 et 1969, en ce qui concerne le nombre des étudiants dans les universités françaises?

2 Quels problèmes cette expansion a-t-elle posés, selon vous, pour les facultés?

3 Dans quelles facultés l'expansion a-t-elle été le plus rapide?

(2) 4 Quelle est l'origine sociale de la plupart des étudiants français?

5 Quelles classes sociales sont sous-représentées à l'université?

6 Essayez d'expliquer pourquoi ces classes sont sous-représentées, en vous référant aux facteurs suivants: conditions de travail à la maison; niveau culturel des parents; encouragements, compréhension de la part des parents.

'Messieurs les ronds-de-cuir'

❖ La culture self-service

Je pousse la porte d'un bar de quartier: les gens sont là, attablés, venus pour l'amour du café, de la belote, de la télévision qui, perchée à la place d'honneur pour que tout le monde puisse la voir, débite un programme dit 'culturel': c'est un jeu télévisé, il faut répondre à des questions pour de l'argent; les buveurs de rouge se grattent pensivement la tête. 'Comment s'appelle le général qui... etc...' Ces gens comprennent-ils à quel point de pareils spectacles sont une grotesque parodie de la culture véritable? La culture est maintenant servie comme dans un 'self-service': inutile de se déranger, ni de faire le moindre effort pour l'acquérir. On nous sert nos loisirs à domicile, les émissions de radio s'appellent 'Dimanche dans un fauteuil' et autres noms qui en disent long sur l'état d'esprit qui est actuellement celui de beaucoup.

Mais nous, direz-vous, nous n'avons rien à voir avec cela: nous, *nous* faisons du sport, *nous* avons des initiatives, *nous* avons les pieds sur terre. Bref, nous n'avons aucun rapport avec ces 'buveurs de rouge'.

belote (f): card-game
débiter: to spout

gratter: to scratch

se déranger: to put oneself out
à domicile: in one's own home

bref: in short

Dix-huit ans, l'ambition de retraités

✱ Cette différence n'est qu'apparente, elle est due à une simple différence d'âge, mais non pas à quelque chose de fondamental. Quand on discute avec bon nombre d'élèves des classes terminales, qu'est-ce qui se passe? Dès qu'on sort d'un domaine étroitement circonscrit, activités scolaires, match de foot du dimanche dernier et autres domaines dont nous aurions fait très rapidement le tour, on se fait traiter d'affolé, on se fait accuser de 'faire de la politique', ou de jouer les philosophes. Si on leur demande ce qu'ils feront plus tard, pourquoi ils essaient d'avoir leur bac, les réponses sont toujours les mêmes 'je veux être peinard, avoir *ma* petite maison, *ma* bagnole, etc....' Le schéma de leur vie est clair et net: une place honnête dans une société qu'il est superflu de vouloir remettre en question: l'anonymat des situations médiocres... Dix-huit ans, l'ambition de retraités. ✱

domaine (m): sphere, field
étroitement: narrowly
circonscrit: restricted
affolé: crazy

peinard (sl): undisturbed
bagnole (f) (sl): car
schéma (m): outline
net: distinct
anonymat (m): anonymity
retraité (m): old-age pensioner

Les ronds-de-cuir

La fausse culture moderne, la prétendue vulgarisation tend à faire de nous des robots, oscillant du travail à la belote. Mais tout de même, nous qui avons reçu un enseignement, incomplet, certes, mais suffisant à nous faire prendre conscience de quelques réalités, on peut dire que nous sommes responsables de notre état. Certains ne voient dans l'enseignement qu'ils ont reçu qu'un instrument commode pour remplir un poste tout fait pour eux. On lit sans cesse dans les journaux qu'on manque d'ingénieurs, de médecins, et beaucoup s'imaginent que toutes ces places vacantes sont des postes tout tièdes prêts à les recevoir. Il n'existe qu'une seule profession où il en est ainsi: celle de rond-de-cuir. Là, point besoin d'initiative personnelle, point besoin d'aller en avant ou de se poser des questions: le samedi et le dimanche, au lieu de jouer aux flippers, on jouera au billard et plus tard aux boules ou au golf, pour ceux qui auront eu de la chance.

Je sais que tout le monde ne peut pas être une 'tête', être un nouveau Descartes ou un nouvel Einstein. Le drame, car ceci en est un, c'est cette

commode: convenient
poste (m): job
tiède: warm

avoir de la chance: to be lucky

quantité de cœurs stériles, cette absence de cœurs acceptant d'être ensemencés par la vie.

    On peut sourire à de telles idées: on en rira, les médiocres sont très, très nombreux parmi nous. Suffisant et plein de son pauvre soi-même, on ne se sentira pas concerné et l'on pensera: 'Me fatiguer l'existence pour réfléchir sur ma vie? Tu veux rire! Est-ce que cela changera quelque chose? Moi, j'ai les pieds sur terre!'...

    Bonne réponse. Les brebis ont les pieds sur terre aussi, pourtant elles ne savent que bêler. ◈

ensemencé: fertilised

réfléchir: to reflect

brebis (f): sheep, (ewe)
pourtant: nevertheless, and yet
bêler: to bleat

Notes

buveur de rouge: quelqu'un qui fréquente un café (pour y boire le vin rouge).
rond-de-cuir: bureaucrate
flippers: jeu de café — 'machine à sous' où il faut manipuler des leviers (flippers) et des billes.

Verb Constructions

jouer (au billard, au golf): to play (billiards, golf)
sourire à qch.: to smile at sth.
traiter qn. (d'affolé):
to call s.o. (a fool), treat s.o. (as a fool)

on manque (d'ingénieurs):
there is a shortage (of engineers).
tendre à faire qch.: to tend to do sth.
suffire à faire qch.: to be adequate for doing sth.

Further Vocabulary

un programme dit culturel:
a so-called cultural programme
la prétendue vulgarisation:
the so-called popularisation
qui en disent long sur...: which tell a lot about . . .
nous n'avons rien à voir avec cela:
we have nothing to do with that.

qu'il est superflu de vouloir remettre en question:
which it is pointless trying to criticise
il en est ainsi: this is so (it is so).
il n'existe qu'une seule profession:
there is only one profession.
(il reste...: there is still . . ., there remains . . .)
    Note these impersonal verbs, which in many cases are preferred to *il y a.*

Dans un café parisien.
'au lieu de jouer aux flippers...'

A Questions à préparer

1 Quelles sortes de gens sont ces 'buveurs de rouge'?
2 Essayez d'expliquer l'intérêt des jeux télévisés.
3 Comment acquiert-on 'la culture véritable'? Est-ce que l'auteur suggère son attitude à ce sujet?
4 Essayez de définir 'l'état d'esprit qui est actuellement celui de beaucoup'.
5 Pourquoi l'auteur estime-t-il que la différence entre lycéens et 'buveurs de rouge' n'est qu'apparente?
6 Qu'est-ce qui est critiqué, ici, dans la façon dont la plupart des lycéens envisagent leur avenir?
7 Expliquez la phrase: '18 ans, l'ambition de retraités'.
8 Quel est, selon l'auteur, le rôle de l'enseignement, face à la 'fausse culture moderne'?
9 Pourquoi est-ce qu'il critique ceux qui 'ne voient dans l'enseignement... qu'un instrument commode pour remplir un poste tout fait pour eux'? Ne serait-ce pas le rôle de l'enseignement que de vous aider à choisir une vocation, un métier?
10 Comment imaginez-vous l'existence d'un 'rond-de-cuir'?

Sur une place de province.
'... on jouera plus tard aux boules...'

B Sujets de discussion

(1) Partagez-vous l'antipathie de l'auteur pour le monde où vivent ses parents, où vivront ses camarades?
(2) Quelle réponse pourrait-on formuler à l'attitude méprisante de l'auteur envers 'les ambitions' de la société contemporaine?
(3) Qu'est-ce qu'il y a de bon et de mauvais dans 'la culture moderne'?

C Résumé

Essayez de résumer cet article en 300 mots.
(1) Lisez l'article avec attention, en notant les points essentiels du raisonnement. Rédigez vos notes en français, mais sans emprunter exactement les termes de l'original. Écrivez de une à trois phrases pour chaque point.
(2) Choisissez un titre différent qui vous semble illustrer ce sujet.
(3) Récrivez vos notes sous la forme d'une rédaction.

Grammar

1 The Subjunctive

General instructions on the formation of the subjunctive are found at the end of the book. The subjunctive is chiefly used in subordinate clauses, after certain verbs and certain conjunctions. In general it is required when the stress is placed less on the fact than on the speaker's attitude to the fact.

After certain conjunctions

Conjunctions expressing **purpose** require the subjunctive:

—*la télévision... perchée à la place d'honneur, **pour que** tout le monde puisse la voir:*

the television . . . put in the place of honour **so that** everyone can see it.

Other conjunctions

afin que: in order that; *de peur que* or *de crainte que:* for fear (that), lest, in case.

*Ils n'aiment pas discuter de peur qu'on **ne** les critique:*

They don't like arguing in case (for fear that) one criticises them.

N.B. *De peur que* and *de crainte que* require **ne** as well as the subjunctive.

2 Tenses

Sequence of tenses in adjectival and time clauses

— *on jouera au billard et plus tard aux boules ou au golf, pour ceux qui **auront eu** de la chance:*
one will play billiards and later bowls or, for those who **have been** lucky, golf.

The tense in adjectival clauses must be in sequence with the tense in the main clause:

(a) **referring to simultaneous actions**

Ceux qui ont de la chance jouent...:
Those who are lucky play . . .

Ceux qui ont eu de la chance ont joué...:
Those who were (have been) lucky (have) played . . .

Ceux qui avaient de la chance jouaient...:
Those who were lucky played (used to play) . . .

*Ceux qui **auront** de la chance joueront...:*
Those who **are** lucky will play . . .

(b) **referring to successive actions**

Ceux qui ont eu de la chance jouent...:
Those who have been lucky play . . .

Ceux qui avaient eu de la chance jouaient...:
Those who had been lucky played . . .

*Ceux qui **auront eu** de la chance joueront...:*
Those who **have been** lucky will play . . .

This rule also applies to time clauses introduced by the conjunctions *quand, lorsque* (when); *dès que, aussitôt que* (as soon as); *après que* (after).

Je jouerai quand je serai prêt:
I shall play when I am ready.

Il a dit qu'il jouerait quand il serait prêt:
He said he would play when he was ready.

3 Auxiliary Verbs

Uses of *faire*

(a) *faire de qn. (de qch.)... qn. (qch.):*
to make s.o. (sth.) (into) s.o. (sth.) else.

— *la vulgarisation tend à faire de nous des robots:*
'mass culture' tends to make us (into) robots.

(b) *se faire faire:*

— *on se fait accuser de faire de la politique:*
one is accused of being political.

The use of *se faire*+infinitive gives a passive meaning to the second verb:

Un petit bruit se fit entendre:
A small noise was heard.

(c) In the *faire*+infinitive construction, object pronouns are placed before the first verb:

— *suffisant à nous faire prendre conscience de...:*
sufficient to make us take note of . . . (make us aware of . . .).

4 Possession

(a) When describing the action or the state of parts or attributes of the body (belonging to the subject of the verb), the definite article is used:

Je lève la main: I raise my hand.
Il a fermé les yeux: He closed his eyes.
J'ai mal à la tête: I have a headache.
— *j'ai les pieds sur terre:*
I have my feet on the ground.

(b) When describing something done **to** parts or attributes of the body, the appropriate indirect object pronoun is added:

Je lui ai serré la main:
I shook his (her) hand.
Il me marche sur le pied:
He treads on my foot.
Cela m'a sauvé la vie: That saved my life.
— *les buveurs de rouge se grattent la tête:*
. . . scratch their heads.

Note the singular noun (*la tête*) in the above example.
— *Me fatiguer l'existence...:* ruin my life . . .
Ils se sont serré la main: They shook hands.

5 Stressed Pronouns

(a) To give emphasis two pronouns are usually needed, one unstressed, one stressed:

— *Moi, j'ai les pieds sur terre:*
I have my feet on the ground.

(b) The stressed form *soi, soi-même* (more emphatic) is used after indefinite pronouns: *on, chacun, personne, tout le monde,* etc.:

— *plein de son pauvre soi-même, on...:*
full of one's wretched self, one . . .
chacun pour soi: each for himself.

6 Prepositions

à   — *à la place d'honneur:* in the place of honour
     — *prêts à les recevoir:* ready to receive them

de   — *responsables de notre état:*
     responsible for our condition
     — *point besoin d'initiative:* no need for initiative

Exercises

❖ (1) **The Subjunctive** Completion exercises

(A) Formation of the present subjunctive (regular)

1 Il le dit pour en finir.

Exemple — pour que nous...

Réponse: Il le dit pour que nous en finissions.

(a) — pour que vous... (b) — pour que son ami... (c) — pour que tu... (d) pour que je... (e) — pour que ses amis...

2 Il le dit pour protester.

(a) — pour que nous... (b) — pour que vous... (c) — pour que je... (d) — pour que ses camarades... (e) — pour qu'on... (f) — pour que tu...

3 Il le dit afin de répondre à la question.

(a) — afin que je... (b) — afin que tu... (c) — afin que son ami... (d) — afin que nous... (e) — afin que vous... (f) — afin que les élèves...

(B) Formation of the present subjunctive (*savoir, pouvoir, avoir*)

1 Il fait des efforts pour savoir la vérité.

(a) — pour que nous... (b) — pour que vous... (c) — pour que ses amis... (d) — pour que tu... (e) — pour que tout le monde... (f) — pour que je...

2 Il fait des efforts pour pouvoir la voir.

(a) — pour que nous... (b) — pour que vous... (c) — pour que les gens... (d) — pour que je... (e) — pour que nous... (f) — pour que tout le monde...

3 Il fait des efforts pour avoir le poste.

(a) — pour que nous... (b) — pour que je... (c) — pour que son ami... (d) — pour que vous... (e) — pour que ses camarades... (f) — pour que nous...

(C) Formation of the present subjunctive (*vouloir, aller, faire, être*)

Exemple: On prend des mesures au cas où il voudrait partir?

Réponse: Oui, on en prend de peur qu'il ne veuille partir.

1 On prend des mesures au cas où il s'en irait? 2 On prend des mesures au cas où les gens feraient de la politique? 3 On prend des mesures au cas où les postes seraient pris? 4 On prend des mesures au cas où nous voudrions partir? 5 On prend des mesures au cas où nous nous en irions? 6 On prend des mesures au cas où nous serions nombreux? 7 On prend des mesures au cas où nous ferions de la politique?

(2) **The Subjunctive** Translate:

1 He is speaking to us to find out the answers to his questions. 2 He is speaking to us so that we'll know the answers to his questions. 3 He's always questioning himself for fear of becoming indifferent. 4 He's always questioning himself in case you should become indifferent. 5 He insists that they should reply to his questions. 6 He insists that we should reply to his questions.

❖ (3) **Tenses**

(a) **Adjectival clauses**

Exemple: Qui jouera?

Réponse: Celui qui aura de la chance.

Exemple: Qui aura joué?

Réponse: Celui qui aura eu de la chance.

1 Qui joue? 2 Qui a joué? 3 Qui jouait? 4 Qui avait joué? 5 Qui jouerait? 6 Qui aurait joué?

(b) **Time clauses**

Exemple: Il entrera dans la café. Puis il se mettra à table.

Réponse: Dès qu'il sera entré dans le café, il se mettra à table.

Exemple: Ils entendront la question. Puis ils se gratteront la tête.

Réponse: Quand ils auront entendu la question, ils se gratteront la tête.

1 Il acceptera son premier poste. Puis il ne réfléchira plus. 2 Il finira son enseignement. Puis il ne se sentira pas concerné. 3 Il quittera l'école. Puis il oubliera ses idées. 4 Ils recevront un salaire. Puis ils seront contents.

❖ (4) *se faire*

Exemple: Les gens vous accusent.

Réponse: On se fait accuser.

Exemple: Tout le monde vous a compris.

Réponse: On s'est fait comprendre.

1 Les gens vous prendront. 2 Tout le monde vous appelait. 3 Les gens vous traiteront d'affolé. 4 Tout le monde vous a accepté.

❖ (5) **Impersonal Verbs** Replacement of *il y a*

Exemple: Il y a deux solutions. (exister)

Réponse: Il existe deux solutions.

Exemple: Il y a eu des difficultés. (se présenter)

Réponse: Il s'est présenté des difficultés.

1 Il y avait des incidents. (se passer) 2 Il y a eu un accident. (arriver) 3 Il y a eu un grave incident. (se produire) 4 Il y aura des problèmes. (se présenter) 5 Il y aura un accident. (arriver)

(6) **Possession**

Exemple: Ma main est levée; c'est moi qui le fais.

Réponse: Je lève la main.

Exemple: Ma vie est sauvée; c'est lui qui l'a fait.

Réponse: Il m'a sauvé la vie.

1 Sa tête est relevée; c'est elle qui le fait. 2 Mon esprit est fatigué; c'est cela qui l'a fait. 3 Sa main est serrée; c'est moi qui le fais. 4 Leurs yeux sont fermés; ce sont eux qui l'ont fait. 5 Mes pieds sont sur terre; c'est moi qui le fais. 6 Ses mains sont lavées; c'est elle qui l'a fait.

II
Les Jeunes

Des 'copains'.
Peut devenir copain celui qui a les mêmes goûts et les mêmes distractions.

6
Quelle violence?

Des lycéens manifestent

Quelques centaines de lycéens manifestent devant le lycée Condorcet; des étudiants obligent le doyen de la faculté de Nanterre à demander le secours de la police; l'agitation se généralise dans les établissements d'enseignement. Les lycéens en colère revendiquent 'un droit de regard sur ce qui les concerne'; ils protestent contre les méthodes et le contenu de l'enseignement dispensé; ils s'indignent contre la spécialisation précoce qui leur est imposée; ils réclament des relations nouvelles entre élèves et maîtres; ils exigent, enfin, le droit à l'activité politique et à la libre expression de leurs opinions.

On conçoit que les pouvoirs publics s'alarment à l'idée d'avoir à faire donner de la matraque sur d'aussi tendres têtes, et que des parents qui ont eu leur compte de violences depuis trente ans, se désolent de voir leurs enfants y céder à leur tour.

manifester: to demonstrate

doyen (m): dean
se généraliser: to spread
revendiquer: to demand
droit (m): right
précoce: early
réclamer: to call for
exiger: to demand
concevoir: to imagine
matraque (f): truncheon
compte (m): share
céder: to give in

Qu'est-ce que la violence?

Mais enfin, qu'est-ce que la violence? C'est le fruit de la révolte, le fruit de l'intérêt que l'on porte aux choses. Rien de plus poli et de plus doux qu'un être humain 'désintéressé'. A 16 ans, à 18, à 20, non seulement on s'intéresse, mais on découvre la réalité sociale et on est contraint de l'affronter. Les réactions, certes, sont différentes, selon la façon dont l'adolescent a accompli son développement psychique. Les uns acceptent plus ou moins le système de valeurs de leurs parents, mais veulent usurper aussi vite que possible les privilèges dont ceux-ci jouissent. Les autres refusent ce système et cherchent à en élaborer un autre. En tout cas il y a choc.

Ce dont on rêve aujourd'hui, dans le monde scolaire, c'est d'une adaptation aux conditions réelles de la vie. Détruire la société? Ces jeunes gens veulent plutôt y trouver une place, leur place. Aussi la ressemblance que voient certains entre l'agitation lycéenne et la délinquance juvénile semble-t-elle relever de la confusion mentale. C'est, d'une certaine manière, le contraire, puisque la première est volonté de participation à la vie sociale.

contraindre: to force
affronter: to face up to

aussi: therefore

relever: to be due to
volonté (f): desire, will

L'influence des moyens de communication

✳ Reste la violence par laquelle l'une et l'autre se manifestent. Peut-on dire sérieusement qu'elle est stimulée par les spectacles qu'offrent le cinéma et la télévision? Dans tous les pays du monde, des hommes de science et de bonne volonté s'efforcent, depuis des années, de déterminer l'influence exercée sur les gens par les moyens modernes de communication.

Plus de cinq cents ouvrages ont été publiés à ce sujet. La conclusion, troublante, est que personne n'est en mesure de dire comment la représentation de la violence agit sur la jeunesse, si elle libère des passions qui seraient, autrement, contenues, ou si, au contraire, elle les catalyse.

Un éminent spécialiste a remarqué: 'Imaginez les commentaires que provoquerait une émission de télévision qui commencerait par un meurtre, continuerait par des suicides, se poursuivrait par des empoisonnements, suggérerait un inceste, et accumulerait sept cadavres sur l'écran? Eh bien, c'est *Hamlet*...'

Un autre a cru pouvoir noter qu'après avoir vu le pur héros s'attaquer au

se manifester: to be revealed, expressed
spectacle (m): sight, show

ouvrage (m): work

cadavre (m): corpse
écran (m): screen

vilain, et en triompher, la réaction la plus courante du jeune spectateur est de s'attaquer à son propre vilain...

Orienter l'énergie des jeunes

Plusieurs spécialistes s'interrogent: la violence ne serait-elle pas comme l'électricité, ni bonne ni mauvaise, mais simplement énergie? Au lieu de souhaiter que la violence disparaisse du monde, et des écrans qui en sont le reflet, n'est-ce pas à l'orientation de cette source d'énergie qu'il conviendrait de s'employer? Orienter l'énergie, c'est très exactement ce qu'on appelle l'éducation. ✳

s'interroger: to wonder

souhaiter: to wish
orientation (f): directing

Courrier de l'*Express* (réponse d'un lecteur)

A propos de la violence. Je ne suis pas un jeune homme, mais je me souviens de l'école communale, où je me battais et d'où je revenais chaque jour avec plaies et bosses. Du lycée, où j'en faisais autant. Des bagarres du Quartier latin, dont je garde un nez définitivement cassé. De la Résistance, où j'ai dû tuer. La violence est une manifestation de la vitalité. Si je découvrais que mon fils en était dépourvu, je ne m'en féliciterais pas. Je m'en inquiéterais.

bagarre (f): fight

manifestation (f): display
se féliciter: to be pleased
s'inquiéter: to be worried

Note

Nanterre: plusieurs facultés de l'Université de Paris se sont établies à Nanterre, dans la banlieue ouest de Paris.

Verb Constructions

demander qch. (à qn.): to ask (s.o.) for sth.
s'attaquer à qn. (à qch.): to attack s.o. (sth.)
imposer qch. à qn.: to impose sth. on s.o.
jouir (d'un privilège): to enjoy (a privilege)
triompher de qn. (de qch.):
to triumph over, defeat, s.o. (sth.)
commencer par (faire) qch.:
to begin with (by doing) sth.

continuer par (faire) qch.:
to continue with (by doing) sth.
se poursuivre par qch.: to continue with sth.
chercher à faire qch.: to seek, try to do, sth.
s'efforcer de faire qch.: to try to do sth.
obliger qn. à faire qch.: to force s.o. to do sth.

Further Vocabulary

les pouvoirs publics: the authorities
déterminer l'influence exercée sur...:
to find out the effect on . . .
personne n'est en mesure de...:
no one is in a position to . . .

il conviendrait de...: it would be better to . . .
avec plaies et bosses: cut and bruised
j'en faisais autant: I did the same.
mon fils en était dépourvu: my son had none.

A Questions à préparer

1 Où se trouve Nanterre?
2 Pourquoi les étudiants ont-ils manifesté?
3 Comment est-ce que les autorités ont réagi?... et les parents?
4 Qu'a fait le doyen de la Faculté de Nanterre?
5 Expliquez ce que vous entendez par un 'être humain désintéressé'.
6 Selon l'auteur, pourquoi la violence est-elle inévitable? De quels jeunes l'auteur (Françoise Giroud) parle-t-elle?
7 Quelles sont les deux principales réactions des adolescents devant le système social de leurs parents?

8 Selon l'auteur, l'agitation lycéenne est 'volonté de participation à la vie sociale'. Quel rapport présente-t-elle avec 'la délinquance juvénile'?
9 Quelle explication donne-t-on quelquefois de la violence d'aujourd'hui?
10 Quelle explication l'auteur donne-t-elle du phénomène de la violence?
11 Quel devrait être alors le but de l'éducation, selon l'auteur?

B Sujet de rédaction à discuter

La violence est une manifestation de la vitalité. Approuvez-vous ce point de vue?

(1) Notre siècle est-il plus violent que les précédents? Sommes-nous plus ou moins tolérants que nos ancêtres envers les diverses formes de violence?

(2) Quelle est, selon vous, l'influence des moyens de communication de masse sur les gens, en ce qui concerne la violence? Est-ce que, à votre avis, les spectacles du cinéma et de la télévision encouragent la violence? ou est-ce qu'ils n'ont aucun effet sur les gens?

(3) Diriez-vous que la violence soit nécessairement 'le fruit de la révolte, de l'intérêt qu'on porte aux choses'? Qu'auriez-vous à dire pour et contre cette hypothèse? L'auteur semble vouloir faire de la violence quelque chose de positif; est-ce toujours vrai?

(4) Quelles sont les causes fondamentales de la délinquance juvénile? Quel est le rôle de l'éducation dans tout cela?

Plan proposé: (1) La violence et la société: comparaison avec d'autres temps et d'autres sociétés. (2) La violence peut-elle être justifiée? dans quels cas? (3) Le côté négatif de la violence: la délinquance juvénile, le désordre social. (4) Dites votre opinion sur la question.

Grammar

1 The Subjunctive

(a) Required after all verbs expressing an emotion (surprise, joy, fear, etc.):

— *on conçoit que les pouvoirs publics s'alarment...:*
one can well imagine (i.e. it is not surprising) that the authorities are getting alarmed . . .
On craint qu'ils ne fassent des bêtises:
It is feared that they may act stupidly.
Note the extra *ne* required after expressions of fear (see 5.1).
Il n'est pas content que son fils soit timide:
He isn't pleased that his son is timid.

(b) Required after verbs of wishing (*vouloir, souhaiter, aimer,* etc.) when there is a change of subject:

— *au lieu de souhaiter que la violence disparaisse du monde:*
instead of wishing for violence to disappear from the world.
Il ne veut pas que son fils soit timide:
He doesn't want his son to be timid.

But

Ils ont voulu protester contre les méthodes...:
They wanted to protest against the methods . . .

2 Tenses

depuis: 'for', 'since'

— *des hommes de science... s'efforcent depuis des années (depuis la guerre):*
scientists . . . have been trying for years (since the war).
The present tense with *depuis* describes an uncompleted action which has been continuing for some time or since a particular time.

The imperfect tense with *depuis* describes an action which was uncompleted at a particular time in the past:

Ils manifestaient depuis une heure lorsque la police arriva:
They had been demonstrating for an hour (or: since one o'clock) when the police arrived.

3 Relative Pronouns

(a) *lequel,* etc., is used instead of *qui* or *que*:

(i) after a preposition, when not referring to a person:

— *la violence par laquelle l'une et l'autre se manifestent:*
the violence by means of which both make themselves noticed.

(ii) after *parmi* and *entre* when referring to persons or things:

Les lycéens entre lesquels il y avait une discussion...:
The schoolboys among whom . . .

(iii) to avoid ambiguity; *lequel,* etc., gives a clear indication of gender and number:

Parmi les spectacles qu'offre la télévision, lesquels, selon certains spécialistes, incitent à la violence, il y en a qui me plaisent beaucoup:
Among the shows on television, which, according to some experts, encourage violence, are some I like a lot.

3 (b) *dont*

      (i) *Dont* is generally used instead of *de qui, duquel*, and comes immediately after the noun it refers to:

          — *les privilèges dont ceux-ci jouissent (jouir de qch.):*
          the privileges they enjoy.
          un système dont ils refusent les valeurs:
          a system whose values they reject.

      But if the object in the relative clause (*les valeurs*) is governed by a preposition, then *dont* cannot be used:

          *un système **avec** les valeurs **duquel** je ne suis pas d'accord:*
          . . . with whose values . . .

      (ii) Note particularly its use with *façon* and *manière*:

          — *selon la façon dont l'adolescent a accompli son développement...:*
          according to the way in which the adolescent . . .

      (iii) Note the form *ce dont*:

          — *Ce dont on rêve aujourd'hui... c'est d'une adaptation...:*
          What one dreams of today . . .

      This form is used when the verb governing *ce que* takes *de*:
          Ce dont je me souviens...:
          What I remember . . .

---

4 Indefinite Pronouns

l'un... l'autre, les uns... les autres

(a) 'some (people) . . . others':

      — *Les uns acceptent plus ou moins... les autres refusent...:*
      Some accept more or less . . . others reject . . .

(b) 'both':

      — *la violence par laquelle l'une et l'autre se manifestent.*

(c) Used to strengthen a verb with reciprocal meaning:

Les étudiants et les autorités se détestent les uns les autres:
The students and the authorities hate each other.

When the verb has an indirect object governed by *à, de, avec*, etc., the construction is as follows:

Ils se parlent les uns aux autres (l'un à l'autre), ils parlent les uns des autres (l'un de l'autre), ils parlent les uns avec les autres (l'un avec l'autre):
They speak to, of, with, each other.

---

5 Comparison

(a) *plus de, moins de*

      — *Plus de cinq cents ouvrages...:*
      More than 500 works . . .

Plus de, moins de translate 'more than', 'less than' before a number, unless a comparison is intended. Compare:
      Il mange plus de cinq pommes.
      Il mange plus que deux hommes.

(b) *aussi, si*: 'such'

      — *faire donner de la matraque sur d'aussi tendres têtes:*
      to have such tender heads clubbed.

'Such', used to intensify an adjective, is translated by *aussi* or *si*:
      Je n'avais jamais vu de manifestations aussi violentes!
      Cela leur a posé de si grands problèmes!

---

6 Prepositions

à   — *à leur tour:* in their turn
      — *à ce sujet:* about this, on this subject

de forms many adverb phrases of manner:
      — *d'une certaine manière:*
      in one way (of looking at it)

      — *la façon dont l'adolescent...:*
      the way in which the adolescent . . .

en occurs in many adjective phrases:
      — *les lycéens en colère:* angry schoolboys
      — *en tout cas:* in any event

Exercises

(1) The Subjunctive After verbs expressing a wish, etc.

Exemple: La violence disparaîtra. On le souhaite.

Réponse: On souhaite que la violence disparaisse.

1 La police vient. Le doyen le veut. 2 Les enfants sont violents. Les parents s'en désolent. 3 Les enfants prendront leur place. Les parents aimeraient mieux cela. 4 Les enfants auront leur place. Les parents préfèrent cela. 5 La police s'en ira. Les étudiants le voudraient. 6 La violence finira. Ils le veulent. 7 Le doyen prendra des mesures. La police le veut.

(2) The Subjunctive After verbs expressing emotion.

Exemple: Ils sont partis. Je suis content(e).

Réponse: Je suis content(e) qu'ils soient partis.

1 La police viendra. J'ai peur. 2 Les enfants se sont battus. Leurs parents sont désolés. 3 Personne n'a vu le spectacle. Je suis étonné(e). 4 Ils ont détruit le bâtiment. Le doyen est furieux. 5 Personne ne les prend au sérieux. Les jeunes sont ennuyés. 6 Ils peuvent venir. J'ai peur. 7 Vous n'avez pas pu venir. Je le regrette.

(3) *depuis, il y a... que*

Exemple: Nous l'étudions depuis deux ans.

Réponse: Il y a deux ans que nous l'étudions.

Exemple: Nous y travaillions depuis deux ans quand il s'est présenté des difficultés.

Réponse: Il y avait deux ans que nous y travaillions quand il s'est présenté des difficultés.

1 Nous attendons la réponse depuis trois heures. 2 Nous nous efforcions depuis des années de trouver une solution quand cet accident s'est produit. 3 Cette coutume existe depuis des années. 4 Depuis deux ans l'université est un centre d'agitation.

(4) *l'un... l'autre*, etc.

Exemple: Un étudiant a parlé à un autre.

Réponse: Les étudiants se sont parlé l'un à l'autre.

Exemple: Des étudiants se sont battus avec d'autres.

Réponse: Les étudiants se sont battus les uns avec les autres.

1 Un policier a suivi un autre. 2 Des étudiants ont demandé du secours à d'autres. 3 Un lycéen avait besoin d'un autre. 4 Des spécialistes ont interrogé d'autres. 5 Un policier se tenait près d'un autre. 6 Des jeunes ont appelé d'autres.

(5) *lequel*, etc.; *dont*

Exemple: Les lycéens revendiquent des droits. Ils sont prêts à se battre pour ces droits.

Réponse: Les lycéens revendiquent des droits pour lesquels ils sont prêts à se battre.

Exemple: L'auteur de l'article semble comprendre la jeunesse d'aujourd'hui. J'ai lu cet article.

Réponse: J'ai lu un article dont l'auteur semble comprendre la jeunesse d'aujourd'hui.

1 Il faut comprendre les problèmes sociaux. Les jeunes s'intéressent le plus à ces problèmes. 2 Voici un article. A la fin de cet article il y a des idées positives. 3 On critique les effets de la télévision sur les adolescents. Que faut-il penser de la télévision? 4 Les adultes jouissent de privilèges. Les jeunes critiquent ces privilèges. 5 On s'est attaqué aux étudiants. Il y avait eu une discussion entre ces étudiants. 6 Le héros a triomphé du vilain. Peut-on s'identifier à ce vilain?

7
Le conflit des générations

Il ne faudrait pas croire que le problème du conflit des générations date d'aujourd'hui. Il est vraisemblable que de tous les temps les fils se sont plus ou moins dressés contre leurs pères. Cependant malgré l'ancienneté de ce problème il faut noter qu'il a pris à notre époque moderne une signification nouvelle et une acuité toute particulière.

vraisemblable: probable
se dresser: to rise up

acuité (f): acuteness

Les copains et leurs parents

Le domaine où l'on s'attend le plus naturellement à voir apparaître ce conflit des générations, c'est celui des relations entre les copains et leurs parents. Il est intéressant de constater qu'une enquête faite auprès des jeunes par l'émission 'Salut les copains' révèle que 96% des interrogés répondent: 'Nos parents ne nous comprennent pas' et que 4% seulement considèrent qu'il n'y a pas de différence, qu'il y a bonne entente entre leurs parents et eux. Il est plus illuminant encore de voir le commentaire fait par le publiciste A. Denner à propos de ces 4%: 'Du moment qu'ils ne sont pas en révolte ou en opposition avec leurs parents, ce ne sont pas des teenagers'.

s'attendre: to expect

constater: to note
enquête (f): survey
auprès de: among
entente (f): understanding

du moment que: seeing that

Ce qu'ils leur reprochent

Que disent les jeunes eux-mêmes (ou du moins ceux qui participent aux discussions organisées)? Bien entendu toutes les nuances sont exprimées: il y a ceux (4% ou davantage) qui s'entendent au mieux avec leurs parents et ne considèrent pas qu'il y ait là un problème. D'autres, cependant, réfutent l'autorité parentale pour les raisons déjà invoquées: 'Ils ne sont pas du tout dans le coup, voilà mon avis. Ils ont des idées dépassées sur la jeunesse et la jugent selon des principes qui étaient bons il y a deux siècles... Les problèmes ont changé, ils devraient le comprendre' (*Salut les copains*). 'Mon père ne connaît qu'une réponse: de mon temps...' (*Age tendre*). 'Je n'ai certes pas d'admiration, notamment pour mon père, avec qui je ne suis pas du tout d'accord. Je n'approuve ni sa façon de vivre, ni ses sentiments politiques... je ne lui reconnais aucune autorité pour me conseiller...' (*Nous les garçons et les filles*).

bien entendu: of course
nuance (f): shade of opinion

dans le coup (sl): with it
dépassé: out of date
siècle (m): century

notamment: in particular
être d'accord: to agree

Ce qu'ils reconnaissent

Mais est-ce une révolte totale? Non, il y a des limites. La correspondante de *N.G.F.* citée à l'instant termine par: 'Malgré cela, ce sont mes parents et je les aime bien quand même.' Ou bien, de façon plus désabusée (toujours *N.G.F.*): '... et je me dis que c'est quand même grâce à eux si je suis là, alors...' On reconnaît même que les parents ont une plus grande expérience: 'Les parents ont plus d'expérience que nous et ils devraient ressentir le besoin de l'échanger... d'aborder tous les problèmes sans exception' (*N.G.F.*), mais on leur demande de l'adapter, de faire preuve de compréhension ('l'échanger' et non 'l'imposer' avec force de loi).

citer: to quote
désabusé: disillusioned
grâce à: thanks to

ressentir: to feel

Ce qu'ils attendent de leurs parents

Beaucoup de copains déplorent en fin de compte une difficulté de communication. Tel celui-ci à qui l'on demandait s'il avait le droit à la parole (*Age tendre*): '... j'adore expliquer... mais cela n'a jamais servi qu'à moi.'

en fin de compte: all things considered

Des jeunes reprochent à leurs parents de ne pas savoir se mettre à leur place: 'Les miens je les aime bien, mais on dirait qu'ils n'ont jamais eu mon âge.' Beaucoup insistent sur la nécessité d'une plus grande confiance mutuelle: 'Certains professeurs se font chahuter parce qu'ils nous prennent de haut... les plus sympathiques sont ceux qui nous font confiance: ils se font respecter. A la maison, c'est un peu pareil. Un peu plus de confiance et de compréhension de la part de nos parents et ça irait beaucoup mieux.' 'Ils devraient avoir une grande confiance en nous... garder ses distances n'est pas nécessaire pour conserver son autorité.' Autrement dit, nombreux aimeraient que leurs parents soient davantage des camarades, des 'copains', pour eux. Mais certains doutent que ce soit possible: 'Sûrement pas copains! Peut devenir copain celui qui a les mêmes goûts et les mêmes distractions.'

chahuter (sl): to rag
prendre de haut: to patronize
pareil: similar

Les avis sont évidemment partagés et dépendent avant tout du milieu familial dans lequel vit celui ou celle qui répond. Pourtant, on l'a vu, il y a des tendances générales et, pour citer de nouveau l'enquête faite par l'émission *Salut les copains,* il y aurait des expressions qui se retrouveraient dans toutes les réponses: 'liberté', 'besoin de liberté', 'on ne me rend pas assez libre'. Cela expliquerait peut-être que les copains cherchent à se libérer d'une autre façon, au moyen d'autres exutoires, comme la musique, le rythme, la mode, etc....

distraction (f): amusement
partager: to divide

de nouveau: again

exutoire (m): outlet
mode (f): fashion

Comment ils éduqueront leurs enfants

Il y a une question qui a été posée, à ce propos, dans la plupart de ces tables rondes ou enquêtes: 'Comment éduquerez-vous vos enfants?' ou 'que feriez-vous à leur place?' Les copains laisseront-ils donc, plus tard, une plus grande liberté à leurs enfants? Bien entendu, la plupart se sont attribué, pour l'avenir, les qualités mêmes qu'ils trouvaient absentes chez leurs parents. Pourtant, sur ce point, leur conviction semble avoir des limites, comme en témoigne cette charmante réponse d'une jeune fille de 17 ans: 'Ils ont oublié leur jeunesse, j'espère ne pas oublier la mienne.'

éduquer: to bring up

jeunesse (f): youth

Verb Constructions

approuver qch.: to approve of sth.
participer à qch.: to take part in sth.
dépendre de qch. (de qn.): to depend on sth. (on s.o.)
s'attendre à (faire) qch.: to expect (to do) sth.
terminer par (faire) qch.: to finish with (by doing) sth.

sembler faire qch.: to seem to do sth.
reprocher à qn. de faire qch.:
to reproach s.o. for doing sth.
demander à qn. de faire qch.: to ask s.o. to do sth.

Further Vocabulary

qui s'entendent au mieux avec...:
who are on the best possible terms with . . .
je ne lui reconnais aucune autorité:
I don't accept that he has any authority.
aborder tous les problèmes: to deal with every problem
faire preuve de compréhension:
to show they understand

en fin de compte: when all's said and done
ils nous prennent de haut: they patronize us.
ceux qui nous font confiance: those who trust us
autrement dit: in other words
le milieu familial: the home environment
comme en témoigne cette réponse:
as is indicated by this reply

A Questions à préparer

1 Quel fait important cette enquête a-t-elle révélé?
2 Selon M. Denner, qui sont les 'teenagers'?
3 Pour quelles raisons l'autorité parentale est-elle réfutée?
4 Quelles valeurs les jeunes reconnaissent-ils malgré tout?
5 Quelle devrait être l'attitude des parents? Comment devraient-ils se servir de leur expérience?
6 Pourquoi les parents et les professeurs sont-ils à critiquer, selon les jeunes?
7 Que demandent-ils à leurs parents et à leurs professeurs?
8 De quoi les jeunes ont-ils besoin?
9 Que représentent pour eux 'la musique, le rythme, la mode'?
10 Comment les copains essaieront-ils d'être de meilleurs parents que n'ont été les leurs?

B Sujet de rédaction à discuter

Les fils ressemblent plus à leur temps qu'à leurs pères (proverbe musulman). Discutez.

(1) Expliquez ce proverbe.
(2) Qu'est-ce qui exerce la plus grande influence sur vos idées: la famille? le milieu social? Estimez-vous que vos parents et vos professeurs soient suffisamment prêts à partager leur expérience? Dans quels domaines ce dialogue est-il le plus nécessaire?
(3) 'Les problèmes ont changé.' — Quels problèmes? Avez-vous suffisamment de liberté personnelle? Acceptez-vous certaines limites à cette liberté? Pourquoi?
(4) Comment se caractérise l'époque actuelle? Enumérez les caractéristiques qui semblent être en faveur de la jeunesse. Quelles sont les principales qualités des jeunes et leurs principaux défauts? Dans quels métiers ou professions la jeunesse vous semble-t-elle être une qualité nécessaire, ou recommandée? Dans quels domaines de la vie sociale l'âge, l'expérience sont-ils prisés aujourd'hui? A juste titre, ou non?
(5) Essayez de résumer l'importance relative de l'influence exercée sur les adolescents (*a*) par les adultes — parents et professeurs, (*b*) par les moyens de communication de masse — la publicité, la mode, etc., et (*c*) par leurs contemporains.

Plan proposé: (1) Expliquez le proverbe. Quelle est, à votre avis, l'attitude des jeunes envers leurs parents? Êtes-vous de l'avis de M. Denner? (2) L'influence exercée sur les jeunes par les idées de l'époque, par le milieu. (3) Le rôle des parents. (4) Résumez les arguments. Dites votre point de vue.

Grammar

1 The Subjunctive

(*a*) Required after verbs expressing **doubt** or **denial**:
— *certains doutent que ce soit possible:*
some people doubt whether . . .
On nie qu'il y ait là un problème:
It is denied that there is a problem.

(*b*) Required after verbs of **saying** and **thinking** used negatively or interrogatively, i.e. when there is an idea of doubt or supposition:
— *Il ne faudrait pas croire que le problème... date d'aujourd'hui:*
One shouldn't think that the problem . . . is a new one.
— *il y a ceux qui... ne considèrent pas qu'il y ait là un problème:*
there are those who . . . don't think there is a problem.

(*c*) Required in expressions of **possibility**, since such expressions imply doubt:
Il est possible qu'il y ait là un problème.

(*d*) Required after verbs expressing **understanding** of a fact or an attitude to a state of affairs (see 6.1*a*):
— *Cela expliquerait... que les copains cherchent à se libérer:*
That would explain why (explain the fact that) . . .
Je comprends qu'il ait voulu quitter sa famille:
I can well understand why (i.e. it does not surprise me) . . .
When used with *pourquoi* or *comment* such verbs are followed by the indicative:
Je ne comprends pas comment cela s'est passé.

2 Tenses

The conditional

Note the following idiomatic uses:

(*a*) — *Ils devraient avoir une grande confiance en nous:*

They should have (they ought to have) great confidence in us. (see 1.2*a*)

— *Il ne faudrait pas croire...:*

One shouldn't believe . . .

The conditional of *falloir* has the same meaning as the conditional of *devoir*. It is often used to soften the imperative force of *il faut*:

Il faut partir: You must leave.

Il faudrait partir: I think you should leave.

(*b*) — *on dirait qu'ils n'ont jamais eu mon âge:*

you'd think . . .

(*c*) — *pour citer de nouveau l'enquête... il y aurait des expressions...:*

there are (there would seem to be) some expressions . . .

The conditional tense is often used in French when passing on second-hand information. (Journalists frequently make use of this tense when reporting accidents, murders, crises, rumours, disasters, etc.)

3 Negatives

(*a*) **Position**

(i) — *ils n'ont jamais eu mon âge:*

they've never been my age (never been young).

In compound tenses *pas*, *plus*, *jamais* and *rien* are placed before the past participle.

(ii) — *cela n'a jamais servi qu'à moi:*

that was only ever of use to myself (never of use to anyone but myself)

Que and *personne* follow the past participle in compound tenses:

Il n'a vu personne.

(iii) In the construction *ne... que* the *que* precedes the phrase it modifies:

Ils ne réfutent l'autorité parentale que pour affirmer la leur:

They only reject their parents' authority in order to assert their own.

(iv) — *Je n'ai certes pas d'admiration... pour mon père.*

Certes, *certainement* and similar adverbs can be placed before *pas* to emphasise it.

(v) — *Des jeunes reprochent à leurs parents de ne pas savoir se mettre à leur place:*

. . . reproach their parents for not knowing . . .

Ne pas, *ne plus*, *ne jamais* and *ne rien* are placed together before a present infinitive.

(*b*) **Use of *non***

— *'l'échanger' et non 'l'imposer' avec force de loi:*

to exchange (their experience) and not impose it . . .

'And not' followed by a noun, pronoun, adverb or infinitive is translated by *et non...*, or *et non pas...*

(*c*) **ne... ni... ni**

— *Je n'approuve ni sa façon de vivre ni ses sentiments politiques!:*

I approve neither of his way of living nor of his political opinions.

In this construction the first *ni* may be replaced by another negative (*pas*, *plus*, *jamais*, etc.):

Je n'approuve pas sa façon de vivre ni ses sentiments politiques:

I don't approve of his way of living **or** of his political opinions.

Note that the English 'or' after a negative verb in such constructions is translated by *ni*.

4 Indefinites *même*

(*a*) — *Que disent les jeunes eux-mêmes?*

When forming the emphatic pronouns 'myself', 'themselves', etc., *même* agrees.

(*b*) *les mêmes goûts et les mêmes distractions.*

As an adjective *même* agrees; placed before the noun it means 'the same . . .', and after the noun, 'the very . . .':

— *les qualités mêmes qu'ils trouvaient absentes...*

(*c*) — *On reconnaît même que les parents ont une plus grande expérience.*

As an adverb *même* is invariable and means 'even'.

(*d*) — *je les aime bien quand même.*

— *c'est quand même grâce à eux si je suis là.*

Note the expressions *quand même*, *tout de même*: 'nevertheless', 'all the same', 'even so'.

5 Prepositions

à
— *au moyen de...:* by means of . . .
— *citée à l'instant:* quoted above, just now
— *à propos de ces 4%:*
with regard to these 4%
— *à ce propos:* in this connection

de
— *de mon temps:* in my time, in my day
— *le besoin de l'échanger:*
the need to exchange it

— *de la part de...:* on the part of . . .
— *du moins:* at least, at any rate
avant — *avant tout:* above all
chez — *les qualités qu'ils trouvaient absentes chez leurs parents:*
. . . which they found lacking in their parents

Exercises

♦ (1) **The Subjunctive**   After verbs expressing doubt, denial, understanding, etc.
Exemple: Cela sera possible? Je ne le crois pas.
Réponse: Je ne crois pas que cela soit possible.
1 Ils les rendront plus heureux? Je ne dis pas cela.   2 Il y a là un problème? J'en doute.   3 Il a voulu se libérer de sa famille? Je comprends bien cela!   4 Ils veulent protester? Faut-il penser cela?   5 Ils ont des idées dépassées? Il ne faut pas penser cela!   6 Ils savent la réponse? On ne considère pas cela!   7 Ce sera possible? Certains en doutent!

(2) **The Subjunctive**   Translate:
1 Do you think we are going to protest?   2 Do you think they are going to protest?   3 I can well understand that you should want to leave.
4 I can well understand her wanting to leave.
5 I doubt whether you understand the question.
6 I doubt whether they understand the question.

(3) **Tenses**   Translate:
1 I think you should show more understanding.
2 According to one of the magazines there are too many parents who forget that they were young themselves.   3 You'd think young people never had any freedom.   4 Parents should deal with any of their children's problems.
5 A survey shows that there are some questions which young people will answer more easily when they are older.

(4) **Negatives**   Translate:
1 We saw nobody, even in the café.   2 He's never accepted my friends.   3 I don't like their attitude or the way they dress.   4 They tell them not to come home late.   5 When I'm older I certainly won't have the same ideas as them.
6 All the same, they should try to understand today's problems and not those of thirty years ago.   7 Each one will only be open for a few hours every day.

8
La libéralisation de la famille

Selon le sociologue américain William Goode, les relations entre membres d'une même famille deviennent de moins en moins soumises à des formules rigides, de type autoritaire.

— Dans une récente conférence que vous avez faite à Oxford sur la famille et les Droits de l'homme, vous prôniez l'égalitarisme non seulement entre mari et femme, mais aussi entre parents et enfants. Comment cela est-il pratiquement réalisable? On vous dira que de jeunes enfants ne sont pas mûrs pour prendre des décisions importantes.

— Chaque fois qu'il s'agit de prendre une mesure libérale et égalitaire, la majorité des gens commencent par crier 'casse-cou'. Et ils se trompent.

De même, combien de parents redoutent que leurs enfants ne fassent des bêtises lorsqu'ils se marient en dehors de leur contrôle. Mais les chiffres prouvent que ce n'est pas vrai. La majorité des jeunes épousent des gens du même niveau social que le leur et, d'après une enquête menée auprès de la jeunesse belge, 61% des personnes interrogées admettent que pour les jeunes les considérations matérielles au moment du mariage entrent en ligne de compte.

En ce qui concerne les relations parents–enfants, j'estime que les enfants doivent être amenés à partager les responsabilités au sein de la famille, assez vite, avant même qu'ils soient mûrs. Car c'est cette accession aux responsabilités qui les mûrira. Un enfant doit apprendre à se comporter en homme libre et responsable, et c'est au sein des relations familiales que cette liberté et cette responsabilité doivent d'abord se manifester. Les travaux de la sociologie moderne nous ont montré le lien qu'il y a entre une éducation trop autoritaire et le développement de la personnalité intolérante, fanatique, pleine de préjugés sociaux et raciaux. De sorte que la libéralisation au sein de la famille est bénéfique pour la société entière.

— Est-ce que cette évolution de la famille va dans le sens d'un plus grand bonheur? L'homme sera-t-il plus heureux?

— Tout dépend si l'on met l'accent sur le sentiment de sécurité ou le sentiment de liberté. Moins les relations humaines sont codifiées, plus les décisions retombent sur les épaules de l'individu. Il est de moins en moins encadré, soutenu par la société, la famille. L'accroissement de la liberté signifie l'accroissement des risques et de la solitude, et par conséquent des accidents. Cependant je pense que l'on est libre surtout pour quelque chose: l'épanouissement des possibilités de la personne, le droit à l'amour, le droit de choisir soi-même et d'assumer son destin. Et c'est là qu'à mon avis il y a progrès.

soumis: subject

prôner: to advocate

mûr: mature
chaque fois que: whenever
se tromper: to be mistaken
de même: similarly
redouter: to fear
bêtise (f): silly mistake
chiffre (m): figure
épouser: to marry
d'après: according to
belge: Belgian
admettre: to accept
partager: to share
au sein de: within, in the sphere of
se comporter: to behave
lien (m): link

sens (m): direction

encadrer: to surround, cocoon
soutenir: to support
solitude (f): loneliness

Further Vocabulary

comment cela est-il pratiquement réalisable?:
how can that be achieved in practice?
crier 'casse-cou': to sound a warning
en dehors de leur contrôle: without reference to them
une enquête menée auprès de...:
a survey carried out amongst . . .
(elles) entrent en ligne de compte:
they are relevant, important

en ce qui concerne...:
as concerns . . ., as far as . . . is concerned
cette accession aux responsabilités:
taking on responsibilities in this way
tout dépend si l'on met l'accent sur....:
it all depends (on) whether one stresses . . .
l'accroissement de la liberté: more freedom
l'épanouissement des possibilités de la personne:
bringing out a person's potential
assumer son destin: to be responsible for one's fate

A Questions à préparer

1 Pourquoi est-ce que la majorité des 'adultes' s'opposent à des mesures libérales et égalitaires?
2 Selon le sociologue, comment les jeunes peuvent-ils devenir mûrs?
3 Quelles peuvent être les conséquences d'une éducation trop autoritaire?
4 Qu'est-ce que vous entendez par le mot 'éducation' dans ce contexte?
5 Quels sont les deux aspects du 'bonheur'?
6 Pourquoi la liberté de l'individu peut-elle signifier 'risques', 'solitude', 'accidents'?
7 En quoi consiste le progrès dont il parle?

B Sujet de rédaction à discuter

Jusqu'à quel point l'égalitarisme entre parents et enfants est-il réalisable ou souhaitable?
(1) Comment expliquez-vous le fait que 'les relations entre membres d'une même famille deviennent de moins soumises à des formules rigides'? Quels sont les facteurs sociaux qui encouragent cette tendance?

(2) Qu'est-ce qui pousse les parents à agir d'une manière autoritaire envers leurs enfants? Comment arrivent-ils à limiter la liberté de leurs enfants? Ont-ils toujours tort d'exercer un tel contrôle?
(3) Quelles seraient les conséquences d'un égalitarisme total dans la famille? Illustrez vos exemples. A tout prendre est-ce que les conséquences seraient bénéfiques plutôt que néfastes pour la famille? Comment vos responsabilités s'accroîtraient-elles? Quels seraient les avantages pour vous personnellement?
(4) Dans quels domaines l'égalitarisme est-il réalisable? Les progrès dépendent-ils de vous, de vos parents ou de facteurs en dehors de votre contrôle? Jusqu'à quel point est-il souhaitable?

Plan proposé: (1) La libéralisation de la famille à l'époque actuelle. (2) Pour et contre l'autorité des parents. (3) Conséquences de l'égalitarisme. (4) Réalisable? Souhaitable? Dites votre opinion.

Grammar

1 The Subjunctive

(a) The subjunctive is used in certain **time clauses**, when the future event is viewed as a **possibility**, after *avant que, jusqu'à ce que, en attendant que*:
— *les enfants doivent être amenés à partager les responsabilités... avant même qu'ils soient mûrs:*
   . . . even before they are mature.
   Les parents prennent les décisions importantes jusqu'à ce que leurs enfants soient mûrs:
   . . . until their children are mature.
En attendant que ('until') could replace *jusqu'à ce que* in the last example.
N.B.
   (i) 'Not until' is translated by *ne... pas avant que*:
      Je ne partirai pas avant qu'il vienne nous chercher.
   (ii) 'To wait until' is translated by *attendre que*:
      Attendons qu'il vienne nous chercher.
(b) **Avoidance of the subjunctive**
   It is often possible to avoid a construction requiring the subjunctive by the use of:
   (i) a **noun**:
      Je suis resté jusqu'à son retour (son arrivée, son départ).

   Il faut attendre son retour (etc.).
   Ne partons pas avant son retour (etc.).
   (ii) an **infinitive**:
      Ne faites rien avant de parler à votre père.
      Il a attendu de voir les résultats de l'enquête:
      He waited until he could see the results of the investigation.
   When the subject of both verbs is the same, an infinitive construction is usually preferred.
(c) In clauses after *de sorte que, de façon que, de manière que* (so that), the subjunctive is used only if an idea of purpose is present (see 5.1).
   — *De sorte que la libéralisation au sein de la famille est bénéfique...:*
      With the result that liberalisation within the family is beneficial . . .
   On devrait encourager cette libéralisation de sorte qu'elle puisse être bénéfique pour la société entière:
      One ought to encourage this liberalisation so that it may be beneficial for the whole of society.

2 Comparison

(a) — *Moins les relations humaines sont codifiées,* **plus** *les décisions retombent...:*
The less human relations are codified, **the more** do decisions fall upon . . .
Plus les enfants se sentent responsables, **plus** *ils se comporteront en gens mûrs:*

The more children feel responsible, **the more** will they behave like mature people.
'The more . . . the more', 'the less . . . the less', etc., whether comparing adjectives, adverbs or verbs are translated by *plus... plus, moins... moins,* etc.

3 Agreement of Verb

After collective nouns
— *la majorité des gens commencent par crier 'casse-cou'.*
— *La majorité des jeunes épousent des gens du même niveau social.*
Collective nouns such as *la majorité, une minorité,*

when linked to a plural noun by *de* or *des,* can be followed by either a plural or a singular verb. The choice is often a subjective one, depending on which noun is felt to be the real subject of the verb. *La plupart* ('most') is always followed by a plural verb.

4 The Article

Omission in French
(a) The article is frequently omitted when nouns are grouped in pairs:
— *l'égalitarisme... entre mari et femme... entre parents et enfants.*
(b) The article is sometimes omitted after prepositions

in phrases describing a customary situation:
— *les relations entre membres d'une même famille*
(c) The article is omitted when a pair of nouns forms an adjective phrase:
— *les relations parents-enfants*

5 Prepositions

à — *le droit à l'amour:* the right to love
de — *le droit de choisir:* the right to choose
— *de même:* likewise, similarly
en — *se comporter en homme:* to act as a man

par forms many adverb phrases:
— *par conséquent:* consequently
sur — *une conférence... sur la famille:* a lecture on (about) the family

Exercises

🎲 (1) **The Subjunctive** After *avant que*
Exemple: Ils ne doivent pas prendre des décisions. Ils ne sont pas mûrs.
Réponse: Ils ne doivent pas prendre des décisions avant qu'ils soient mûrs.
1 Ils ne doivent pas prendre des décisions. Ils n'ont pas l'expérience. 2 Ils ne doivent pas prendre des décisions. Ils ne savent pas les problèmes. 3 Ils ne doivent pas prendre des décisions. Ils ne peuvent pas comprendre. 4 Ils ne doivent pas prendre des décisions. Ils ne font pas partie de la société adulte. 5 Ils ne doivent pas prendre des décisions. Ils ne veulent pas accepter leurs responsabilités.

🎲 (2) **The Subjunctive** After *de sorte que*
Exemple: Il apprend pour pouvoir partager les responsabilités.
Réponse: Il apprend de sorte qu'il puisse partager les responsabilités.
1 Nous les interrogeons pour savoir leurs opinions. 2 Ils travaillent pour être plus heureux. 3 Nous faisons des efforts pour devenir plus libres. 4 Ils essaient d'être mûrs pour pouvoir prendre les décisions importantes. 5 Elle agit pour soutenir l'individu.

🎲 (3) **The Subjunctive** After *jusqu'à ce que*
Exemple: Ils vont poursuivre leurs efforts jusqu'à mon arrivée.
Réponse: Ils vont poursuivre leurs efforts jusqu'à ce que je sois arrivé.
1 Ils vont poursuivre leurs efforts jusqu'à leur arrivée. 2 Ils vont poursuivre leurs efforts jusqu'à notre arrivée. 3 Ils vont poursuivre leurs efforts jusqu'à votre arrivée. 4 Ils vont poursuivre leurs efforts jusqu'à l'arrivée de leurs amis. 5 Ils vont poursuivre leurs efforts jusqu'à ton arrivée.

(4) **Translate:**
1 The richer a family is, the more it can help its children when they get married. 2 Relations between parents and children are becoming less and less authoritarian. 3 Most sociologists seem to advocate greater freedom in human relations. 4 The less people are free, the less they will be able to accept responsibilities. 5 The majority of parents accept that after a certain age their children have the right to take decisions without their direct supervision.

Les Jeunes

(1) **Occupations de loisir** (élèves de 3ᵉ et de 4ᵉ)

Pourcentages de réponses affirmatives pour chaque occupation:

Lecture	48,8%
Sport	47,5
Écoute de disques	43,9
Télévision	38,1
Cinéma	37,4
Dessin, peinture	15,5
Instrument de musique	13,0
Musées, expositions de peinture	4,0

> *loisir* (m): leisure (-time)
> *lecture* (f): reading
> *exposition* (f): exhibition

(1) 1 Ces occupations sont-elles comparables aux vôtres? Dressez une liste qui montre l'ordre de vos préférences.
   2 Dites, pour chacune de ces activités, s'il s'agit d'une occupation active ou passive. Est-il souhaitable d'avoir des occupations de loisir dans les deux catégories?
   3 Essayez d'indiquer, pour chacune de ces occupations, l'importance relative des influences suivantes sur l'intérêt des jeunes: la publicité, les idoles, les copains, les parents, les professeurs.

(2) **Possessions** (jeunes entre 16 et 24 ans)

Pourcentages des jeunes possédant:

Appareil photographique	50%
Poste de radio	40
Électrophone	30
Instrument de musique	10
Caméra	3
Bicyclette	40
Vélomoteur	30
Motocyclette, scooter	12
Automobile	9

> *appareil* (m) (*photographique*): camera
> *poste* (m) *de radio:* radio set
> *électrophone* (m): record player
> *caméra* (f): cine-camera
> *vélomoteur* (m): moped
> *il s'agit de...:* it is . . .
> *souhaitable:* desirable
> *se détendre:* to relax
> *dans quelle mesure...?:* to what extent . . .?

(2) 4 Lesquels de ces objets possédez-vous? Depuis quand?
   5 Lequel aimeriez-vous surtout posséder? Pourquoi?
   6 Indiquez comment chacune de ces possessions permet au jeune de s'instruire, de se détendre ou de se sentir plus indépendant.
   7 Dans quelle mesure est-ce que la possession de ces objets donne aux jeunes le sentiment qu'ils forment une 'classe sociale'?

9

La publicité et
les jeunes consommateurs

publicité (f): advertising

consommateur (m):
consumer

◉ L'émergence de la jeunesse en tant que classe a suscité l'intérêt des spécialistes de la vente: à côté des disques apparaissent tous les produits qui sont associés de plus ou moins près à la musique: les guitares électriques, électrophones, transistors, magnétophones, etc. Ensuite vient la mode proprement dite, c'est-à-dire la mode vestimentaire, et dans ce domaine il ne faut pas oublier les produits de beauté qui y occupent une place importante. Mais le catalogue ne s'arrête pas là, on a droit à presque tout: au chewing gum des copains, au Waterman des jeunes, etc., etc. Outre les produits de marque, il y a aussi les magasins spécialisés du type 'Prébac', etc. En effet la marchandise essaie de s'adapter aux jeunes: mode Jeune, rayons Junior dans certains magasins, boutiques 'teenagers', etc.

suciter: to arouse

vestimentaire: (in) dress

rayon (m): department

Ainsi, derrière le 'système' des idoles on voit se profiler les puissances économiques et financières.

Les méthodes publicitaires:

Pourquoi le nier en effet, la publicité est la pièce maîtresse du système: c'est elle qui anime Europe n° 1 et les autres stations périphériques, c'est elle encore qui fait vivre toutes les publications destinées à la jeunesse. Quelle tentation pour le commerçant quel qu'il soit que de pouvoir par quelques mots bien placés toucher un tel auditoire. Certes les jeunes ne sont pas la seule cible de la publicité et la presse des idoles n'est pas la seule à vivre de ses pages commerciales. Mais ici la matière à travailler est plus malléable, l'univers plus imaginaire, et il est plus facile d'y insérer des slogans alléchants: il suffit au publiciste de brandir l'argument massue 'être ou ne pas être un "vrai" copain' et l'affaire est réglée — de toutes façons, personne ne viendra la contredire, car il n'existe nulle part de définition traditionnelle du copain. Pourrait-on rêver de terrain plus favorable?

nier: to deny
pièce maîtresse (f):
mainstay
périphérique: peripheral
auditoire (m): (radio)
audience
cible (f): target
malléable: easily persuaded
alléchant: tempting
régler: to settle

✳ Du même coup, un véritable langage se crée: un produit n'est pas seulement doué de telle ou telle qualité, il est 'dans le vent'. Une boisson n'est plus seulement agréable ou rafraîchissante, elle est la 'boisson copain'. Une autre méthode, beaucoup plus classique, celle-ci, consiste à faire endosser un produit quelconque par une idole; ici, on joue sur l'identification du copain avec sa vedette: pour être comme ton idole, achète une chemise Untel, des chaussettes Machin, etc., etc. Évidemment, cela revient toujours au procédé classique de la publicité: persuader le client que ce n'est que par miracle qu'il a pu vivre jusqu'ici sans tel ou tel produit. Mais ici on essaie de jouer le plus possible au naturel, on donne des 'conseils' sur le ton le plus paternel et le plus bienveillant: allons, voyons, tu fais ce que tu veux, d'accord, mais qu'est-ce que les autres copains vont penser de toi? Comment résister à ces assauts de gentillesse bénévole? ✳

être doué de: to possess
dans le vent (sl): with it
boisson (f): drink
endosser: to endorse
vedette (f): (film) star
procédé (m): method

bienveillant: kindly

Mais le slogan ne suffit pas encore: il y a les collections, les découpages, les devinettes et, surtout, les concours. Ces derniers, dans la mesure où, le plus souvent, ils impliquent déjà un achat préalable, représentent toujours une bonne affaire pour le publiciste. Très souvent les prix offerts sont faits sur mesure pour les copains: tel ce concours qui, récemment, proposait comme premier prix — un déjeuner avec Johnny Hallyday! Cette méthode semble

découpage (m): cut-out
devinette (f): quiz
concours (m): competition

Johnny...
Derrière le système des idoles on voit se profiler les puissances
économiques et financières...

des plus efficaces et la plupart des produits l'utilisent largement, aussi bien sur les ondes que dans la presse des jeunes. ◕

efficace: effective
ondes (f.pl): radio (waves)

Les jeunes – une clientèle nouvelle :

Que montre, avant tout, cette spécialisation de la publicité et des produits adressés aux jeunes ?

Cela montre principalement que les jeunes, en même temps qu'ils ont accédé au statut de véritable classe sociale, ont été tout d'abord reconnus par les marchands comme une classe de 'consommateurs' en puissance. Comme le dit M. Marcel Bleustein-Blanchet : 'Un publiciste ne doit pas aujourd'hui s'adresser seulement aux adultes, mais considérer également les jeunes comme des interlocuteurs de poids.'

statut (m): status

A quoi tient cette prise de conscience, extrêmement nouvelle ? Elle s'appuie tout d'abord sur des chiffres. Numériquement, les jeunes d'aujourd'hui forment une clientèle prodigieuse.

En effet, ce qui caractérise cette 'nouvelle vague', outre l'accroissement numérique, c'est une indépendance de plus en plus affirmée qui fait de la jeunesse un 'monde à part', avec ses tendances et ses réactions propres. Une des causes essentielles de cette indépendance est le progrès des techniques de l'information (presse, radio, télévision) qui font désormais participer directement les jeunes aux activités techniques, sociales, économiques de la France et du monde entier.

vague (f): wave
outre: in addition to

Rien d'étonnant, alors, à ce qu'on voie apparaître, derrière toutes les manifestations liées aux jeunes, des commerçants avides d'exploiter cette clientèle nouvelle. Mais cela va plus loin encore, le jeune n'est pas seulement un client direct, son influence se fait également sentir dans les autres couches de la population. Tout d'abord, le jeune est l'adulte de demain, et le publiciste doit prendre ceci en considération à partir du moment où il le 'prend en main'. Mais d'autre part : 'Un aspect intéressant est la promotion des ventes non seulement à des teenagers, mais grâce aux teenagers au reste de la population. Dans le domaine des produits de beauté, par exemple, les teenagers sont le point de départ de nouvelles modes dans le maquillage du visage, des yeux, des lèvres. D'année en année, cette mode s'étend à des personnes plus mûres....'

avide: greedy

à partir de: from

maquillage (m): make-up

Notes

Europe n° 1: station radiophonique, fondée en 1955, et installée dans la Sarre en Allemagne. Elle vit de la publicité et s'est toujours préoccupée des jeunes.

'Salut les copains': (a) émission inaugurée en 1959 et destinée à une clientèle très jeune; (b) magazine abondamment illustré, consacré au twist, aux chansons et à leurs jeunes interprètes — les 'idoles' — prolongeant le succès de l'émission.

interprète (m and f): singer

'Les idoles': Johnny Hallyday, Sylvie Vartan, Françoise Hardy, etc.

'Les copains': terme très vague: tous ceux qui, de près ou de loin, très jeunes ou moins jeunes, subissent l'influence de ce qu'on a appelé 'l'univers des idoles et de leurs managers'.

subir: to be subject to

46

Verb Constructions

vivre de qch.: to live on sth.	*tenir à qch.:* to depend on, result from, sth.
résister à qch.: to resist sth.	*accéder à qch.:* to reach sth.
s'adresser à qn.: to talk to s.o.	*s'appuyer sur qch.:* to be supported by, rest on, sth.

Further Vocabulary

la mode proprement dite: fashion as such
on voit se profiler: one can make out
publications destinées à la jeunesse:
publications for young people
produits adressés aux jeunes:
products for young people
   Note these and similar cases where a preposition
   provides a sufficient link in English, but where in
   French a past participle is required to reinforce the
   preposition.

l'argument massue: the clinching argument
allons, voyons... d'accord: look, all right . . . O.K.
ces assauts de gentillesse bénévole:
such friendly onslaughts (as these)
ils impliquent un achat préalable:
they involve buying something first
(ils) représentent une bonne affaire:
they are money-spinners
des interlocuteurs de poids: people worth speaking to
cette prise de conscience: this realisation

A Questions à préparer

1 Pourquoi la publicité est-elle importante dans les publications destinées aux jeunes?
2 Quel avantage le publiciste voit-il dans l'emploi du mot 'copain'? Qui est 'copain'?
3 Pourquoi les jeunes en particulier présentent-ils un terrain très favorable au publiciste?
4 Comment persuade-t-on les copains d'acheter des produits?
5 Comment est-ce que le publiciste parle aux copains?
6 Quelle impression le publiciste veut-il donner aux copains?
7 Quelle est la méthode publicitaire préférée des publicistes?... pourquoi?
8 Pour quelles raisons y a-t-il eu une spécialisation de la publicité en faveur des jeunes?
9 Comment les commerçants voient-ils les jeunes?
10 Quelle est l'utilité des jeunes pour le publiciste?

B Sujet de rédaction à discuter

L'influence de la publicité est-elle bonne ou mauvaise?
(1) A quoi sert la publicité? Que serait la vie sans

la publicité? Pourquoi la radio et la télévision commerciales sont-elles populaires? Préférez-vous les postes commerciaux à la radio ou à la télévision d'État? Pourquoi?
(2) Quelles sortes d'émissions les publicistes préfèrent-ils? et quelles sont celles qu'ils n'aiment pas? Comment est-ce que les intérêts commerciaux influent sur le choix de programmes? De quoi leur faut-il tenir compte? Quelle influence la publicité exerce-t-elle sur les articles, informations, etc., publiés dans la presse?
(3) Quelles influences la publicité aspire-t-elle à remplacer? Quelle est l'ultime raison d'être de la publicité? Quel rôle joue-t-elle dans la formation de l'opinion et des goûts du public? Ce rôle est-il toujours bon?
(4) De quelle manière la publicité aide-t-elle et encourage-t-elle le commerce?
Plan proposé: (1) L'importance de la publicité dans la vie de notre société. (2) La publicité: moyen d'information — importance commerciale. (3) Influence sur la formation des goûts, sur la 'qualité' de la vie. (4) Résumez vos idées: dites votre opinion sur la question.

Grammar

1 The Subjunctive

(a) 'whoever', 'whatever', 'whichever', 'however'
   — *Quelle tentation pour le commerçant **quel qu'il soit**:*
      . . . whoever he may be (i.e. whatever his line of business)
   ***quels que soient** les produits vendus:*
   whatever the products sold
   ***quoi que fassent** leurs idoles:*
   whatever their 'idols' (may) do

si (aussi, quelque) bons que soient leurs produits:
however good their products may be
(b) 'although': *bien que, quoique*
   bien que la presse des idoles ne soit pas la seule...:
   although the 'pop' magazines are not the only ones . . .

2 The Infinitive

(a) Verbs, nouns and adjectives are most commonly linked to the following infinitive by *de*:
— *il suffit... de brandir l'argument massue*
— *il est plus facile d'y insérer des slogans* (see 2.1*b*)
— *des commerçants avides d'exploiter cette clientèle nouvelle*
'Eager to . . .', 'glad to . . .', 'certain to . . .' and similar phrases are linked to the infinitive by *de*.

(b) — *la presse des idoles n'est pas la seule à vivre de ses pages commerciales*
Le premier, le dernier, le troisième and similar phrases are linked to a following infinitive by *à*.

(c) — *la matière à travailler est plus malléable:*
the material to be moulded . . .
In this construction where *à*+infinitive form an adjective phrase, the infinitive is passive in meaning (see 4.3).

(d) — *Pourquoi le nier...?:* Why deny it . . .?
— *Comment résister à ces assauts...?:*
How can one resist these attacks?
Note this use of the infinitive in questions introduced by adverbs such as *pourquoi, comment*:
Où aller?: Where can (could) one go?
Que faire?: What is (was) to be done?

3 Indefinite Adjective *tel, un tel*

(a) — *toucher un tel auditoire:* to reach such a public
vendre de tels produits: to sell such products

(b) — *doué de telle ou telle qualité:*
with such and such a property, with some particular quality
— *sans tel ou tel produit:*
without a particular product
N.B. *Quelconque* can be used with a similar meaning:
— *faire endosser un produit quelconque:*
to get some product or other (a particular product) endorsed

(c) — *tel ce concours qui... proposait...:*

as for example the competition which offered
. . .

(d) *tel que:* 'such that', 'such as'
La concurrence était telle que...:
Competition was such that . . .
Il faut voir les choses telles qu'elles sont:
. . . see things as they are.
On fait vendre des produits tels que les chaussures, les chemises, etc....:
. . . products such as . . .
N.B. 'Such' qualifying an adjective is *aussi* or *si* (see 6.5*b*).

4 Adverbs

Position of adverbs
There are few hard and fast rules for the position of the adverb in French; the following guide-lines must be supplemented by noting as many further examples as possible from your reading.

(a) — *par quelques mots **bien** placés:*
by some well-placed words
Adverbs are placed before the adjective or adverb they qualify.

(b) — *Ces derniers... représentent **toujours** une bonne affaire:*
. . . always mean good business.
The adverb is normally placed after the verb it qualifies, but never between the subject and the verb:
*Il vient **souvent**:* He often comes.

(c) — *ce concours qui, **récemment**, proposait comme premier prix...*
In a relative clause the adverb may be placed immediately after the relative pronoun.

(d) — *les jeunes... ont été **tout d'abord** reconnus*
— *son influence se fait **également** sentir*
— *qui font **désormais** participer **directement** les jeunes...*
In compound tenses and in verb+infinitive constructions, the position of the adverb depends on a number of factors (e.g. length, stress, meaning). Imprecise adverbs, such as *souvent, déjà, bien* and *bientôt*, are generally placed before the past participle or infinitive; more precise adverbs, such as *ici* and *hier*, and most adverbs ending in *-ment* come after.

(e) — ***Certes** les jeunes ne sont pas la seule cible...*
When an adverb expresses a personal feeling or opinion (*heureusement, peut-être*, etc.) it may be placed in almost any position; and particularly at the beginning of the sentence, when '**inversion**' is sometimes required (see 2.4).

5 Comparison

The superlative of adjectives and adverbs

(a) — *sur le ton le plus paternel et le plus bienveillant*
When the adjective comes after the noun, the definite article is repeated.

(b) — *Cette méthode semble des plus efficaces.*
When 'most' means 'very', or 'extremely', it can often be translated by the construction *des +* **plural** adjective. Compare:

Cette méthode semble très efficace.

(c) — *le plus souvent ils impliquent déjà un achat préalable.*
In the superlative of adverbs *le* is invariable.

— *on essaie de jouer le plus possible au naturel.*
Note this meaning of *le plus possible*: 'as much as possible', 'as far as possible' (see 1.4d).

6 Prepositions

à — *à partir du moment:* from the moment

de — *de plus ou moins près:* more or less closely
— *de toutes façons:* at any rate   (see 6.6)
— *du même coup:* at one and the same time
— *d'autre part:* on the other hand

en — *en même temps que...:* at the same time as . . .

— *consommateurs en puissance:* potential consumers
— *il le prend en main:* he takes him in hand
— *prendre ceci en considération:* take this into consideration

sur — *sur le ton le plus paternel:* in the most paternal tone of voice
— *faits sur mesure:* made to measure

Exercises

♠ (1) **The Subjunctive** (a) After *quel que...*
Exemple: Ils acceptent n'importe quels produits.
Réponse: Quels que soient les produits, ils les acceptent.

1 Ils tentent n'importe quel commerçant. 2 Ils achètent n'importe quelles publications. 3 Ils aiment n'importe quel concours. 4 Ils persuadent n'importe quels clients. 5 Ils prennent n'importe quelle boisson.

(b) After *quoi que...*
Exemple: Ils s'inquiètent peu de ce que font les idoles.
Réponse: Quoi qu'ils fassent, ils s'en moquent.
Exemple: Ils s'inquiètent peu de ce que promet la publicité.
Réponse: Quoi qu'elle promette, ils s'en moquent.

1 Ils s'inquiètent peu de ce que peuvent dire les parents. 2 Ils s'inquiètent peu de ce que veulent les publicistes. 3 Ils s'inquiètent peu de ce que sont les prix. 4 Ils s'inquiètent peu de ce que dit le publiciste.

♠ (2) **The Subjunctive** After *bien que...*
Exemple: Tout en vendant des produits, la publicité exploite les gens aussi.
Réponse: Bien qu'elle vende des produits, la publicité exploite les gens aussi.

1 Tout en servant le public, la publicité exploite les gens aussi. 2 Tout en promettant beaucoup, la publicité exploite les gens aussi. 3 Tout en paraissant serviable, la publicité exploite les gens aussi. 4 Tout en donnant des conseils utiles, la publicité exploite les gens aussi. 5 Tout en voulant servir, la publicité exploite les gens aussi.

(3) **The Subjunctive** Translate:
1 They will buy the book whatever it is. 2 They will buy the publications, whatever they may be. 3 I don't believe them, whatever you may say. 4 I don't believe them, whatever they may say. 5 Although he sells a lot, everything is dear. 6 Although you sell a lot, everything is dear.

(4) **The Infinitive** Translate:
1 This fashion is certain to spread to older people. 2 Every week there is something new to buy. 3 How can one reply to these most tempting arguments? 4 Where can we find a new idea for a competition? 5 Most often, they are the first to understand what is happening.

(5) *un tel, tel que...; si, aussi* Translate:
1 Such methods are not effective. 2 It's advertising that gives them the idea of buying a particular product. 3 They have such effective arguments. 4 He was glad to discover such a money-spinner. 5 Advertising helps to sell products such as clothes and make-up to the teenage consumer.

(6) **Adverb position**
(a) Find ten adverbs or adverb phrases in the text and comment on their position in the sentence.
(b) Rewrite each of the following sentences so as to include one or two of these adverbs: *surtout, souvent, aujourd'hui, actuellement, malheureusement, bien entendu, certainement.*

1 C'est la publicité qui anime les stations périphériques. 2 Les jeunes ne sont pas la seule cible de la publicité. 3 Les concours représentent une bonne affaire pour le publiciste. 4 Cette spécialisation des produits montre que les jeunes ont été reconnus comme de futurs consommateurs. 5 Ce sont les 'teenagers' qui sont le point de départ de nouvelles modes.

III
Les Loisirs et Le Sport

Loisirs et équipement ménager

(1) Activités de loisirs

'Chez vous, à vos heures de loisirs, quelle est parmi les suivantes votre activité préférée?' (Sondage de l'I.F.O.P.)

Lecture (livres, journaux)	23%
Couture, broderie, tricot	22
Bricolage	15
Jardinage	13
Télévision	11
Radio, disques	7
Arts (musique, peinture, etc.)	2
Collection	1
Autres réponses	1
Sans réponse	5

'De quelle façon avez-vous occupé votre après-midi, dimanche dernier?' (Sondage de l'I.F.O.P.)

Promenade (à pied, en voiture)	29%
Radio, disques, télévision	27
Réunions (avec amis ou parents)	26
Jardinage	12
Lecture	12
Couture, broderie, tricot	10
Bricolage	10
Cinéma	8
Autres spectacles	4
Pratique d'un sport	2

(2) Dépenses de loisirs

Pourcentages des dépenses des ménages par rapport à l'ensemble des dépenses de loisirs:

		1950	1963	1970 *(prévisions)*
en augmentation	Véhicules individuels	12	23	32
	Télévision, radio, disques	5	13	16
	Loteries	3	3	4
	Articles de sport	2	2	3
	Jeux, jouets	3	2	3
	Photographie	1	2	3
en diminution	Cafés	40	26	18
	Livres, revues, journaux	13	13	10
	Spectacles	7	4	2
	Hôtels	6	6	5
	Transports	5	3	2
	Fleurs, plantes	3	3	2
		100	100	100

La part des loisirs dans le budget des ménages: 9,7% 13,6% 14,5%

(3) Équipement ménager

Pourcentage des ménages possédant:

	1954	1957	1960	1963	1966	1969
Automobile	20		30		48	53
Télévision	1	6	13	27	47	63
Réfrigérateur	7	11	26	41	61	73
Machine à laver	5	18	24	32	42	50

Équipement des ménages en 1966:

	Communes rurales	Moins de 20 000 habitants	De 20 000 à 100 000 habitants	Plus de 100 000 habitants	Région parisienne
Automobile	46	48	54	48	49
Télévision	34	47	56	57	56
Réfrigérateur	47	60	70	68	72
Machine à laver	39	46	48	48	35

La famille Reyt au repas du soir.
*Équipement ménager: réfrigérateur 47%, télévision 34%,
dans les communes rurales.*

dépenses (f.pl): expenditure
sondage (m): (opinion) poll
couture (f): sewing
broderie (f): embroidery
tricot (m): knitting
bricolage (m): 'do-it-yourself'
spectacle (m): show, entertainment
ménage (m): household
par rapport à...: in relation to . . .
l'ensemble de...: all . . .
prévision (f): forecast
en augmentation: increasing
part (f): share
d'après: according to, judging from
changement (m): change
en dehors de...: outside
mode (m) *de vie*: way of life
ménager: household

(1) 1 Quelles sont les activités de loisirs qui ont plus d'importance dans la vie des adultes que dans celle des jeunes?

2 Que veut dire le mot 'bricolage'?

3 D'après ces chiffres, le dimanche du Français moyen ressemble-t-il au dimanche des familles anglaises que vous connaissez?

(2) 4 Quelles sont les dépenses de loisirs qui ont le plus augmenté ou diminué entre 1950 et 1963? Cette évolution est-elle la même pour la période après 1963?

5 Quelles sont les dépenses dont l'augmentation ou la diminution modifie le plus le mode de vie des Français?

6 Essayez de déterminer l'influence de ces changements sur:
(*a*) *la vie de l'individu:* voyages, activités culturelles ou sportives;
(*b*) *la vie familiale:* les vacances, le week-end, les loisirs du soir;
(*c*) *la vie sociale:* activités de groupe, rencontres en dehors de la famille.

7 Quelles sont les activités de loisir qui vous semblent être les plus nécessaires et les plus utiles pour l'individu et pour la société?

(3) 8 On peut dire que chacun de ces articles en remplace d'autres ou rend certaines activités moins nécessaires: expliquez lesquels.

9 Imaginez une famille qui achète, pour la première fois, un de ces quatre articles: comment sa vie en sera-t-elle modifiée?

10 Ces chiffres indiquent-ils à votre avis un changement profond, une révolution, dans le mode de vie des Français?

11 Selon vous, ces changements rendront-ils les gens plus, ou moins, satisfaits de leur vie?

12 Analysez les variations dans l'équipement ménager à la campagne, dans les villes de province et dans la région parisienne.

Les dépenses de loisirs: évolution passée et prévisions

loisirs (m.pl): spare-time activities

Entre 1950 et 1963 la consommation totale d'un ménage français a en moyenne — compte tenu de l'augmentation des prix — presque doublé. Mais, dans le même temps, les sommes consacrées aux loisirs ont beaucoup plus que doublé. Ainsi, la part des loisirs dans le budget des ménages français est passée de 9,7 à 13,6%. A titre indicatif, seules les dépenses de santé et de transport se sont accrues davantage que les dépenses de loisirs.

consommation (f): consumption

Ces chiffres annoncent l'avènement sinon d'une 'civilisation des loisirs', du moins d'un mode de vie où, relativement, les loisirs occupent une place plus importante.

avènement (m): advent, arrival
sinon: if not

M. Matalon, l'auteur d'une étude récente du Centre de recherches et de documentation sur la consommation (C.R.E.D.O.C.), commence par analyser l'évolution des dépenses de loisirs au cours des treize années prises en compte. Le tableau qu'il a dressé montre de façon très nette que ce sont les dépenses d'équipement qui ont augmenté le plus rapidement. Les Français ont acheté beaucoup de postes de télévision, d'électrophones, de disques, d'appareils de photo ou d'articles de camping ou de sport, d'automobiles... Ils ont également dépensé beaucoup d'argent pour les utiliser ou les entretenir.

tableau (m): list, table
dresser: to draw up

dépenser: to spend

Il n'est pas toujours facile de tirer des conclusions définitives de l'examen d'une série de chiffres ou de pourcentages. Il est encore moins aisé, dans un domaine aussi incertain, de prévoir quelles seront les dépenses des Français dans les dix prochaines années.

aisé: easy

Mais on peut dire que les dépenses de loisirs sont conditionnées par un certain nombre de facteurs, et en particulier par l'urbanisation, les progrès des activités de service, l'augmentation du temps libre et des revenus.

urbanisation (f): growth of towns

Les habitants des villes, en général plus riches, plus instruits et plus disponibles que ceux de la campagne, 'consomment' davantage de loisirs. D'autre part, le campagnard tend sur ce point à ressembler de plus en plus au citadin.

revenu (m): income
disponible: with spare time

✻ Un homme instruit dépense-t-il plus en loisirs que celui qui l'est moins? Ce n'est pas certain. Mais, dans l'ensemble, ne peut-on penser que l'instruction favorise la tendance à ne plus considérer les loisirs comme un gaspillage?

gaspillage (m): waste(fulness)

Il est probable qu'à revenu égal la part du budget consacrée aux loisirs est un peu plus forte chez les employés que les ouvriers.

fort: large
employé (m): white-collar worker

On ne prévoit pas pour les années à venir une diminution importante de la durée hebdomadaire du travail. Mais, remarque M. Matalon, la généralisation de la journée continue ou de la semaine anglaise et l'allongement de la durée des congés payés peuvent soit favoriser le travail noir, soit permettre de regrouper le temps consacré aux loisirs et favoriser les dépenses d'équipement (bricolage, aménagement de résidences secondaires...) au détriment des dépenses de consommation courante (hôtels, restaurants, cinéma...).

ouvrier (m): manual worker
important: big, large
hebdomadaire: weekly
généralisation (f): spread
soit... soit: either . . . or
aménagement (m): equipping

A partir de ces quelques orientations générales, et avec toutes les réserves d'usage, M. Matalon prévoit qu'en 1970 les loisirs représenteront environ 14,5% des dépenses des ménages. Celles-ci continueront à porter essentiellement sur les dépenses d'équipement.

orientation (f): trend
infléchir: to bend, change, alter

Des événements mal prévisibles pourront peut-être infléchir dans un sens ou dans l'autre ces prévisions. L'évolution générale reste nette: le marché des loisirs est en pleine expansion et en pleine mutation. ✻

sens (m): direction
mutation (f): change

Notes

la journée continue: Journée de travail ne comportant qu'une brève interruption pour le repas. Traditionnellement en France l'interruption pour le déjeuner est longue: deux heures.

la semaine anglaise: En France la loi n'a institué qu'un jour de repos par semaine, mais le principe de la 'semaine anglaise' (repos le samedi et le dimanche) se généralise peu à peu.

le travail noir: Travail qu'on fait pour augmenter ses revenus. Ce travail est indépendant de celui qu'on fait pendant la journée.

Verb Constructions

continuer à faire qch.: to continue to do sth.   *ressembler à qn. (à qch.):* to resemble s.o. (sth.)

Further Vocabulary

compte tenu de l'augmentation:
taking into account the increase
les sommes consacrées à...:
the amount of money spent on . . .
(les) treize années prises en compte:
the thirteen years under consideration

les progrès des activités de service:
the growth of service industries
l'allongement de la durée des congés payés:
longer paid holidays
avec toutes les réserves d'usage:
with all the usual reservations
mal prévisibles: which it is difficult to foresee

A Questions à préparer

1 Comment est-ce que le budget des Français a changé entre les années 1950 et 1963?

2 Est-ce que les dépenses de loisirs se sont accrues plus que toutes les autres dépenses?

3 Qu'est-ce que vous entendez par 'dépenses de santé et de transport'? Donnez un exemple de chacune de ces formes de dépenses.

4 Comment est-ce que les Français passent leurs heures de loisirs?

5 Pourquoi est-ce que les habitants des villes dépensent plus sur les loisirs que les campagnards?

6 Quels sont les deux facteurs qui vous semblent les plus importants pour expliquer l'augmentation des dépenses de loisirs?

7 Pourquoi peut-on penser qu'un homme sans instruction dépensera moins sur les loisirs qu'un homme instruit?

8 Beaucoup de Français rentrent déjeuner chez eux à midi et sont obligés d'aller à leur travail le samedi. Quels seraient pour eux les avantages (a) de 'la journée continue' et (b) de 'la semaine anglaise'?

9 Comment pourraient-ils utiliser ce temps gagné?

10 A votre avis quels facteurs ont contribué à la diminution des dépenses consacrées au cinéma, au théâtre, aux hôtels?

B Sujets de discussion

1 Que veut dire l'expression 'civilisation des loisirs'?

2 Notre époque est-elle déjà celle de la 'civilisation des loisirs'?

3 Pour ou contre 'la civilisation des loisirs'.

4 Quelle influence le métier peut-il avoir sur les loisirs?

5 Pour ou contre la réduction de la durée du travail.

6 Pour ou contre le travail noir: pour quelles catégories de gens est-il une nécessité? peut-il empêcher les gens de profiter de leur temps de loisir?

7 Quelles prévisions pourrait-on faire pour les dix prochaines années?

Grammar

1 Adverbs

Phrases of manner

— *de façon très nette:* very clearly

Manner can be expressed in French by (*a*) an adverb formed from an adjective; (*b*) an adjective preceded by *de façon, d'une façon, de manière, d'une manière, d'un air, d'une voix, d'un ton,* etc.;

(*c*) a noun preceded by *avec, sans,* and certain other prepositions:

(*a*) *Il parle clairement.*

(*b*) *Il s'est exprimé d'une voix claire.*

(*c*) *Il s'est exprimé avec clarté.*

---

2 Adjectives

Position of adjectives

(*a*) The general rule for the position of the adjective is that it is placed **after** the noun, if it is used to distinguish one object from others of its kind:

— *un homme instruit:* an educated man

— *l'évolution générale:* the general trend

— *(le) temps libre:* free time

(*b*) Adjectives denoting nationality, shape, colour, and nouns and past participles used as adjectives, are always placed **after** the noun:

— *les ménages français*

— *le travail noir*

— *l'argument massue*   (passage 9)

— *les congés payés:* paid holidays

(*c*) Many very common adjectives are placed **before** the noun when they are used primarily as an intensification of the noun:

— *un vrai copain*   (passage 9)

— *une bonne affaire*   (passage 9)

But the rule stated in (*a*) still applies, particularly with *grand* and *jeune*:

   Pour faire ce travail, nous cherchons un homme jeune.

Similarly other adjectives can be placed before the noun to achieve a special effect, for example to dramatise a statement or to emphasise a noun:

— *un véritable langage se crée.*   (passage 9)

Note other examples from your own reading.

(*d*) In the case of a noun followed by an adjective phrase, the adjective is usually placed before the noun, unless it belongs to group (*b*):

   les principales activités de service

(*e*) Many adjectives have different meanings according to their position. The most common of these are:

ancien: mon ancien professeur
   Je m'intéresse à l'histoire ancienne.

certain: *un certain nombre de facteurs*
   Il n'est pas facile de tirer des conclusions certaines.

brave: *Voici un concours pour vous, braves gens!* (good people)
   L'homme brave est celui qui n'a pas peur du danger.

cher: *mon cher ami*
   Ils préfèrent souvent les produits chers.

pauvre: *Il est devenu l'idole des jeunes, le pauvre homme!*
   Ce sont le plus souvent les familles pauvres qui n'ont pas de poste de télévision.

propre: *ses propres mains; mon propre manteau* (i.e. 'my very own')
   — *avec ses tendances et réactions propres:* with its own peculiar trends and reactions   (passage 9)

nouveau: *de nouvelles modes:*
   new, different fashions
   — *une clientèle nouvelle:*
   a newly formed, newly discovered clientèle   (passage 9)

dernier: *Décembre est le dernier mois de l'année.*
   L'année dernière on a acheté un électrophone.

prochain: *Son prochain disque sortira vendredi prochain.*

Note the position of **prochain**, **premier** and **dernier** with numbers:

— *les dix prochaines années:* the next ten years
   les dix premières années: the first ten years
   les dix dernières années: the last ten years

même: (see 7.4)

3 Negatives

(a) Omission of *pas*

— *ne peut-on penser que l'instruction...?*:
may one not think that education . . .?
Pas may be omitted with *pouvoir, savoir, cesser* and *oser*.
    Il ne sait où aller, que faire.
    Les dépenses ne cessent d'augmenter.

(b) Position with the infinitive (see 7.3*a*(v))

— *tendance à ne plus considérer les loisirs...*
Note that the negative phrase follows a preposition but precedes a pronoun:
    tendance à ne plus les considérer...

4 Personal Pronouns

le as verb complement

—*Un homme instruit dépense-t-il plus que celui qui l'est moins:*
    . . . more than one who is less **so** (i.e. less educated).

Être is never used without its complement. If the complement is understood (*instruit* in the above example), the neuter pronoun *le* takes its place. *Le* is used in this way with numerous verbs (e.g. *dire, penser, vouloir, savoir*); examples from your reading should be noted.

5 Conjunctions

(a) '. . . either . . . or . . .'

— *(ils) peuvent soit favoriser le travail noir, soit permettre de...*

(b) '. . . if not . . . at least (at any rate) . . .'

— *l'avènement sinon d'une civilisation des loisirs, du moins d'un mode de vie...*

Note the difference between **du moins**, and **au moins** which is used before numbers:
    La part des loisirs représentera au moins 14,5%:
The share of leisure expenses will represent at least 14·5%.

6 Prepositions

à
    — *à revenu égal:* for the same income
    — *à titre indicatif:* as an indication
    — *à partir de ces... orientations:*
      (calculating) from these trends

de forms adjective phrases when attached to the noun:
    — *postes de télévision:* television sets
    — *articles de camping:* camping goods
    — *dépenses de loisirs:* leisure expenditure
    — *hommes de science:* scientists (passage 6)

de
    — *l'augmentation des prix:*
      the increase in prices
    — *une diminution des prix:*
      a decrease in prices

en — *en moyenne:* on average

chez — *chez les employés:*
    in the case of, amongst, office workers

environ — *environ 14,5%:*
    approximately, about, 14·5%

Exercises

♦ (1) Negatives

Exemple: Ne les considérez plus!
Réponse: Vous me dites de ne plus les considérer?
Exemple: Ne partez pas!
Réponse: Vous me dites de ne pas partir?
1 Ne faites rien! 2 Ne le revoyez jamais! 3 Ne commencez pas! 4 N'y allez plus! 5 Ne dépensez rien! 6 Ne les utilisez plus!

(2) Adverbs

Using the adjective in brackets, express the manner by the most suitable of the three methods suggested in the grammar notes:
1 Il a pu prévoir les dépenses futures. (difficile)
2 Il a parlé de l'évolution future. (général) 3 Le tableau montre les progrès réalisés. (très clair)
4 On voit l'évolution des chiffres. (distinct)
5 Il faudrait examiner les chiffres. (prudent)

(3) Adjectives

(*a*) Find ten adjectives in the text and comment on their position (before or after the noun).

(*b*) Place the adjective in each of the following sentences, and justify your placing:

1 Ce sont des gens (instruit).   2 Ces chiffres annoncent une révolution dans le mode de vie des Français (véritable).   3 On verra apparaître des produits (spécialisé).   4 C'est une idée (très bon).   5 Ces événements ont eu une influence (extrêmement grand).   6 Les jeunes représentent un marché (énorme).   7 Ils ont une indépendance (de plus en plus grand).   8 Les jeunes ne possèdent pas encore leurs stations de radio (propre).   9 C'est là un phénomène (nouveau).   10 Cela représente une forme de publicité (nouveau).   11 Le tableau montre l'évolution au cours des dix années (dernier).   12 C'est la question que je m'étais posée (même).

(4) Personal Pronouns   Translate:

1 Only the author can say so.   2 Even if the change is rapid, it will be less so than at present.   3 He says that this may alter the forecasts, but I do not think so.   4 If forecasts are difficult to make for next year, they will be even more so for the next ten years.   5 The French spend a lot of money on these things, and will continue to do so.

Le petit monsieur de Michel Claude

Les vacances

(1) Nombre de Français partant en vacances (en millions)

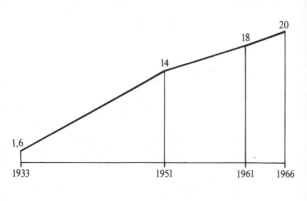

Gorges du Tarn: camping.
Tente ou caravane: 15%.

(2) Taux de départ en vacances selon l'occupation du chef de ménage

	Été 1961	Été 1966
Agriculteurs	6	7
Patrons de l'industrie et du commerce	39	40
Cadres supérieurs, professions libérales	76	83
Cadres moyens	68	74
Employés	51	57
Ouvriers	36	40
Non actifs	20	24
Ensemble des adultes	34%	39%

(3) Modes d'hébergement des vacanciers en 1966 (en millions de journées)

	Séjours en France Nombre	%	Séjours à l'étranger Nombre	%
Hôtel	32	7	21	26
Maison louée	93	21	10	13
Maison possédée	56	12	2	2
Parents ou amis	166	37	29	37
Tente ou caravane	65	15	13	16
Autres modes	38	8	5	6
Total	450	100	80	100

(1) & (2)

1 Depuis 1936, tous les salariés ont droit aux 'congés payés': deux semaines jusqu'en 1956 et quatre semaines à l'heure actuelle. D'après les chiffres, peut-on dire que tous les Français en profitent pour partir en vacances? Pourquoi pas? Dans quelles occupations est-il difficile ou impossible de prendre des vacances?

2 Peut-on dire que le taux de départ varie en proportion du revenu? Y a-t-il d'autres facteurs qui interviennent dans la décision de partir ou de ne pas partir en vacances?

3 Dans quelles occupations vous semble-t-il le plus nécessaire de partir en vacances chaque année?

(3) 4 Où les Français ont-ils logé de préférence en France? et à l'étranger? Quelles différences avez-vous remarquées entre ces deux listes? Essayez de les expliquer.

5 Pourquoi l'hôtel est-il plus populaire parmi ceux qui vont à l'étranger que parmi ceux qui passent leurs vacances en France?

6 Quels sont les principaux avantages ou inconvénients que présente chacun de ces modes d'hébergement?

7 15% des Français qui partent en vacances vont à l'étranger; quelles catégories de la population (selon l'âge et l'occupation) seraient les plus représentées dans ce chiffre?

> *taux* (m): rate, percentage
> *hébergement* (m): accommodation
> *louer:* to rent
> *parents* (m.pl): relatives
> *loger:* to stay

Le sport en France

(1) Les Fédérations et les licenciés

Pour chaque sport en France, il existe une *Fédération* nationale, regroupant plusieurs associations ou clubs locaux. Les Fédérations ont le droit d'organiser les compétitions et d'établir les règles techniques du sport. Elles délivrent à toute personne voulant pratiquer activement et régulièrement un sport, une *licence* annuelle. Pour l'année 1967, le total des licences délivrées par l'ensemble de ces organisations sportives s'est élevé à 4 500 000, réparties entre 77 550 associations ou clubs et regroupant 3 500 000 licenciés hommes et 1 000 000 de licenciées femmes.

Les principales Fédérations sportives sont:

	nombre de licenciés (en milliers)	
	1963	*1967*
Football	444	558
Ski	259	435
Tennis	26	126
Basket-ball	104	125
Judo	55	114
Sports équestres	25	82
Athlétisme	52	78
Gymnastique	53	71
Rugby à XV	45	63
Montagne		59
Natation	39	52
Education physique		51
Yachting à voile	23	49
Cyclisme	38	44

(1) 1 Indiquez, pour chacun des quatorze sports mentionnés: (*a*) s'il s'agit d'un sport pratiqué plutôt par les hommes que par les femmes; (*b*) s'il s'agit d'un sport pratiqué plus en France qu'en Angleterre (essayez dans chaque cas d'expliquer pourquoi); (*c*) si sa progression dans les dernières années a été lente, rapide ou vertigineuse.

2 D'une façon générale, les sports individuels ont plus de pratiquants nouveaux que les sports d'équipe traditionnels. Pourquoi?

3 Lesquels de ces sports (ou quels autres sports) aimeriez-vous voir pratiquer davantage en Angleterre? Justifiez vos réponses.

(2) Le sport à l'école

L'education physique et le sport sont obligatoires dans les écoles:

	Éducation physique	Activités sportives	
Écoles primaires	5	—	Heures par semaine
Collèges d'enseignement secondaire	2	2	
Lycées	2	3	

(2) 4 Le temps consacré au sport et à l'éducation physique dans les écoles françaises vous semble-t-il insuffisant, suffisant ou extravagant?

5 Traditionnellement, dans les écoles françaises et anglaises, les seuls sports 'enseignés' sont les sports d'équipe. Devrait-on, à votre avis, donner plus de place aux sports individuels? Pourquoi?

établir: to establish
s'élever à...: to reach . . .
répartir: to distribute, divide
d'une façon générale: broadly speaking
pratiquant (m): enthusiast
consacrer (du temps) à...: to devote (time) to . . .

11
Les Français et le sport
Résultats d'un sondage d'opinion mené par la S.O.F.R.E.S. en janvier 1968

(1) Vous arrive-t-il de regarder à la télévision ou d'écouter à la radio des retransmissions d'épreuves sportives (match, course, etc.)?

épreuve (f): event
course (f): race

	%
Oui, très ou assez souvent	50
Oui, mais très rarement	31
Non, jamais	19

Dont:

Football	50
Rugby	44
Ski	30 (les Jeux Olympiques d'hiver ont eu lieu peu après cette enquête)
Courses cyclistes	27
Boxe ou catch	24
Courses de chevaux	21 (cette participation est étroitement liée aux paris)

avoir lieu: to take place

pari (m): bet, betting

Le football reste le sport le plus suivi malgré la crise qu'il traverse, malgré les déboires de l'équipe de France. Un Français sur deux suit les résultats des matchs internationaux, nationaux ou locaux.

suivi: popular
déboire (f): disappointment, upset

Les femmes sont plus sensibles aux exploits de nos skieurs qu'à ceux de nos rugbymen. Les jeunes de moins de 25 ans pensent au ski, à la natation, à l'automobile, mais boudent généralement le cyclisme et l'athlétisme. Les cadres préfèrent le rugby et le ski au football, et la natation et le tennis au cyclisme.

bouder: to be indifferent to
cadre (m): executive

(2) Vous arrive-t-il d'aller assister en spectateur à des épreuves sportives?

	%
Non, jamais	68
Oui, mais très rarement	21
Oui, très ou assez souvent	11

Public composé d'une majorité d'hommes — trois sur quatre — dont la moitié a moins de 35 ans. Des commerçants, des cadres, des employés, des ouvriers comparables en proportion, mais beaucoup moins de paysans (sauf pour le cyclisme, à cause, sans doute, du Tour de France). Détail intéressant: la télévision ne vide pas les stades — en tout cas, pas sensiblement: 34% des téléspectateurs et 30% des non-téléspectateurs vont souvent, parfois ou rarement au stade. Mais ces chiffres démentent également l'opinion — parfois exprimée à l'O.R.T.F. — selon laquelle la télévision amène dans les gradins un public plus nombreux.

sauf: except

vider: to empty
stade (m): ground
sensiblement: noticeably
parfois: occasionally
démentir: to contradict
amener: to bring
gradins (m.pl.): stands

(3) Pratiquez-vous de façon assez régulière un ou plusieurs sports, à l'exclusion de la natation si vous ne la pratiquez que pendant les vacances?

	%
Non, aucun sport	87
Oui, un sport	10
Oui, plusieurs sports	3

Chez les femmes, le pourcentage de celles qui avouent ne pratiquer aucun sport atteint 91% et, chez les plus de 35 ans, 98%.

avouer: to admit
atteindre: to reach

Des 13% des Français qui vont au stade, à la piscine ou sur les pistes de neige, un quart seulement pratiquent plusieurs sports. Proportion dérisoire: un Américain sur cinq, un Russe sur cinq font régulièrement du sport. L'Allemand moyen en fait trois fois plus que le Français moyen.

moyen: average

Paresse nationale ou manque de moyens? C'est une affaire de mentalité, sûrement, mais c'est d'abord un problème social: 27% des cadres font du sport (ski et tennis en tête), mais seulement 12% des ouvriers (football) et 8% des agriculteurs (football, natation, cyclisme). Pour les Français, le sport n'est pas un droit, c'est un luxe.

paresse (f): laziness
moyen (m): means

Chose plus grave encore: entre 15 et 20 ans, à l'âge où dans les écoles et les universités américaines ou soviétiques le sport est étroitement lié aux études, voire à la culture, 58% des jeunes Français n'ont pour toute activité physique que celle qui consiste à faire de la gymnastique dans la cour de l'école. Et lorsque les moniteurs et les installations sont là, c'est encore trop souvent l'occasion d'une éducation physique mortellement ennuyeuse, qui dégoûte définitivement du sport la grande majorité des jeunes Français.

voire: and even

ennuyeux: boring

(4) A votre avis, faire faire du sport aux enfants, est-il...?

	%
Très important	64
Assez important	32
Pas très important	3
Ou pas important du tout	1

Les parents, à défaut de prêcher d'exemple, voient pourtant les choses sainement: 96% des Français considèrent qu'il est important ou très important de faire faire du sport aux enfants. 1% seulement — et 7% des agriculteurs — pensent que cela ne l'est pas du tout.

à défaut de: failing to, for want of
sainement: soundly

Le sous-développement sportif de la France est-il sans espoir? En analysant chiffre par chiffre l'enquête de la S.O.F.R.E.S., un symptôme encourageant se fait jour: 75% des Français de plus de 65 ans n'ont jamais, de toute leur vie, pratiqué le moindre sport, pas même au cours de leur adolescence. En ce qui concerne les 15–20 ans, ce chiffre ne dépasse pas 53% actuellement. En un demi-siècle, la progression, au niveau des jeunes, a donc été de 22%: l'espoir est permis pour la seconde moitié du XXIe siècle.

dépasser: to exceed
actuellement: at present
niveau (m): level

Further Vocabulary

vous arrive-t-il de regarder...?:
do you ever watch . . . ?
(il m'arrive souvent de regarder...:
I often watch . . .)
les femmes sont plus sensibles aux exploits...:
women show greater interest in . . .
aller assister en spectateur à...:
to go and watch . . .

comparables en proportion:
in roughly the same proportion
ils n'ont pour toute activité physique que...:
their only exercise is . . .
un symptôme... se fait jour:
a symptom, a sign, comes to light

A Questions à préparer

1 Pour quels sports y aurait-il un grand écart entre les chiffres pour la France et pour la Grande-Bretagne?

Expliquez, dans chaque cas, les raisons de cet écart.

Quelle est l'importance du pari dans l'intérêt que les gens portent à un sport?

Selon vous, quels sont les sports qui passent le mieux au petit écran? et le moins bien?

2 Pour quelles raisons aujourd'hui est-ce qu'on fait un effort pour aller assister à un match, un événement sportif?

Que savez-vous du Tour de France? Quel public semble y porter un intérêt particulier?

Est-ce que cela semble expliquer pourquoi les jeunes de moins de 25 ans et les cadres 'boudent' le cyclisme? (para. 1)

Selon les chiffres, la télévision ne semble pas jouer un rôle déterminant quant à l'augmentation ou la diminution du nombre des spectateurs. Est-ce aussi votre impression?

3 Que pensez-vous de ces chiffres? La situation est-elle semblable en Angleterre? Illustrez votre opinion.

Pourquoi les chiffres sont-ils tellement plus élevés pour les U.S.A., l'U.R.S.S., l'Allemagne, et selon l'article si bas pour la France?

Expliquez la remarque: 'le sport en France n'est pas un droit, c'est un luxe'.

4 Pourquoi cette vaste majorité en faveur du sport?

Toutes les raisons sont-elles bonnes? (Rappelez la remarque 'Affaire de mentalité, sûrement. Mais d'abord problème social.' Quelle est la signification sociale du sport en France?)

Qu'est-ce qui montre que pour l'auteur de l'article, l'influence de l'école est déterminante?

B Sujet de rédaction à discuter

Si vous étiez ministre de la jeunesse et des sports, quelle serait votre politique dans le domaine du sport?

(1) Résumez la situation actuelle du sport en France: une nation de spectateurs plutôt que de participants?

(2) Comparez la France à d'autres pays du monde; lesquels gagnent le plus de médailles aux Jeux Olympiques? Pourquoi?

(3) Analysez les causes de la situation actuelle: à l'école, mauvaises conditions, manque d'équipement et d'imagination; dans le monde des adultes, insuffisance des facilités, concurrence de la télévision et de la voiture.

(4) Proposez des améliorations (a) à l'école: un terrain de sport pour chaque établissement ou groupe d'établissements; organisation d'épreuves sportives, de concours entre plusieurs établissements; augmentation du nombre de sports pratiqués; donner une place plus grande aux sports individuels; (b) aux niveaux local et national: construction de stades, de piscines, etc.; facilités d'entraînement gratuites ou à tarif modéré; (c) d'autres mesures: encourager les entreprises à créer des terrains de jeux, des salles de gymnastique, etc. à proximité des usines et des bureaux; organiser des concours et des rencontres nationaux et internationaux.

(5) Conclusions générales quant aux possibilités qui vous sont ouvertes et à l'avenir du sport en France.

C Sujet de rédaction à discuter

Le sport n'est qu'une méthode frivole de gaspiller le temps. — Discutez.

(1) Essayez d'expliquer le rôle important que jouent les sports dans la vie de presque tous les pays du monde.

(2) Pourquoi est-ce que les rencontres internationales sont suivies avec tant de passion? Le sport contribue-t-il à l'augmentation de la tension internationale?

(3) Que représente au fond une défaite pour les partisans d'une équipe, ou pour les gens d'un pays?

(4) Pour quelles raisons devrait-on faire du sport? Quel profit tire-t-on de la pratique du sport?

(5) Est-ce que le sport encourage les gens à s'évader de la réalité? ou est-ce qu'il leur permet de dépenser leur énergie d'une façon inoffensive?

(6) Est-ce que le sport joue un rôle utile et bienfaisant dans la société, ou simplement frivole?

Grammar

1 Auxiliary Verbs

Uses of *faire*

— *il est important... de faire faire du sport aux enfants.*

The *faire*+infinitive construction is regarded as **one** verb, and can therefore have only **one** direct object. When there are two objects, the object of *faire* remains direct if the object of the infinitive is indirect:

On les fait jouer au football.

But the object of *faire* must be made indirect if the object of the infinitive is direct:

On leur fait faire du sport.

Note that the object may be a clause:

On leur fait savoir que le sport est important: They are told that . . .

Any pronoun objects are placed before *faire*:

On le leur fait savoir: They are told this.

2 The Infinitive

— *celles qui avouent ne pratiquer aucun sport:*
those who admit they don't do any sport.

Un autre a cru pouvoir noter que...:
Another felt able to observe that . . .

If the subject of both verbs is the same, an infinitive construction may be used with verbs of saying, thinking, believing and hoping. The infinitive may be in the past:

Ils affirment l'avoir vu: They maintain they saw it.

3 Comparisons

(a) ***plus... que:*** 'more . . . than'; ***moins... que:*** 'less . . . than'

— *Les femmes sont **plus** sensibles aux exploits de nos skieurs **qu'**à ceux de...*

— *L'Allemand moyen en fait trois fois **plus que** le Français moyen.*

If a verb follows, *ne* precedes it:

Il en fait plus que vous ne pensez!

(b) ***plus de, moins de***   (see 6.5*a*)

Note the following uses:

(i) — *la moitié a **moins de** 35 ans:*
half are under 35.

— *75% des Français de **plus de** 65 ans:*
. . . over 65.

(ii) with a noun:

— *plus (moins) de paysans:*
more (less) peasants

Il y a plus de gens que vous ne pensez!

(c) ***moindre***

— *... n'ont jamais... pratiqué le moindre sport...*
Moindre, le moindre are the comparative and superlative forms of *petit*, which has also the regular forms *plus petit, le plus petit. Moindre* is used to express 'degree' rather than size ('not any at all', 'not the slightest'):

Ils n'ont pas fait le moindre effort:
They haven't made the slightest effort.
sans la moindre difficulté:
without the slightest difficulty

4 Relative Pronouns and Adverbs

(a) ***où***

— *à l'âge où... le sport est...:*
at an age when . . . sport is . . .

'When' is never translated by *quand* when it qualifies a noun:

le jour où; le moment où; l'époque où.
l'été de 1969 où il fit si chaud.

If the article is indefinite, *que* usually replaces *où*:
un jour que je rentrais du lycée:
one day when I was coming home . . .

(b) ***lequel***   Some idiomatic uses:

— *l'opinion selon laquelle la télévision amène...:*
the opinion that television brings . . .
la raison pour laquelle nous faisons du sport:
the reason why we do sport.

5 Prepositions

à and *de* must be repeated with each noun or infinitive which they govern:

— *Vous arrive-t-il de regarder à la télévision ou d'écouter à la radio des retransmissions...?*

— *Les jeunes... pensent au ski, à la natation, à l'automobile.*

à — *à la télévision, à la radio:*
on television, on the radio
— *à l'O.R.T.F.:* (compare 'on the B.B.C.')

de — *de toute leur vie:* in their lifetime
— *la progression a été de 22%:*
there has been a 22% improvement.

en — *en spectateur:* as a spectator
— *en tête:* in the lead
— *en un demi-siècle:*
in the course of half a century

sur — *un Français sur deux:*
one Frenchman out of two

Exercises

(1) *faire*

> *Exemple:* Les parents font étudier leur fils.
> *Réponse:* Ils le font étudier.
> *Expansion:* . . . . (la gymnastique)
> *Réponse:* Ils lui font étudier la gymnastique.

1 Les parents font écouter leur fils. (les résultats des matchs) 2 Les parents font jouer leur fils. (du piano) 3 Les parents font apprendre leur fils. (le ski) 4 Les parents font lire leur fils. (les exploits des skieurs) 5 Les parents font chanter leur fils. (des chansons)

(2) *faire*

> *Exemple:* Les enfants jouent au football.
> *Réponse:* (*a*) On fait jouer les enfants au football.
> (*b*) On les fait jouer au football.
> *Exemple:* Les enfants font du sport.
> *Réponse:* (*a*) On fait faire du sport aux enfants.
> (*b*) On leur fait faire du sport.

1 Les femmes participent aux épreuves sportives. 2 Les jeunes Russes font des exercices physiques. 3 Les jeunes Américains pratiquent des sports. 4 Les jeunes Anglais jouent au cricket. 5 Les parents comprennent que c'est important.

(3) Comparisons Translate:

1 Those who are over thirty-five have never done any sport at all. 2 They are more interested in it than you think. 3 That is the reason why more than 75% of young Americans do sport regularly. 4 Fewer Frenchmen go and watch football matches than you think. 5 At an age when sport is most important, they spend day after day without making the slightest physical effort.

12
Le ski — passé et présent

Je me souviens d'un temps pas très lointain — juste avant la guerre — où nous allions avec quelques camarades de classe passer nos vacances d'hiver en montagne dans des conditions bien différentes de celles d'aujourd'hui. Nous logions dans une grange située dans un hameau au-dessus de Briançon. Nous étions à tour de rôle de corvée de cuisine, nous dormions dans des sacs de couchage, et le matin pour nous laver, il fallait sur place briser la glace de l'eau de la fontaine. Nous nous adonnions à de grandes promenades sous la direction d'un guide. Lors de certaines vacances de Noël, nous étions partis sac au dos, peaux de phoque fixées aux skis, pour gagner Valloires, après avoir franchi le col du Galibier, dont le tunnel était fermé. Le lendemain nous étions revenus par le col des Rochilles... C'était du véritable ski de randonnée. Comme cette époque paraît ancienne aujourd'hui! Aussi ancienne que celle où le Norvégien Nansen réussissait la première traversée du sud du Groenland à skis (1888), ou celle qui permettait à l'alpiniste dauphinois Henri Duhamel de faire les premiers essais en France avec des skis en 1878.

✱ De nos jours, les centaines de milliers d'hivernants qui se précipitent vers les stations parfaitement équipées des Alpes, du Jura, du Massif Central ou des Pyrénées, veulent profiter au maximum de leur séjour. Les remontées mécaniques de toutes sortes, les pistes remarquablement tracées leur permettent, s'ils le veulent, d'accomplir jusqu'à cinquante kilomètres de descente quotidiennement, voire davantage. Mais, ce faisant, ne se privent-ils pas de toute une gamme de joies, d'impressions qui valent la peine d'être connues? Gravir lentement une pente, peiner pour atteindre le sommet, mériter le magnifique spectacle que l'on domine, découvrir à la descente des champs de neige qui n'ont pas été foulés, apprendre à vaincre des passages imprévus, etc., procurent autant de sensations exaltantes que ne connaîtront jamais ceux qui ne dévalent que les pistes damées, aussi bons skieurs soient-ils. Le ski de randonnée doit redevenir un élément important de la pratique du ski. Nous conseillons à ceux qui ne l'ont jamais goûté de l'essayer. Ils y reviendront. Qu'ils se groupent avec quelques camarades, et qu'ils prennent une ou deux journées pendant la durée de leur séjour pour atteindre un but qu'ils se sont fixé: un sommet pas trop difficile pour commencer, un sommet qu'ils graviront avec leurs jambes et des peaux de phoque. Ils récolteront des souvenirs inoubliables. ✱

lointain: far off
guerre (f): war

grange (f): barn
(le) hameau (m): hamlet
au-dessus de: above
corvée (f): fag, duty
lors de: at the time of
peau (f): skin
phoque (m): seal
franchir: to cross
col (m): pass
randonnée (f): long-distance excursion

station (f): resort
remontée (f): ski-lift
piste (f): ski-run

gamme (f): range
gravir: to climb
pente (f): slope
peiner: to toil
dominer: to overlook
fouler: to trample
vaincre: to conquer
passage (m): mountain pass
imprévu: unexpected
dévaler: to go down
damé: flattened
goûter: to enjoy
but (m): goal
récolter: to obtain

Verb Constructions

se souvenir de qch. (de qn.): to remember sth. (s.o.)
s'adonner à qch.: to go in for sth.
apprendre à faire qch.: to learn to do sth.
passer (du temps) à faire qch.:
to spend (time) doing sth.

réussir qch.: to do, carry out, sth. successfully
Nansen réussissait la première traversée:
Nansen successfully made the first crossing.
(c'était une descente réussie:
it was a successful descent.)

Further Vocabulary

profiter au maximum de....: to make the most of . . .

joies... qui valent la peine d'être connues:
pleasures worth knowing

Questions à préparer

1 Expliquez en quoi les conditions dans lesquelles l'auteur passait ses vacances d'hiver étaient différentes de celles d'aujourd'hui. Quels étaient les avantages et les inconvénients présentés par les conditions du 'passé'?

2 Qu'est-ce que le 'ski de randonnée'?

3 Combien de temps l'auteur et ses camarades passaient-ils sans revenir à leur grange?

4 Pourquoi l'auteur dit-il que cette époque paraît ancienne?

5 A quoi le souvenir de ses promenades à skis fait-il penser l'auteur?

6 Pourquoi les hivernants d'aujourd'hui veulent-ils des stations de ski 'parfaitement équipées'? Qu'est-ce que le ski, pour eux? Qu'en pense l'auteur?

7 Résumez les 'sensations exaltantes' qu'offre, selon l'auteur, le ski de randonnée.

8 Qu'est-ce qui montre que l'auteur a, grâce au ski de randonnée, récolté 'des souvenirs inoubliables'?

Comme cette époque paraît ancienne aujourd'hui!

Grammar

---

1 The Subjunctive

(*a*) The subjunctive is used in the **main clause**:

  (i) to express the third person imperative:

    —*Qu'ils se groupent!... qu'ils prennent...!*:
    Let them form groups! . . . let them take . . .!

  (ii) in exclamations expressing wishes:

    Puissiez-vous réussir!: May you succeed!
    Vive le ski!

(*b*) **'however': concessive use** (see 9.1*a*)

  — *aussi bons skieurs soient-ils:*
  however good they may be at skiing

Aussi+inversion is literary usage; the more usual construction is *si (aussi)... que*:

  si bon skieurs qu'ils soient:
  however good they may be at skiing
  aussi bons qu'ils soient...
  aussi rapidement qu'ils dévalent les pistes:
  however fast . . .

---

2 Exclamations

comme...! que...! combien...!

—*Comme cette époque paraît ancienne!:*
  How far away that time seems!

Exclamatory statements are introduced by *que, comme* or *combien.* Note the word order.

  Qu'elle paraît loin!
  Combien cette attitude est symbolique!

---

3 Adverbs

Adverb phrases

—*Nous étions partis, sac au dos, peaux de phoque fixées aux skis:*
  We had set out, with our packs on our backs, and with sealskins fixed on our skis.

In such adverb phrases of manner the English 'with'

is not translated; the article is normally retained:

  Nous sommes partis, les mains dans les poches, le chapeau sur l'oreille, la cigarette aux lèvres...:
  We left with our hands in our pockets, our hats over our ears and cigarettes in our mouths . . .

---

4 Personal Pronouns

le **as verb complement**

—*(elles) leur permettent, s'ils le veulent,...:*
  (they) enable them, if they want to . . .

(Compare this example of *le* with 10.4)

---

5 The Infinitive

As the subject of a verb
— *Gravir lentement une pente, peiner pour atteindre le sommet, mériter... découvrir... apprendre... procurent autant de sensations...:*

The slow climb . . . the struggle to reach the top . . . the reward of . . . discovering . . . learning how to . . . produce . . .
The infinitive can be used as a noun equivalent in many cases where a noun or a present participle is used in English.

6 Prepositions

à forms many adverb phrases of manner:
— *à skis:* on skis
— *à tour de rôle:* in turn
— *à la descente:* on the way down

de — *nous étions... de corvée:*
we were on duty, 'on fag'
— *de nos jours:*
nowadays (compare 7.5, *de mon temps*)
— *un élément important de la pratique du ski:*
a major element in skiing (see 10.6)

en — *en montagne:* in the mountains (see 2.6)
jusque — *accomplir jusqu'à cinquante kilomètres:* cover up to fifty kilometres
sur — *sur place:* on the spot
No preposition:
— *le matin:* in the morning(s)
— *le lendemain:* on the next day

Exercises

❂ (1) **The Subjunctive** In main clauses
Exemple: Ils doivent se grouper.
Réponse: Qu'ils se groupent.
1 Ils doivent venir. 2 Ils doivent s'en aller.
3 Ils doivent dormir. 4 Ils doivent partir.
5 Ils doivent réussir. 6 Ils doivent atteindre le sommet. 7 Ils doivent le permettre.

❂ (2) **The Subjunctive** After *si... que:* 'however'
Exemple: Ils sont bons.
Réponse: Si bons qu'ils soient...
Exemple: Ils dévalent rapidement.
Réponse: Si rapidement qu'ils dévalent...
1 Il est lointain. 2 Elles sont parfaitement équipées. 3 Elle paraît ancienne. 4 Nous accomplissons souvent la descente. 5 Il devient important. 6 Il le fait souvent.

(3) **Translate:**
1 How important that experience was to me!
2 Let him do it if he wants to. 3 The guide set out first, with his pack on his back and his skis over his shoulder. 4 Living alone in the mountains, sleeping in barns, can provide you with unforgettable memories. 5 We shall set out early, weather permitting.

Les classes de neige

Depuis 1953, de plus en plus de jeunes partent en 'classes de neige'. Chaque groupe d'élèves, accompagné d'un professeur et d'une infirmière, va passer un mois dans une station de ski. Le matin, ils poursuivent leurs études comme d'habitude; l'après-midi est passé dans les champs de neige à suivre des cours d'éducation physique, de patinage et de ski. Grâce aux subventions de l'État, le coût pour chaque famille est à peu près l'équivalent des allocations familiales. On a constaté qu'après un mois passé en classe de neige il y a une amélioration sensible de la capacité de travail des élèves.

Nombre d'enfants envoyés en 'classes de neige'

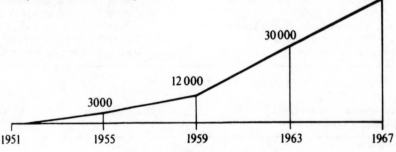

50 000
30 000
12 000
3000
1951 1955 1959 1963 1967

Chamrousse (Isère): village d'enfants.
Le matin, ils poursuivent leurs études comme d'habitude...
Châtel (Haute-Savoie):
... l'après-midi est passé dans les champs de neige.

13
La neige à forfait

à forfait: all-inclusive

Le nombre de Français qui skient augmente régulièrement de 10 à 15% par an. Il y a en France, au maximum, 1 500 000 skieurs (434 500 licenciés à la Fédération française de Ski): cela fait 2,4% des Français, alors que 40%, soit 20 000 000, partent chaque année en vacances. Le ski n'est pas encore aussi démocratisé qu'on le dit; pour aller skier, il faut d'abord pouvoir couper ses vacances en deux, ensuite pouvoir payer des séjours relativement coûteux. Il en résulte que le portrait-robot du skieur moyen ressemble peu à celui du Français moyen. Quatre-vingt-dix pour cent des gens qui font des sports d'hiver appartiennent à la moitié la plus fortunée de la population, et un skieur sur deux (même si l'on tient compte, dans les statistiques, des collectivités et des classes de neige) a un revenu familial de plus de 3 000 F par mois.

alors que: whereas
soit: that is to say

fortuné: well-to-do
collectivité (f): group

Pourtant, des efforts sérieux ont été accomplis pour rendre le ski accessible aux jeunes et aux adultes peu fortunés. L'association V.V.F. ('Village-Vacances-Familles') offre des séjours de neige à des prix très bas: le forfait hebdomadaire varie de 56 F pour un enfant de moins de 6 ans, à 161 F pour un adulte.

forfait (m): all-in price

Quant à l'association 'Village-Vacances-Tourisme', qui vient de voir le jour et qui est fille de la précédente, elle s'adresse à une clientèle un peu plus aisée, de cadres moyens chargés de famille. Le prix par journée varie de 21 F pour ceux qui appartiennent à un organisme social, à 27 F pour les 'individuels'. Pour les enfants, le tarif varie de 10 à 22 F.

quant à: as for
aisé: well-off

Mais l'âge des vacances d'hiver ne fait que commencer, et les jeunes, plus nombreux chaque année aux sports d'hiver, sont en train de créer un besoin qui, si l'on ose dire, fera boule de neige.

Avec 200 stations, 2 000 hôtels, 45 000 chambres, 40 téléphériques, 150 télécabines, télébennes ou télésièges, 150 écoles de ski et 2 000 moniteurs, l'équipement français de sports d'hiver place notre pays dans une situation enviable et donne aux responsables des stations de solides arguments publicitaires pour la conquête de la clientèle étrangère, encore trop rare pour leur goût: en effet, d'après les statistiques du commissariat général au Tourisme, sur cent personnes qui ont passé une nuit dans une station de sports d'hiver, pendant la saison dernière, huit seulement étaient étrangères — et, depuis cinq ans, ce pourcentage a plutôt tendance à diminuer.

télébenne (f): chair-lift
télésiège (m): chair-lift

étranger: foreign

Il faut aussi noter l'accroissement du nombre de petites stations régionales ou locales, qui permettent aux habitants des grandes villes voisines de skier en fin de semaine.

voisin: neighbouring

La neige, en définitive, n'est pas encore aussi accessible que le sable; cependant, des expériences intéressantes (celles des Villages-Vacances-Famille notamment) montrent que l'on peut espérer l'offrir bientôt à un plus grand nombre. Tout est affaire de choix et d'argent. Il ne suffit pas d'entasser toujours plus de gens dans les stations qui existent: on ne skie pas dans la foule. Et s'il a fallu quinze ans pour construire Chamonix et dix pour Megève, pour Courchevel cinq ont suffi, et quatre pour La Plagne; aujourd'hui, des stations peuvent naître en deux ou trois ans: la question est de savoir à qui elles seront destinées.

entasser: to cram together

Verb Constructions

oser faire qch.: to dare to do sth.
espérer faire qch.: to hope to do sth.

avoir tendance à faire qch.: to tend to do sth.
tenir compte de qch.: to take sth. into account

Further Vocabulary

(il) ressemble peu à...:
it doesn't look very much like . . .
des séjours de neige: skiing holidays
voir le jour: to come into existence

cadres moyens: lower managerial grades
arguments publicitaires: selling-points
tout est affaire de...: it's all a question of . . .

A Questions à préparer

1 Résumez en quelques mots la situation du ski en France à l'heure actuelle.
2 Pour quelles raisons est-ce que la majorité des Français préfèrent d'autres formes de vacances?
3 En général, quels sont les gens qui font des sports d'hiver?
4 Qu'est-ce qu'on fait pour rendre le ski plus démocratique?
5 Pourquoi le ski français serait-il dans une situation enviable?
6 De quoi les responsables du ski français ne sont-ils pas satisfaits?
7 Qu'est-ce qu'on espère encourager?
8 Qu'est-ce qu'on espère éviter?
9 Qu'est-ce qu'on n'a pas encore décidé?

B Sujet de discussion

Le ski, comme nos loisirs en général, risque de devenir trop organisé; à cet égard, les progrès sont à craindre.

Cette discussion pourrait prendre la forme d'un débat entre les étudiants: un étudiant pourrait décrire le ski d'autrefois et commenter sur les aspects désagréables du ski actuel; un autre étudiant pourrait donner le point de vue contraire; puis on pourrait généraliser — citer des exemples puisés dans d'autres activités de loisir pour appuyer les arguments.

(1) **En faveur du passé:**
Quelles sortes de conditions avez-vous trouvées? Comment vous amusiez-vous? Quels étaient les plaisirs que vous y trouviez? Qu'est-ce que vous avez contre le ski d'aujourd'hui?

(2) **En faveur du présent:**
Quels sont les avantages des stations de ski modernes? Quels sont les bénéfices apportés au pays, à la région, par ces développements? Comment s'amuse-t-on aujourd'hui? Quels sont les gens qu'on rencontre dans les stations? Qu'est-ce que vous avez contre le ski d'autrefois?

Grammar

❂ C Sujet de rédaction

Le ski d'aujourd'hui vaut-il celui du passé?

1 Auxiliary Verbs

(a) **ne faire que: 'only'**
— *l'âge des vacances d'hiver ne fait que commencer:*
the age of winter holidays is only beginning
Ne faire que translates 'only' when 'it qualifies the verb.

(b) **falloir** (see 3.3)
— *il a fallu quinze ans pour construire Chamonix:*
it has taken fifteen years to build Chamonix (fifteen years were needed).

(c) **suffire**
— *Il ne suffit pas d'entasser...:*
It is not enough to pile up . . .
Il suffit d'entasser...:
All you have to do is pile up . . .

— *pour Courchevel cinq ont suffi:*
. . . only five were needed (it took only five).

(d) **rendre**
— *rendre le ski accessible:*
to make skiing available
'To make' followed by an adjective is translated by *rendre*.

(e) **venir de**
— *qui vient de voir le jour:*
which has just . . .
qui venait de voir le jour:
which had just . . .

(f) **être en train de**
— *les jeunes... sont en train de créer un besoin:*
young people . . . are creating a need.

69

2 Personal Pronouns

le as verb complement   (see 10.4)

—*Le ski n'est pas encore aussi démocratisé qu'on le dit:*

Skiing is not yet as popularised as people say.

3 Nouns

Feminine nouns

—*sur cent personnes..., huit étaient étrangères.*

La personne, la victime, la sentinelle and *la dupe*

are feminine nouns which may refer to either sex.

4 Adverbs

(*a*) **peu**

—*(il) ressemble peu à celui du Français moyen:*
  it looks little like the average Frenchman's (it doesn't look much like the average Frenchman's).

—*accessible aux jeunes et aux adultes peu fortunés:*
  available to young people and adults who are not well off.

Peu attached to a verb translates 'not . . . much'; attached to an adjective or adverb it has the force of a negative.

(*b*) **un peu: 'a little', 'somewhat'**

—*une clientèle un peu plus aisée:*
  . . . somewhat better-off

5 The Infinitive   *de savoir*

—*la question est de savoir à qui elles seront destinées:*
  the question is who will they be for.

Le problème était de savoir si les touristes viendraient:

The problem was whether the tourists would come. Compare this idiomatic use of *de savoir* with the use of *lequel* in 11.4*b*.

6 Prepositions

à   —*à forfait:* at a fixed price, all-inclusive

de   —*accompagnés d'un professeur:*
  accompanied by a teacher   (see 4.4)

—*une amélioration... de la capacité de travail:*
  an improvement in the working capacity (see 10.6)

en is used after verbs of separating and changing ('into'):

—*couper ses vacances en deux:*
  to split one's holidays into two

en   —*en fin de semaine:* at week-ends

—*en définitive:* in short, in a word

—*(ils) partent en classe de neige:*
  they go away to 'ski-school'.

pour   —*quatre-vingt-dix pour cent:* ninety per cent

Exercises

🎲 (1) **Auxiliary Verbs**   *suffire, falloir*

Exemple: Cinq ans ont suffi pour construire Courchevel?

Réponse: Oui, il a fallu cinq ans pour le construire.

1 Deux jours suffisaient pour aller à Chamonix?
2 Une heure suffira pour louer les places?
3 Une demi-heure suffirait pour rentrer?
4 Quatre ans avaient suffi pour construire la station?   5 Six ans auraient suffi pour construire Megève?

🎲 (2) **Auxiliary Verbs**   *être en train de*

Exemple: On a déjà construit toutes les stations?

Réponse: Pas encore! On est toujours en train de les construire.

1 Les décisions sont déjà prises?   2 On a déjà installé l'équipement?   3 Les résultats sont déjà connus?   4 On a déjà modernisé tous les hôtels?   5 Les conseils sont déjà offerts?

(3) **Auxiliary Verbs** *venir de*

    Exemple: On a fini le travail?
    Réponse: Oui, on vient de le finir tout à l'heure.
    Exemple: On avait fini le travail?
    Réponse: Oui, on venait de le finir à ce moment-là.

1 On a vu la station?   2 On avait vu la station? 3 On a pris la décision?   4 On avait pris la décision?   5 On a organisé le séjour?   6 On avait organisé le séjour?

(4) **The Infinitive** *la question est de savoir*

    Exemple: Est-ce que les touristes viendront ou non?
    Réponse: La question est de savoir si les touristes viendront ou non.

1 Est-ce que les prix sont abordables ou non? 2 Est-ce qu'il y a assez de stations ou non? 3 Est-ce que les tarifs sont raisonnables ou non? 4 Est-ce que les petites stations sont préférables ou non?   5 Est-ce que l'équipement français est suffisant ou non?

(5) **Translate:**

1 The question is whether they will fulfil the conditions.   2 The ski resorts hope to make the tourists a little happier.   3 It would take three years to build a new resort.   4 They have only begun to make skiing possible for everyone. 5 The tourist is too often the victim of advertising methods.   6 The new resorts will not look much like the old ones.

Les Deux Alpes (Isère).
On ne skie pas dans la foule.

71

14
Soixante heures à la dérive

à la dérive: adrift

Pendant 60 heures, le monde s'est interrogé sur le sort d'un homme perdu à la dérive sur un minuscule radeau pneumatique en plein océan Atlantique. Dans toutes les langues, les radios répétaient: 'Toujours sans nouvelles du navigateur solitaire, Joan de Kat.' Ce jeune Français de 27 ans, qui participait, sur un trimaran baptisé *Yaksha*, à la grande course transatlantique en solitaire, avait lancé le 18 juin un dernier S.O.S. indiquant que son bâtiment était en train de couler. Finalement repéré par un avion de la R.A.F., Joan de Kat allait être sauvé par un cargo norvégien.

sort (m): fate
radeau (m): raft
toujours: still
nouvelles (f.pl): news

bâtiment (m): boat
couler: to sink
repérer: to spot

Le 18 juin

◗ 18 juin, 4 heures du matin; je me réveille, trempé, sur ma couchette. J'ai dû dormir cinq heures d'affilée. Il fait jour. La mer est toujours aussi magnifique, tout argentée au matin. Mais, comme je me retourne, je cherche vainement des yeux mon flotteur-babord. Le mât, haut de ses dix-sept mètres, s'appuie fort heureusement sur le flotteur de tribord, car le bateau a gardé, pendant mon sommeil, sa route par le travers des lames et du vent.

trempé: soaked
d'affilée: at one go
argenté: silvery
babord (m): port
tribord (m): starboard
par le travers de: broadside on to
lame (f): wave, roller

Joan de Kat (27 ans) avant le départ.

Mais si le vent tourne en quelques minutes, le mât va piquer une tête sur babord, entraînant le *Yaksha* par le fond.

Sans prendre le soin de mettre une ceinture de sécurité, la scie à la main, je fonce sur le flotteur tribord pratiquement submergé par les vagues à chaque lame. Je sectionne un hauban, puis d'autres cordages. Je reviens sur la coque en me mettant à l'eau et j'ai beaucoup de mal à me hisser de nouveau dans le cock-pit. Tous mes vêtements m'alourdissent terriblement, il ne reste plus qu'à couper les rides. Par ce coup de grâce, le mât, dans un grand coup de roulis inverse, s'effondre. Je me rue sur le poste émetteur, me branche sur 121–5, détresse air-sol, et parle vite: mayday, mayday, mayday, S.O.S., S.O.S., S.O.S. Here trimaran *Yaksha*. My boat is sinking. I go in my life raft. Ici le trimaran *Yaksha*. Mon bâtiment est en train de couler. Je m'embarque dans dix minutes sur mon radeau de sauvetage.

Ma position approximative est 30° ouest, 54° nord, et j'attends une réponse éventuelle. Elle me parvient presque aussitôt par une voix à l'accent scandinave, flight 941, qui m'affirme qu'elle transmet le message après me l'avoir répété sur les ondes de détresse. Je me précipite sur mon canot, rangé juste sous le poste de radio. Je le mets à l'eau, tire sur l'extrémité orange et il se gonfle automatiquement. A présent, c'est au tour du flotteur-tribord de s'en aller. J'essaie de rester calme. J'ai juste le temps de choisir ce qui me sera indispensable pour une dizaine de jours de dérive: des biscuits, des conserves. Ne pas oublier l'ouvre-boîte. De l'eau (20 litres). Mon sac de couchage. Même par ce mauvais temps de Nord-noroît.

✳ Le canot pneumatique heurte la coque du *Yaksha*. J'ai peur que le canot ne se déchire ou qu'il ne se troue sur une aspérité. Il ne faut plus traîner. Mon chronomètre, un petit récepteur-transistor dans un sac, les fusées toutes bien enveloppées dans leur sac étanche, des allumettes, la lampe-torche, la lampe-tempête, qui pourra peut-être me réchauffer, un peu de pétrole dans une bouteille en plastique.

Je jette pêle-mêle les vêtements qui traînent sur ma couchette dans le dinghy, plonge dedans et me laisse filer avec une longue glène jusqu'à cent mètres de mon bateau en perdition.

Je suis complètement trempé. Mais j'ai un bon ciré capitonné qui me protège bien du froid. Et je m'allonge sur tous ces vêtements étalés. J'attends. Mon premier souci: ne pas trop dériver de cette position que j'ai donnée et qui n'est peut-être pas bien juste, n'étant qu'une 'estime'.

Les heures passent. Le radeau pneumatique est heureusement étanche grâce à son toit gonflable et la fermeture éclair de sa porte. Mais, déjà, il se dégonfle. Cela m'inquiète. Je pose le gonfleur et, dorénavant, je devrai, toutes les heures ou deux, donner une dizaine de coups de pompe.

Les vagues les plus fortes déferlent en submergeant le canot, mais pas une goutte d'eau n'entre. Je me sens soulagé. Je m'assoupis pendant quelques moments, du moins me semble-t-il. A présent, le flotteur tribord du *Yaksha* s'en va. Comme il est plein de mousse, il flotte et dérive vers moi. Je coupe l'amarre, sorte de cordon ombilical qui me relie encore au bateau-mère, et je m'en vais, jouet des flots, du vent et des marées. Le *Yaksha* s'enfonce lentement dans l'eau, sur le flanc, portant tragiquement ses deux tubes tribord dans un ciel gris chargé de lourds nuages, tandis que le vent siffle et hachure les grandes vagues de la mer. ✳ ⚉

---

piquer une tête: to take a dive
foncer: to fling oneself
hauban (m): guy
coque (f): hull
hisser: to hoist
ride (f): lanyard
coup de roulis (m): lurch
s'effondrer: to collapse
se ruer: to rush
poste émetteur (m): transmitter
se brancher sur: to tune in to
éventuel: possible
canot (m): dinghy

conserve (f): tinned food
ouvre-boîte (m): tin-opener
heurter: to bang against
se déchirer: to tear
trouer: to hole
aspérité (f): rough edge
traîner (1): to delay
fusée (f): flare
étanche: watertight
pétrole (m): paraffin
traîner (2): to lie around
filer: to cast off
glène (f): coil of rope
ciré (m): oilskin
capitonné: padded
étaler: to spread out
souci (m): worry
fermeture éclair (f): zip
poser: to fix up
dorénavant: from now on
déferler: to break
soulager: to relieve
s'assoupir: to doze
mousse (f): foam
amarre (f): mooring rope
jouet (m): plaything
flot (m): wave
marée (f): tide
s'enfoncer: to sink
hachurer: to streak

Le 19 juin

Ma dérive est rapide. Je ne me sens vraiment pas bien. J'avale deux biscuits, un jus d'ananas en boîte mais je vomis aussitôt tout cela à la mer. Alors, bien que je ne puisse pas m'étendre vraiment dans ce petit canot qui mesure hors tout 1 m 80, je me recroqueville dans l'humidité et je sommeille. Au matin, après une nuit entrecoupée de réveils, de coups de pompe, de crampes, j'espère enfin retrouver ma forme. Mais pas du tout. C'est toujours cet état léthargique, confus, entre le mal de mer et la faiblesse où l'on se laisserait volontiers aller.

avaler: to swallow
ananas (m): pineapple
s'étendre: to stretch out
hors tout: over-all
se recroqueviller: to curl up
sommeiller: to doze

L'ancre flottante s'est arrachée du bateau et je dérive, à en juger par le bruit et les remous que je fais, à plus de 2 nœuds 5. J'aurai, ce soir, parcouru cent milles au sud depuis le lieu de mon naufrage.

remous (m): backwash
nœud (m): knot
naufrage (m): shipwreck

Dans la pleine lumière du jour, lorsque toutes les crêtes écumantes des vagues brillent sous le soleil qui a percé les nuages, j'entends un bruit et vois passer un avion, pratiquement au-dessus de moi. Il garde un cap précis, n'en varie pas et disparaît. Je n'ai pas eu le temps d'envoyer une de mes fusées.

écumant: foaming
cap (m): course

J'ai laissé un peu trop longtemps les portes de la tente entrouvertes et une vague plus audacieuse est venue s'engouffrer, mettant tout sous dix centimètres d'eau glacée. Curieusement, loin de me démoraliser, ce coup du sort me réveille, me sort de ma torpeur. Je jure un bon coup. Je prends le seau et j'écoupe presque tout.

entrouvert: half-open
s'engouffrer: to sweep in

torpeur (f): sluggishness
jurer: to swear
écouper: to bale out

Pour la première fois depuis maintenant trente-six heures, j'ai un peu d'appétit. J'ouvre un paquet de cacahuètes grillées et salées. Une bonne rasade de whisky, quelques biscuits, une pomme, une orange. Je bois un peu d'eau, et puis je sens que tout tourne dans ma tête et je m'étends à nouveau. L'opération nourriture a néanmoins réussi. Quand je ferme les yeux j'ai tout à fait l'impression d'être dans une nacelle entrechoquée de part et d'autre. Entre deux grandes lames, il y a parfois un moment de calme où je trouve un peu de paix.

cacahuète (f): peanut
salé: salted
rasade (f): swig

nacelle (f): skiff

Au dernier moment j'avais embarqué mon petit poste récepteur transistor, me disant que cela pourrait être utile.

Je l'avais réglé sur un poste parisien. Dans la soirée je peux entendre au journal de 20 heures un bulletin qui commence ainsi: 'On est sans nouvelle de Joan de Kat depuis deux jours...'

Les vagues sont, à la nuit de ce deuxième jour, de plus en plus mauvaises. Elles déferlent sur vingt mètres. A certains moments, je me croirais aux Vingt-quatre heures du Mans. Je les entends venir dans un vrombissement croissant, inquiétant; elles passent tout près sans me heurter et le bruit disparaît presque aussitôt. Parfois, elles viennent droit sur moi et me poussent comme un fétu de paille sur les remous d'écume et les tourbillons de mousse.

vrombissement (m): throb
croître: to grow

fétu (m) *de paille* (f):
  wisp of straw
tourbillon (m): whirlpool

Le 20 juin

Au petit matin du troisième jour, la mer a quelque peu changé. La houle est plus longue. J'ai un moment de répit plus grand entre les crêtes qui déferlent. A 9 heures j'entends le ronronnement régulier et sourd d'un avion; il passe au-dessus de moi, si près que je peux presque en distinguer l'équipage. Je sors au risque d'être balayé par une lame déferlante. Je fais de grands gestes de la main. L'appareil continue imperturbablement sa route. Je lance une fumigène aussitôt pour qu'il en repère la couleur sur l'eau. Mais l'avion disparaît bientôt. J'enrage.

(la) houle (f): swell
répit (m): breathing-space
ronronnement (m): hum
sourd: muffled
équipage (m): crew

fumigène (f): smoke-shell

A midi, j'ai la chance, à travers des parasites, d'avoir la clé du mystère de l'avion du matin.

parasites (m.pl): interference

Un bulletin précise : 'Des aviateurs ont repéré dans le sud-est, assez loin de l'endroit du naufrage, une sorte de ballon orange qui selon eux serait un ballon météorologique. Le commandant des opérations a décidé d'aller poursuivre les recherches dans cette région.'

Alors je respire. Je suis pratiquement sauvé. Je prends une casserole. J'y verse du gin et je le fais flamber. Et dans la belle flamme bleue je mets le contenu d'une boîte de haricots rouges et de saucisses. Je dévore gloutonnement le tout, à peine tiède, avec les doigts.

Je m'étais endormi un peu trop longtemps après ce copieux repas et le bateau est tout dégonflé. Je me retrouve tout au fond. Les affaires s'entassent sur moi ; comble de malchance, le lait concentré s'est répandu partout. D'abord regonfler. Puis, comme j'ouvre la tente pour prendre de l'eau et nettoyer avec une éponge, j'entends le ronronnement régulier d'un gros quadrimoteur. Je me lance sur la boîte aux fusées. L'une est toute prête. Elle part comme un éclair juste sous le nez de l'avion. Cette fois-ci, on m'a vu. L'appareil fait un grand tour, passe très bas et des deux mains, en me découvrant, je fais de grands gestes de remerciement, de bonheur et de joie. Je suis sauvé.

Le quadrimoteur de la 'Royal Air Force' tourna autour de moi de 18 heures à 20 h. 30. Il me lança un autre canot gonflable plus grand que le mien, et je m'amusai comme un enfant dans un nouvel appartement passe d'une pièce dans une autre. Et je fis mon déménagement.

Mais quand je fus dans le grand canot, j'eus beaucoup plus froid, et je revins bien vite dans le petit qui se dégonflait toujours autant mais qui, plus hermétique et plus exigu, gardait mieux ma chaleur.

Peu à peu la mer se calmait. On aurait pu croire qu'elle le faisait exprès. A présent que j'étais sauvé, elle abandonnait la partie.

Le soir tombait. Et comme j'embrassais enfin d'un seul coup d'œil l'horizon, j'aperçus la silhouette lointaine mais bien réelle d'un navire qui se dirigeait vers moi. Ma première pensée fut que cette nuit-là je dormirais dans de bons draps, plaisir qui m'avait été refusé depuis plus d'un mois.

préciser: to state, spell out

casserole (f) : pan

s'entasser: to pile up

déménagement (m) : removal

exigu: small
exprès: on purpose
partie (f) : game

A la dérive sur un minuscule radeau pneumatique...

Further Vocabulary

Expressions of looking and seeing:

je cherche... des yeux mon flotteur-babord:
I search for my port float.

j'embrassais... d'un seul coup d'œil l'horizon:
my gaze swept the horizon.

The use of the phrases *des yeux, du regard, d'un coup d'œil,* and the words *regard(s), yeux,* makes possible a great variety of expressions of looking and seeing:

suivre qch. (qn.) des yeux:
to watch, keep in sight sth. (s.o.)

chercher qn. du regard: to look round for s.o.

fixer ses regards sur qn.: to stare at s.o.

jeter un regard (des regards) sur qch.:
to glance (keep glancing) at sth.

Make a note of these and similar expressions as you come across them.

j'ai beaucoup de mal à...:
I have great difficulty in . . .

je peux en distinguer l'équipage:
I can make out its crew.

il ne me reste plus qu'à...:
all I have to do now is . . .

à en juger par...: judging from . . .

de part et d'autre: on both sides

comble de malchance: worst of all, to cap it all

Joan de Kat, de retour à Paris.

Un trimaran baptisé 'Yaksha'...

A Questions à préparer

1 En se réveillant le 18 juin, qu'est-ce qu'il a remarqué?
2 De quoi avait-il peur?
3 Quelles mesures a-t-il prises et pourquoi?
4 Qui a reçu son message?
5 Pour quelle raison en particulier a-t-il fallu agir vite?
6 Résumez ce qu'il a fait en quittant le trimaran.
7 Expliquez ce qu'il a fait pour ne pas dériver de sa position.
8 Pourquoi est-ce qu'il a coupé l'amarre à la fin?
9 Décrivez les difficultés qu'il a éprouvées la première nuit.
10 Qu'est-ce qui l'a aidé à se rétablir un peu?
11 Pourquoi, la nuit du deuxième jour, a-t-il eu l'impression d'être à certains moments aux Vingt-quatre heures du Mans?
12 Qu'est-ce qui l'a encouragé à penser qu'il était 'pratiquement sauvé'?
13 Qu'est-ce qu'il était en train de faire quand il a entendu le bruit de l'avion de la R.A.F.? et pourquoi?
14 Décrivez pourquoi le Temps lui a semblé un des principaux personnages de ce drame.

B Sujet de rédaction à discuter

L'opération de recherche et de sauvetage montée après la 'disparition' de Joan de Kat a coûté cher. ***Devrait-on donc interdire les courses transatlantiques en solitaire?***

Considérez, d'un côté: le danger auquel s'exposent les concurrents; les risques et le coût des opérations de sauvetage; un 'sport' réservé à une minorité.

Et, d'un autre côté: l'intérêt de ces courses pour un vaste public; un exemple parmi plusieurs (lesquels?) qui prouvent que l'héroïsme et le goût de l'aventure ne sont pas morts; la nécessité, pour l'humanité, dans un monde mécanisé, de mettre ses forces à l'épreuve.

Grammar

1 Tenses

(a) Past historic and perfect

Note the use of the past historic in the last four paragraphs of the passage to mark a separation in style from vivid subjective narrative to objective narrative. The past historic is used:

(i) to describe an action, event or series of events which took place in the past, and which are seen in their entirety from start to finish:

—*je fis mon déménagement.*
—*La quadrimoteur... tourna autour de moi de 18 heures à 20 h 30.*

(ii) to describe successive action:

—*quand je fus dans le grand canot, j'eus beaucoup plus froid.*
—*Il me lança un autre canot..., et je m'amusai comme un enfant...*

N.B. In conversation the perfect tense is used.

(b) The imperfect tense is used:

(i) to describe objects, people or background to events:

—*le petit (canot) qui... gardait mieux ma chaleur.*
—*la mer se calmait. Le soir tombait.*

(ii) to describe an action viewed as incomplete and still continuing:

—*le petit (canot) qui se dégonflait toujours...*

(iii) to describe one action interrupted by another:

—*comme j'embrassais... j'aperçus...*

In passages in the past, *comme, pendant que,* and similar conjunctions are followed by the imperfect tense.

(c) *depuis*

—*Pour la première fois depuis... trente-six heures:*
For the first time for (in the past) thirty-six hours.
—*On est sans nouvelle... depuis deux jours:*
No news has been received for (the past) two days. (see 6.2)

Compare the use of:

(i) *depuis:*
—*plaisir qui m'avait été refusé depuis plus d'un mois:*
a pleasure which I hadn't had for more than a month (for the past month or more).
The idea is that it was a month *since* he last had this pleasure.

(ii) *pendant:*
—*Pendant 60 heures, le monde s'est interrogé sur...:*
For 60 hours (i.e. during, for the space of, 60 hours) everybody wondered about . . .

'For' is translated by *depuis* when it means 'since . . .', 'for the past . . .'; and by *pendant* when it means 'during', 'for the space of'. When the verb accompanying *depuis* is positive it takes the present or imperfect tenses; when the verb is negative the verb tense is as in English.

2 The Infinitive

Laisser, voir, entendre, sentir and other verbs of the senses can be followed by the infinitive:

—*je... me laisse filer:* I let myself drift away.
—*on se laisserait... aller:*
one would let oneself go.
—*(je) vois passer un avion:* I see a 'plane going by.
Je les entends venir: I hear them coming.

Note the agreement in compound tenses:
Je les ai entendus venir.
A relative clause or a noun clause is also possible:
Il vit un navire qui se dirigeait vers lui:
He saw a ship making for him.
—*je sens que tout tourne:* I feel everything turning.
This can also be expressed: *Je sens tout tourner.*

77

3 Auxiliary Verbs

(a) **devoir**   (see 1.2a)

—*J'ai dû dormir cinq heures d'affilée:*
I **must have** slept five hours at a stretch.

(b) **pouvoir**   (see 1.2b)

—*qui pourra peut-être me réchauffer:*
which **may** possibly warm me.

—*me disant que cela pourrait être utile:*
telling myself it **might** be useful.

—*On aurait pu croire qu'elle le faisait exprès:*
You **might have** thought that . . .

4 Indefinites   *tout*

(a) **Adjective:** 'all', 'every'

—*toutes les langues; tous mes vêtements; tout cela*

Used in the singular, without any article, *tout, toute,* mean 'any':

L'avion peut arriver à tout moment.

(b) **Noun or pronoun:** 'everything', 'all of it', etc.

—*Je dévore... le tout.*

—*j'écoupe presque tout:*
I bale out almost all of it.

—*tout tourne:* everything is turning.

N.B.

*Ils étaient **tous** là:* All of them were there.

—*les fusées **toutes** bien enveloppées:*
all of the rockets well wrapped up

Note that 'of it', 'of them', etc., are not trans-lated.

(c) **Adverb:** 'quite', 'completely', 'very'

—*le bateau est tout dégonflé:*
. . . completely deflated.

—*tout au fond:* right at the bottom

—*elles passent tout près:* . . . very close

Note that the adverb *tout* becomes *toute* before a feminine adjective beginning with a consonant:

—*L'une est **toute** prête.*

(d) *pas du tout:*
'not at all' (reinforcing the negative)
il n'était pas du tout content.

(e) *tout à fait:* 'completely'

5 Prepositions

à forms many adjective phrases (a) giving the idea of 'for', 'for the purpose of':

— *la boîte aux fusées:*
the box containing rockets

(b) used as a distinguishing mark:

—*une voix à l'accent scandinave:*
a voice with a Scandinavian accent

à   —*à présent que...:* now that . . .

—*je le mets à l'eau:*
I launch it (put it into the water)

de and *avec*: *de* translates 'with' when the instrument of the action is the obvious, expected one; *avec* is used when the instrument is not the usual one, or to stress the action:

—*de la main, des deux mains:*
with my hand, with both hands

—*d'un seul coup d'œil:* in a single glance

—*je dévore gloutonnement le tout... avec les doigts:*
. . . with my fingers

—*nettoyer avec une éponge:*
to clean up with a sponge

de and *par* (see 4.4):

—*un ciel gris chargé de lourds nuages:*
a grey sky laden with heavy clouds

—*une nuit entrecoupée de réveils:*
a night broken by sudden awakenings

—*submergé par les vagues:*
covered by the waves

—*sauvé par un cargo:*
rescued by a tramp steamer

en forms adjective phrases describing material, condition, shape, appearance, manner:

—*une bouteille en plastique:*
a plastic bottle

—*un jus d'ananas en boîte:*
tinned pineapple juice

—*mon bateau en perdition:* my sinking ship

—*la course en solitaire:*
the single-handed race

—*en plein océan:*
in the middle of the ocean

depuis   —*depuis le lieu de mon naufrage:*
from the place of my shipwreck

—*pour la première fois depuis trente-six heures:*
for the first time for thirty-six hours

sur is used in many cases where 'in' is used in English:

—*sur un trimaran:* in a trimaran

—*je m'embarque... sur mon radeau de sauvetage:*
I go in my life raft.

sur   —*les vagues... déferlent sur vingt mètres:*
the waves break over a distance of twenty metres.

—*je me rue (me précipite, me lance) sur...:*
I rush to . . ., pounce upon . . .

—*elles viennent droit sur moi:*
they are coming straight for (towards) me.

—*je l'avais réglé sur un poste:*
I had it tuned in to a station.

—*le monde s'est interrogé sur...:*
the world wondered about . . .

Exercises

♦ (1) *pouvoir* (*a*) 'may'

Exemple: La radio sera peut-être nécessaire.
Réponse: La radio pourra être nécessaire.

1 La lampe me réchauffera peut-être. 2 Un avion me verra peut-être. 3 Le canot se dégonflera peut-être. 4 L'eau entrera peut-être. 5 Les fusées me sauveront peut-être. 6 La mer changera peut-être. 7 L'avion disparaîtra peut-être.

(*b*) 'might'

Exemple: Il s'est dit que la radio serait peut-être nécessaire.
Réponse: Il s'est dit que la radio pourrait être nécessaire.

1 Il s'est dit que la lampe le réchaufferait peut-être. 2 Il s'est dit que l'avion le verrait peut-être. 3 Il s'est dit que le canot se dégonflerait peut-être. 4 Il s'est dit que l'eau entrerait peut-être. 5 Il s'est dit que les fusées le sauveraient peut-être. 6 Il s'est dit que la mer changerait peut-être. 7 Il s'est dit que l'avion disparaîtrait peut-être.

♦ (2) **The Infinitive** After verbs of the senses

Exemple: L'avion a passé au-dessus de lui. Il l'a vu.
Réponse: Il a vu l'avion passer au-dessus de lui.

1 Les vagues venaient vers lui. Il les a entendues. 2 Le canot tournait. Il l'a senti. 3 L'avion a disparu. Il l'a regardé. 4 Le trimaran s'est enfoncé dans l'eau. Il l'a regardé. 5 Le navire s'est dirigé vers lui. Il l'a vu.

(3) **Tenses**

Retell in 'story form', using past tenses instead of the present, and using the third person instead of the first, the last five paragraphs of the narrative of 18th of June, beginning 'Le canot pneumatique...'

(4) **Tenses**

1 His first action was to cut the ropes. 2 He kept his flares in a water-tight box. 3 As his eyes swept the horizon he saw a ship. 4 As I opened the tent I heard the noise of the plane. 5 The next thing he did was to open a tin of pineapple. 6 It was then that he heard the plane: it was maintaining a steady course. 7 As he had no time to choose what he needed, he threw in everything. 8 He did not have the time to send one of the flares.

(5) *tout*

Rewrite, filling in the blanks with the appropriate form of tout:

Il travailla _____ le jour. Quand enfin le mât s'effondra il avait les mains _____ écorchées et _____ lacérées. A _____ instant, il pensait que le vent allait changer de direction. Entendant le bruit d'un avion il chercha les fusées qui étaient _____ près, _____ dans leur boîte étanche. Les postes qui n'avaient cessé de répéter son message avaient _____ contribué à son sauvetage.

15

300 000 plaisanciers

plaisancier (m): amateur yachtsman

Tout l'hiver, ils rêvent de foc et de grande voile. Un souffle de vent dans la cheminée leur rappelle le jour où, par 'force 6', ils ont failli démâter au large de la Bretagne. Ils dévorent les revues spécialisées, pensent à acheter un bateau plus grand. Le printemps venu, ils se penchent sur les cartes. Et comme les quelque 300 000 plaisanciers de France n'ont pas tous la vocation de Tabarly — ni un bateau de treize mètres — un grave problème se pose à eux: celui du havre à la fois confortable et tranquille où ils pourraient enfin oublier les rumeurs de la ville et les embarras de voitures.

foc (m): jib
grande voile: mainsail
souffle (m): gust
démâter: to lose the mast
carte (f): map

(le) havre (m): harbour
rumeur (f): noise
embarras (m): jam
parcourir: to travel (over)

Curieux phénomène en vérité que cette découverte de la mer par nos compatriotes. Si l'on mesure le chemin parcouru depuis la fin du siècle dernier, la chose paraît à peine croyable.

Il n'est pas tellement loin le temps où la côte était réservée aux pêcheurs, les ports aux marins, la mer aux peintres et aux poètes.

Jusqu'au milieu de notre ère, le bateau habitable était le privilège de quelques milliardaires. Nantis d'un équipage, équipés eux-mêmes d'une tenue 'made in England', ils n'avaient alors aucune difficulté pour trouver un mouillage sur la Côte d'Azur.

nantir: to provide
tenue (f): uniform
mouillage (m): anchorage

L'avènement du dériveur léger a tout bouleversé. Mais loin de mettre à mort le 'bateau de papa', il n'a fait que le démocratiser: 100 000 bateaux sont sur l'eau ou vont l'être bientôt. Sur ce chiffre, 35 000 dériveurs légers auxquels les plages — quand il y en a — peuvent à la rigueur offrir un lit de sable. Mais les autres, les bateaux de petite et de moyenne croisière, à voile ou à moteur, les bateaux de haute mer qui constituent cette 'quatrième marine' venue s'ajouter à celle de guerre, de commerce et de pêche, ne savent où se mettre.

dériveur léger: sailing dinghy
bouleverser: to upset

marine (f): fleet

L'embouteillage des ports de plaisance est tel que l'O.R.T.F. a jugé utile de diffuser, chaque matin, un bulletin spécial à l'usage des navigateurs vacanciers, leur indiquant où ils peuvent encore trouver un mouillage. Initiative intéressante certes, mais combien symbolique.

embouteillage (m): congestion
port (m) *de plaisance:* yachting harbour

'La Rochelle, le bassin à flot est complet', annonce la radio. A en juger par la forêt de mats qui le couronne, je n'en doute pas un seul instant. Dans l'avant-port, l'*Eloise II*, sa grande voile bleue claquant joyeusement sous la jolie lumière blonde du ciel rochelais, va quitter le quai. 'Vous allez vous saler la peau', lance goguenard — et à mon intention — un vieux marin qui assiste à notre départ.

diffuser: to broadcast
bassin (m) *à flot:* wet dock
complet: full
claquer: to flap
saler: to salt, season
goguenard: mocking

Notes

Eric Tabarly: navigateur solitaire, vainqueur de la course transatlantique en solitaire en 1964.
O.R.T.F.: Office de la Radiodiffusion-Télévision Française.

Verb Constructions

réserver qch. à qn.: to reserve sth. for s.o.
douter de qch.: to doubt sth.

se pencher sur qch.:
to lean over, pore over sth.

Further Vocabulary

ils n'avaient aucune difficulté pour trouver...:
they had no difficulty (in) finding . . .

de petite et de moyenne croisière:
for short or medium distance cruising
qui assiste à notre départ: who watches us leave

A Questions à préparer

1 Comment les plaisanciers passent-ils l'hiver?
2 Combien de raisons pouvez-vous trouver pour expliquer ce 'curieux phénomène'—la popularité de la mer? Comment est-ce que la civilisation moderne a contribué à ce phénomène?
3 Qu'est-ce qui, en principe, a 'démocratisé' la mer? —expliquez ce terme.
4 De quoi l'initiative de l'O.R.T.F. est-elle 'symbolique'?
5 En quoi consiste l'ironie du fait que les ports sont sujets à des embouteillages?
6 Pourquoi le vieux marin leur parle-t-il d'un ton goguenard? Quelles seraient ses réflexions sur le phénomène décrit dans l'article?

B Sujet de discussion

Quelle est la différence essentielle entre le plaisir que ces plaisanciers y trouvent et celui d'un Tabarly, d'un Joan de Kat?

Cherbourg: port de plaisance.
'... la forêt de mâts qui le couronne...'

81

Grammar

1 Personal Pronouns

'it' in English; no pronoun in French
— *l'O.R.T.F. a jugé utile de...*:
  the O.R.T.F. thought it useful to . . .
Je crois nécessaire de vous dire ceci:
  I think it necessary to tell you this.

Il trouva prudent de rester chez lui:
  He thought it wise to stay at home
No pronoun is used in French with verbs of thinking, such as *juger, croire, trouver,* followed by an adjective + *de* + infinitive.

2 Stressed Pronouns

(*a*) When the **direct** object of a verb is *me, te, se, nous* or *vous*, an **indirect** object pronoun referring to a person is in the stressed form (*à moi, à eux,* etc.):
  — *un grave problème se pose à eux:*
  they are faced with a serious problem.
  Il me présente à lui. Je le lui présente.

(*b*) After certain verbs of movement the stressed pronoun is used instead of the indirect personal pronoun:
  Je suis allé à lui. Il vint à moi.
If movement is not implied, the normal indirect object pronouns are used:
  L'idée me vint que...:
  The idea occurred to me that . . .

3 Auxiliary Verbs

— *ils ont failli démâter:* they nearly lost their mast.
Faillir is used (only in the perfect or past historic tenses) with an infinitive to give the idea of narrowly

avoiding something which would have had disagreeable effects for the speaker.

4 Indefinites *quelque*

(*a*) As an **adjective**, *quelque* means 'some', 'a few':
  — *quelques milliardaires:* a few millionaires
(*b*) As an **adverb** (invariable) before numerals,

quelque means 'some', 'about', 'roughly':
  — *les quelque 300 000 plaisanciers:*
  the 300,000 or so holiday-makers

5 Style

(*a*) Phrases with a past participle are often used in place of relative and time clauses:
  — *Le printemps venu:* When spring comes
  — *le chemin parcouru:*
  the distance which has been covered
Note other examples of this point of style from your own reading.

(*b*) — *Curieux phénomène que cette découverte de la mer!:*
  This new interest in the sea is a strange thing!
— *Initiative intéressante certes, mais combien symbolique!:*
  This idea is certainly interesting, but how symbolic!
This omission of *'c'est un(e)...'* at the beginning of the sentence is frequent in exclamations.

6 Adjectives

Position of adjective
— *(ils) pensent à acheter un bateau plus grand.*

Since the stress is on '*grand*', it follows the noun (see 10.2*c*).

7 Prepositions

à   — *les bateaux... à voile ou à moteur:*
     sailing or motor boats (see 14.5)
  — *à l'usage de...:* for the use of . . .
  — *à la rigueur:* if need be
  — *à mon intention:* for me, for my benefit
  — *au large de...:* (in the open sea) off . . .
de — *nantis d'un équipage:*
    provided with a crew

— *équipés... d'une tenue:*
  fitted out with clothes (see 4.4)
par in phrases describing weather has the sense of 'in':
  — *par ce mauvais temps:*
  in this bad weather (passage 14)
  — *par force six:* in a force six gale

Exercises

❂ (1) *faillir*

Exemple: Ils n'ont pas perdu leurs mâts, mais c'était tout juste!

Réponse: Ils ont failli perdre leurs mâts.

1 Il n'a pas oublié les fusées, mais c'était tout juste! 2 Le canot ne s'est pas déchiré, mais c'était tout juste! 3 Il ne s'est pas noyé, mais c'était tout juste! 4 Il ne s'est pas endormi, mais c'était tout juste! 5 Ils n'ont pas été balayés, mais c'était tout juste! 6 Il n'a pas été submergé, mais c'était tout juste! 7 Il n'a pas laissé tomber le transistor, mais c'était tout juste!

❂ (2) Personal Pronouns 'it'

Exemple: L'O.R.T.F. a diffusé un bulletin spécial? C'était utile?

Réponse: Oui, l'O.R.T.F. a trouvé utile de diffuser un bulletin spécial.

1 Vous êtes partis de bonne heure? C'était bon? 2 Les plaisanciers se sont réservé des mouillages? C'était nécessaire? 3 Vous avez signalé ce fait? C'était prudent? 4 Les marins se sont équipés en Angleterre? C'était important? 5 Vous avez étudié ce problème? C'était intéressant?

❂ (3) Stressed Pronouns   As indirect object

Exemple: Vous a-t-il présenté au vieux marin?

Réponse: Oui, il m'a présenté à lui.

Exemple: Est-ce que le problème s'est posé aux vacanciers?

Réponse: Oui, il s'est posé à eux.

1 Vous fiez-vous au capitaine? 2 Est-ce que des problèmes se sont présentés à vous et à vos amis? 3 Est-ce qu'on nous avait montrés à nos concurrents? 4 Est-ce que le marin est venu à vous? 5 S'est-il adressé à vous? 6 Vous a-t-il présenté à ses amis?

(4) *quelque*   Translate:

1 In 1964 there were 35,000 or so sailing dinghies. 2 There were several hundred boats in the water. 3 Some sailors watched us leave. 4 One had no difficulty finding an anchorage there a few years ago. 5 The wet dock was full ten days or so ago.

IV
Les Transports

L'histoire de l'automobile, vue par Sempé

16
Le psychiatre et
le permis de conduire

permis (m): licence

C'est une simple histoire, que j'ai lue dans l'hebdomadaire zurichois *Die Weltwoche*, dont la chronique judiciaire est toujours intéressante. Des causes semblables sont certainement jugées en France, mais celle-ci est rapportée avec des détails inhabituels.

cause (f): case
semblable: similar

Le cas de Franz

Le 10 août dernier, près de Zurich, le conducteur d'une voiture de sport a doublé, à très grande vitesse, plusieurs autos qui se suivaient. Il en a tamponné une durement et défoncé une autre qui venait en sens inverse. Des quatre occupants, père, mère, enfants, trois ont été tués par la violence du choc. Seul a survécu un petit garçon âgé de dix ans. Le conducteur coupable, que notre confrère nomme simplement Franz (il est Tyrolien d'origine), a été condamné à dix mois de prison. Son procès a soulevé une question d'ordre général.

doubler: to overtake
tamponner: to collide with
défoncer: to smash in

procès (m): trial

Franz est âgé de vingt-sept ans. Il a très brillamment satisfait aux épreuves du permis de conduire et l'on s'accorde à reconnaître qu'il est, à l'ordinaire, sans trace de méchanceté. Il travaille dans une usine de papier-carton, où il gagne mensuellement quatorze cents francs suisses, soit 164 000 de nos anciens francs. Il dépense peu pour lui-même. Sa frugalité et sa mise sans recherche lui ont précisément permis d'acheter la voiture de modèle particulier, agent de la catastrophe. Le ministère public s'en est étonné. Pourquoi pas une voiture ordinaire? Il a donc fait procéder à une enquête non seulement policière, mais psychologique.

usine (f): factory
papier-carton (m): cardboard box
mensuellement: monthly

Examen psychiatrique

✻ Elle a révélé que Franz, doué d'une intelligence très médiocre, très lent dans ses études, avait dû redoubler des classes à l'école primaire, que son horizon intellectuel était très étroit, qu'il souffrait cruellement de sa propre insignifiance, qu'avant de posséder une auto, il réagissait contre le sentiment de son infériorité par des discours pédantesques, des affirmations péremptoires et qu'en faisant l'acquisition de sa redoutable machine, il avait cherché à compenser toutes ses infériorités par un étalage de force, une manifestation de luxe, d'audace, de puissance, de vitesse, d'imprudence, mais qu'en acquérant ainsi la conviction de valoir davantage, il restait incapable de manifester dans des circonstances périlleuses autre chose qu'une ostentation ou une panique également enfantines. Le psychiatre concluait: 'Si l'on s'en tient à l'accident seul, la responsabilité de Franz est très atténuée. Mais il est plus certain encore que jamais le permis de conduire n'aurait dû lui être délivré, car le permis suppose non seulement le maniement familier de la machine, la connaissance du code de la route, mais encore un certain niveau intellectuel, moral et psychologique.' Notre confrère suisse se demandait donc si, quelque jour, on n'ajouterait pas aux épreuves du permis un examen psychiatrique. ✻

redoubler: to repeat

discours (m): talk
affirmation (f): statement
péremptoire: categoric
étalage (m): display

atténué: diminished

maniement (m): handling

Les accidents de la route

Voilà un gros problème. Je ne puis que l'aborder en piéton, instruit seulement par la lecture des journaux. Si j'ose cependant m'avancer, il me semble que les accidents de la route se classent en deux catégories : d'une part, ceux où la fatalité joue un rôle, défaillance du moteur, éclatement d'un pneu, mauvaise route, verglas inattendu, comportement imprévisible d'un piéton ou d'un autre conducteur en état d'ébriété, etc., de l'autre, ceux où la faute incombe tout entière à un conducteur. A coup sûr celui-ci pèche assez souvent, comme Franz, pour se valoriser à ses propres yeux, pour se montrer plus fort, plus malin, plus rapide, plus débrouillard, plus important que le miteux qui respecte les limitations de vitesse, s'arrête au signal de 'Stop', observe les prescriptions du code...

L'automobile trop souvent change l'homme. Et pas en mieux. Des personnes qui, à l'état de piétons, étaient paisibles, bien élevées et parfaitement inoffensives, deviennent, par la grâce de X chevaux-vapeur, des furieux mal embouchés, parfois des dangers publics. Je ne parle pas d'examen psychiatrique. Cela ne me regarde pas. Je n'y connais rien. Je m'en tiens à une vérité banale. Puisqu'il est dangereux de mettre une puissance qui peut être meurtrière entre les mains de gens qui ne savent pas se conduire, le devoir est de rappeler inlassablement que les responsabilités grandissent en raison même de cette puissance. A chacun de faire son examen de conscience. Aux parents de réfléchir pour leurs enfants.

piéton (m): pedestrian
oser: to dare
s'avancer: to put forward an opinion
défaillance (f): failure
moteur (m): engine
éclatement (m): burst
verglas (m): ice
inattendu: unexpected
comportement (m): behaviour
imprévisible: unforeseeable
ébriété (f): drunkenness
malin: cunning
débrouillard (sl): resourceful
miteux (sl): poor fellow
furieux: raving
mal embouché: loud-mouthed
inlassablement: tirelessly

Verb Constructions

compenser qch.: to compensate for sth.
satisfaire à qch.:
to pass, fulfil the requirements of, sth.
(*satisfaire qn.(qch.):* to satisfy, please, s.o. (sth.))

incomber à qn.: to fall upon s.o.
la faute incombe... à un conducteur:
the blame lies with a driver
s'en tenir à qch.: to confine oneself to sth.

Further Vocabulary

la chronique judiciaire: the legal columns
seul a survécu...: the sole survivor was . . .
on s'accorde à reconnaître que...:
all are agreed that . . .
il est sans trace de méchanceté:
there is nothing malicious about him.
sa mise sans recherche: his simple way of dressing

le ministère public:
the (department of the) Public Prosecutor
il a fait procéder à une enquête:
he ordered an inquiry.
en acquérant la conviction de valoir davantage:
while becoming convinced of his own superiority
celui-ci pèche... pour se valoriser:
he breaks the law in order to boost his own ego.
je n'y connais rien: I'm no expert (in this matter).

A Questions à préparer

1 Qu'est-ce qui a étonné le ministère public?
2 Qu'est-ce qui a poussé Franz à acheter une voiture?
3 Pourquoi avait-il choisi une voiture de sport?
4 Quelle impression voulait-il donner de lui-même?
5 Comment est-ce que sa manière de conduire compensait ses infériorités?

6 Dans quelles circonstances a-t-il montré son incapacité?
7 Quelle a été sa réaction dans ces circonstances?
8 Expliquez, du point de vue psychologique, les raisons de son accident le 10 août.
9 Si la responsabilité de Franz, selon le psychiatre, est très 'atténuée', à qui donc est la faute?

B Résumé

Résumez les détails de l'accident et du portrait de Franz. (Pour le procédé à suivre, voir 5: Messieurs les ronds de cuir.)

C Sujet de rédaction à discuter

L'auto est une machine qui grandit tous nos vices et n'exalte pas nos vertus. — Discutez.
(1) L'expérience de Franz.
(2) Les leçons qu'on peut tirer de cette expérience.

(3) Exemples tirés de votre expérience personnelle (comme piéton et comme usager de la route).
(4) Les problèmes de la circulation en général: voir comment ils encouragent 'les vices' plutôt que 'les vertus'.
(5) Comment amener l'homme à adopter une attitude raisonnable envers l'automobile?
(6) Conclusion: mesures qu'il faut prendre (permis de conduire, sanctions plus dures, etc.).

Grammar

1 Tenses   *c'est... qui (que)*

— *C'est une simple histoire, que j'ai lue...:*
It was a simple story I read . . .
In the construction *c'est... qui (que)...*, *c'est* translates 'it is', 'it was', 'it will be', etc. *Ce fut* and *ce sera* can also be used, if the verb in the relative clause is in the past historic or the future; but with compound tenses (perfect, pluperfect, etc.) *c'est* is used (see 4.1*a*).

2 Auxiliary Verbs

(*a*) *devoir* (see 1.2*a*)
— *Elle a révélé que Franz... avait dû redoubler des classes:*
. . . had had to repeat his classes.
— *jamais le permis... n'aurait dû lui être délivré:*
never should the licence have been given him (the licence ought never to have been given him).

(*b*) *pouvoir* (see 1.2*b*)
— *une puissance qui peut être meurtrière:*
. . . which may be deadly.
— *Je ne puis que l'aborder en piéton:*
I can only approach it as a pedestrian.
Je puis is used instead of *je peux* only in literary style.

3 Negative Expressions

Word order
— *jamais le permis... n'aurait dû lui être délivré:*
never should . . .
(*a*) In a sentence beginning with *jamais*, the subject precedes the verb.

(*b*) When *jamais, rien, pas, personne, nul, aucun,* etc., precede the verb, *ne* remains in its usual position.

4 Indefinites

(*a*) *autre chose (que):* 'anything else, something else (other than)'
— *incapable de manifester... autre chose qu'une ostentation...:*
incapable of showing anything other than ostentation . . .
Montrez-moi autre chose!: Show me something else!
rien d'autre (que): 'nothing else (other than)'
Il ne manifestait rien d'autre qu'une ostentation.
Il ne vous faut rien d'autre?:
You don't want anything else?

(*b*) *autre part (que):* 'somewhere else, elsewhere (than)'
nulle part:	nowhere
nulle part ailleurs:	nowhere else
quelque part:	somewhere
partout:	everywhere
n'importe où:	anywhere (see 2.5)

87

5 The Article

Omission of the article

(*a*) Before a noun used in **apposition**:
> — *(elles) lui ont... permis d'acheter la voiture...,*
> *agent de la catastrophe.*

(*b*) In **enumerations**:
> — *d'une part, ceux où la fatalité joue un rôle,*
> *défaillance du moteur, éclatement d'un*
> *pneu, mauvaise route, verglas inattendu...*
> — *Des quatre occupants, père, mère, enfants,*
> *trois ont été tués...*

(*c*) The indefinite article is omitted before nouns denoting nationality, profession, rank and title, after the verbs *être, devenir, rester* and *naître*:
> — *il est Tyrolien:* he is a Tyrolese.
> *Il est devenu (resté, né) soldat:*
> He became (remained, was born) a soldier.

6 Prepositions

à
> — *(c'est) à chacun de faire...:*
> (it is) up to each one of us to . . .
> — *(c'est) aux parents de réfléchir:*
> (it is) for parents to reflect
> — *à coup sûr:* to be sure
> — *à l'ordinaire:* usually
> — *à l'état de piétons:*
> as pedestrians (in the situation of . . .)

de
> — *une question d'ordre général:*
> a general question
> — *Tyrolien d'origine:* a Tyrolese by birth
> — *d'une part... de l'autre...:*
> on one hand . . . on the other . . .
> — *âgé de dix ans:* ten years old
> — *doué d'une intelligence très médiocre:*
> endowed with very average intelligence
> (see 4.4)

en
> — *en état d'ébriété:* in a drunken state
> — *en sens inverse:* in the opposite direction
> — *en piéton:*
> as a pedestrian (from the point of view of . . .)
> — *en mieux:* for the better
> — *en raison... de...:* in proportion to . . .
> — *(ils) se classent en deux catégories:*
> they can be put into two categories
> (see 13.6)

entre — *entre les mains de gens...*
> in, into the hands of people . . .

Exercises

🔊 (1) *Jamais on n'aurait dû...*
> *Exemple:* Il ne savait pas conduire mais on lui a donné son permis!
> *Réponse:* Jamais on n'aurait dû le lui donner!
> *Exemple:* Il n'avait pas son permis mais il a acheté la voiture!
> *Réponse:* Jamais il n'aurait dû l'acheter!

1 Il ne savait pas conduire mais on lui a vendu la voiture! 2 Il n'avait pas son permis mais il a pris la voiture! 3 Il souffrait beaucoup mais on lui a raconté la catastrophe! 4 Il souffrait beaucoup mais il a vu les victimes! 5 Il souffrait beaucoup mais on lui a montré le journal! 6 Il souffrait beaucoup mais il a lu le reportage.

(2) **Auxiliary Verbs** Translate:
1 No one should have been killed. 2 As a driver I believe that such conduct may cause accidents. 3 Should one put into their hands such a powerful machine? 4 Nothing showed why he had had to stop suddenly. 5 I can only reply as a pedestrian.

(3) **Indefinites** Translate:
1 It was a book one could find nowhere else. 2 It will be a car in which you can go anywhere. 3 It was an accident that could have happened anywhere. 4 He showed surprise, but nothing else. 5 Until he was twenty-one, he was incapable of driving anything other than small cars.

17
Les tueurs du dimanche
tueur (m): killer

Les accidents de la route

Imaginez un accident de chemin de fer avec 120 morts et 1400 blessés dont 650 gravement atteints. On parlerait de catastrophe nationale. À la première page des journaux, vous liriez des titres en caractères d'affiche. Et il y aurait des colonnes et des colonnes de reportages sur la 'plus effroyable des tragédies du rail'. Pensez donc. 120 morts, 1400 blessés. C'est le bilan d'un bombardement...

blessé: injured
atteint: hurt
affiche (f): poster

bilan (m): cost, reckoning

Pendant la fin de semaine pascale, sur les routes, il y a eu 119 morts et 1409 blessés dont 649 ne guériront peut-être pas. Catastrophe nationale? Pas du tout. Aussi incroyable que cela paraisse, on semble même plutôt soulagé. En effet, cette année le bilan est moins lourd. Devant ces 119 corps allongés sur l'herbe et ces 1409 personnes sur un lit d'hôpital, on parle alors de 'résultats encourageants'. Ce qui montre qu'un drame collectif, lorsqu'il se répète à date fixe et qu'on est impuissant à l'éviter, devient vite une espèce d'habitude acceptée.

guérir: to get better

impuissant: powerless

Comment amener les conducteurs à ne plus perdre de vue qu'ils sont solidaires sur une route, qu'ils sont responsables de la vie de ceux qu'ils transportent aussi bien que de l'existence des autres usagers de la route, piétons compris?

solidaire: jointly responsible

L'homme et sa voiture

En vérité, il y a une série de malentendus entre l'homme et sa voiture.
Écoutons l'avis d'un expert-psychiatre:
'La voiture fait tellement partie de nous-mêmes, tellement partie de notre existence, qu'on en arrive, au volant, à oublier sous ses pieds cette fantastique réserve de puissance. Et nous continuons à raisonner en piéton. Au bout d'un temps qui varie d'un individu à un autre l'attention se relâche. Celui-ci peut conduire quatre heures sans que son attention se détende. Celui-là, une heure. Certains, pas du tout: ils sont incapables d'être attentifs, soit parce qu'ils sont momentanément préoccupés par leurs soucis personnels, soit par défaut du caractère.'

malentendu (m): misunderstanding
tellement: so much
volant (m): steering wheel

se détendre: to relax

défaut (m): fault

La frustration au volant

✳ Un autre malentendu tient à une sorte de sentiment général de frustration. Pour beaucoup, la voiture est un instrument de 'libération'. Non seulement elle permet de s'évader, d'échapper en fin de semaine au décor harassant de la vie quotidienne, mais elle agit comme une 'drogue' — impression renforcée par l'indépendance, la confiance en soi qu'on éprouve au volant lorsqu'on sent le moteur répondre.

éprouver: to feel

'Il se produit alors un curieux phénomène d'identification de l'homme à sa propre machine, explique le psychiatre. Le conducteur règne en maître sur un petit univers clos: quand le moteur-esclave obéit, l'homme se voit brusquement plus libre. Il imagine que ce surcroît de puissance peut lui permettre d'échapper au lot commun, l'aider à se tirer d'une situation aussi déplaisante que celle qui consiste, par exemple, à perdre de précieuses minutes à suivre un poids lourd sur une route en virages. Pas de gendarmes à l'horizon? Il croit pouvoir franchir la ligne jaune, prendre un risque. En fait, le conducteur

poids lourd: lorry
virage (m): corner

n'a plus la patience de rouler sans prendre ce risque, parce qu'il s'estime frustré. L'automobile, c'était ce qui lui apportait un sentiment d'indépendance. Et voilà que sur la route, il découvre qu'il dépend bien plus étroitement d'autrui. C'est parce qu'il ressent profondément cette contradiction, cette humiliation mal avouée, qu'il va être amené, à un moment ou à un autre, à perdre brusquement toute prudence. D'autant que l'instinct de conservation ne joue plus, le danger n'étant pas directement perceptible...' ✳

La 'maladie de la route'

Que faire? Très certainement: aménager le réseau routier. Cela doit être répété. Le réseau routier français, dans sa conception actuelle, est périmé. Il faut supprimer, par exemple, cette mortelle 'troisième voie' centrale qui tue aussi sûrement que le cancer. Il faut multiplier les autoroutes. Il faut innover hardiment.

aménager: to improve
réseau (m): system
périmé: out of date

Mais est-ce suffisant? A quoi servirait d'aménager le réseau, si rien n'était tenté pour freiner, calmer les sentiments d'agressivité? Comment amener chacun à penser qu'il n'est pas seul au monde lorsqu'il appuie sur l'accélérateur pour doubler dans un virage ou au sommet d'une côte?

freiner: to restrain

côte (f): hill
crise (f): crisis
croissance (f): growth
pénible: difficult, painful
rançon (f): penalty
biens (m.pl): goods

Probablement nous trouvons-nous en face d'une sorte de crise de croissance pénible: cette 'maladie de la route' est la rançon d'une société industrielle avancée, d'une civilisation tournée vers le matérialisme et la consommation des biens.

Verb Constructions

perdre (du temps) à faire qch.:
to waste (time) doing sth.
échapper, s'évader, à qch. (à qn.):
to escape from sth. (from s.o.)
(échapper, s'évader, de qch.:
to escape from, out of (a place))

servir —impersonal and personal use:
à quoi servirait (-il) de faire qch.?:
what would be the point of doing sth.?
(il ne sert à rien de faire qch.:
it is no good, no use, doing sth.)
servir à (faire) qch.: to be useful for (doing) sth.

Further Vocabulary

la fin de semaine pascale: the Easter week-end
perdre de vue que...:
to lose sight of the fact that . . .
au bout d'un temps: after a period (of time)
celui-ci peut conduire..., celui-là...:
one person can drive, another . . .
ce surcroît de puissance: this extra power

et voilà que, sur la route, il découvre...:
and now he discovers that when he is on the road . . .
cette humiliation mal avouée:
this humiliation which he is unwilling to recognise
l'instinct de conservation ne joue plus:
the instinct of self-preservation no longer comes into play

A Questions à préparer

1 Quelle différence y a-t-il dans l'attitude des gens envers les accidents du rail et ceux de la route?
2 Pourquoi les gens sont-ils plus disposés à accepter les accidents sur les routes?
3 Qu'est-ce que les conducteurs oublient trop souvent?
4 Pourquoi certains conducteurs sont-ils plus dangereux que d'autres?

5 Comment est-ce que la voiture agit comme une drogue sur le conducteur? Quel sentiment est-ce qu'elle lui donne?
6 Dans quelles conditions est-ce que le conducteur peut éprouver un sentiment de frustration?
7 Quelles mesures pourrait-on prendre pour réduire le nombre d'accidents sur la route?

B Sujet de rédaction à discuter

Les accidents de la route sont-ils inévitables — 'la rançon d'une société industrielle avancée'? ou pourrait-on les réduire?

(1) Pourquoi la voiture est-elle devenue une nécessité dans 'notre société industrielle avancée'? Quelles influences la société exerce-t-elle sur les gens dans ce domaine?

(2) Expliquez en quoi 'la voiture est un instrument de "libération"'.

(3) Résumez ce que le psychiatre veut dire en parlant de la 'contradiction' entre les sentiments du conducteur et la réalité.

(4) Pourquoi est-ce que l'instinct de conservation ne joue pas toujours?

(5) Quelles mesures pourrait-on prendre: (*a*) pour améliorer la circulation et augmenter la sécurité (feux de signalisation, passages cloutés, limitation du stationnement)? (*b*) pour aménager le réseau routier? (*c*) pour limiter la liberté d'action du conducteur (telles que: l'alcootest, obligation de porter des ceintures de sécurité, fermeture de certaines rues, de certains quartiers, à l'automobile privée)?

Plan proposé: (1) L'importance de la voiture dans notre société. (2) L'attitude des gens envers la voiture. (3) Les mesures possibles pour réduire les accidents. (4) Dites votre opinion sur la question.

Grammar

1 The Subjunctive

Required in negative clauses introduced by *sans que, non que, non pas que, ce n'est pas que,* etc.:

—*Celui-ci peut conduire quatre heures **sans que** son attention se détende:*
... without his attention relaxing.

Ce n'est pas que tous les conducteurs soient incapables d'être prudents:
It isn't that all drivers are incapable of being sensible.

Sans que is used when the subjects of the main and subordinate clauses are different. Otherwise *sans* + infinitive is used. Compare:

—*(il) n'a plus la patience de rouler sans prendre ce risque:*
(he) no longer has the patience to drive without taking this risk.

Il ne se passe jamais une occasion sans qu'il prenne ce risque:
An opportunity never passes without him taking this risk.

2 Participles

—*Devant ces 119 corps **allongés** sur l'herbe:*
... **lying** on the grass.

To describe a physical position, the past participle is used in French, whereas in English the present participle is used:

allongé:	lying
couché:	lying
étendu:	lying
agenouillé:	kneeling
assis:	sitting
appuyé:	leaning (with body supported)
adossé:	leaning (with back supported)
penché:	leaning (forward)
accoudé:	leaning (on elbows)
debout (invariable):	standing

3 Conjunctions

Repetition

—*lorsqu'il se répète à date fixe et qu'on est impuissant à...:*
when it occurs regularly and one is powerless to ...

If two clauses depend on the same conjunction, the second is introduced by *que.* The conjunction must be repeated in French. If the conjunction is *si* (if), the second verb is in the subjunctive:

s'il se répète à date fixe et qu'on soit impuissant à...

4 Comparison

(a) **d'autant que, d'autant plus (moins) que...:** 'especially as', 'all the more (less) since . . .'

— *D'autant que l'instinct de conservation ne joue plus:*

Especially as the instinct of self-preservation is not effective.

On s'en étonne d'autant moins que ce drame se répète à date fixe:

One is all the less surprised since this drama is repeated on a fixed date.

Il conduit d'autant plus fiévreusement qu'il s'estime frustré:

He drives all the more feverishly because he feels frustrated.

(b) **tellement... que:** 'so . . . that'

— *La voiture fait tellement partie de nous-mêmes que...:*

. . . is so much a part of us that . . .

Il est tellement (or si) inattentif qu'il ne devrait pas conduire:

He is so inattentive that . . .

---

5 Indefinites

(a) **autrui, d'autres, les uns... les autres**

— *il dépend bien plus étroitement d'autrui:*

he depends . . . on others.

The pronoun *autrui* means 'others' or 'other people'; it is never used as a subject and is usually governed by a preposition.

'Others' as a subject is translated by **d'autres:**

D'autres vous diront que...:

Others will tell you that . . .

'Some . . . others' can be translated by **les uns... les autres** or **quelques-uns... d'autres.**

Les uns prennent des risques, les autres se résignent à suivre les poids lourds. (see 6.4a)

Certains (quelques-uns) pourraient conduire quatre heures, d'autres deux heures.

'**Some**' may also be translated by **certains:**

— *Certains pas du tout!:*

Some (people) not at all!

(b) **chaque — chacun(e)**

— *Comment amener chacun à penser?:*

How can one induce everyone (each person) to think?

Adjective — *chaque:* each

Pronoun — *chacun(e):* each one

---

6 Personal Pronouns

Idioms with *en*

— *on en arrive... à oublier:* one comes to forget . . .

Il en est venu à prendre l'autobus:

He reached such a point that he took the bus.

Nous en sommes à trouver ces résultats encourageants:

Things have come to such a pass that we find these results encouraging.

---

7 Prepositions

à — *à la première page:* on the first page

— *à date fixe:* on a fixed date

— *à l'horizon:* on the horizon

— *seul au monde:* alone in the world

à and *de* after adjectives (see 9.2):

— *on est impuissant à l'éviter:*

one is powerless to avoid it.

— *ils sont incapables d'être attentifs:*

they are incapable of concentrating.

de when forming adjective phrases may or may not be followed by the definite article. (a) The more completely the qualifying phrase is felt to form an adjective, the more likely it is that no article will be used (see 10.6):

— *un lit d'hôpital:* a hospital bed

— *en caractères d'affiche:*

in poster-type letters

(b) If the first noun is preceded by the indefinite or partitive article, it is likely that *de* will be used without the article:

— *un accident de chemin de fer:*

a railway accident

— *une sorte de crise de croissance pénible:*

a kind of painful crisis of growth

(c) If the first noun is preceded by the definite or demonstrative article, *de* is generally followed by the definite article:

— *les accidents de la route:* road accidents

— *cette 'maladie de la route':*

this 'sickness of the road'

Collect and compare further examples from your own reading.

en — *une route en virages:*

a winding road   (see 14.5)

— *la confiance en soi:* self-confidence

par — *par défaut du caractère:*

through, because of, weakness of character

Exercises

(1) The Subjunctive After *sans que...*

> *Exemple:* Il peut conduire quatre heures et son attention ne se détend pas.
>
> *Réponse:* Il peut conduire quatre heures sans que son attention se détende.

1 Le marchand lui vend une voiture et l'acheteur ne le connaît pas. 2 Il franchit la ligne jaune et les gendarmes ne peuvent pas l'arréter. 3 Il prend des risques et le danger n'est pas perceptible. 4 Il conduit mal et les gendarmes ne le voient pas. 5 Les voitures sont trop puissantes et les conducteurs ne veulent pas l'admettre.

(2) The Subjunctive After *ce n'est pas que...*

> *Exemple:* C'est peut-être qu'il conduit mal?
>
> *Réponse:* Non, ce n'est pas qu'il conduise mal, mais que les routes sont insuffisantes.

1 C'est peut-être qu'il prend des risques? 2 C'est peut-être qu'il est imprudent? 3 C'est peut-être qu'il veut se montrer plus fort? 4 C'est peut-être qu'il ne sait pas le code? 5 C'est peut-être que son attention se détend?

(3) Comparison *d'autant plus (moins)... que*

> *Exemple:* Il était plus stupide car le danger lui était évident.
>
> *Réponse:* Il était d'autant plus stupide que le danger lui était évident.
>
> *Exemple:* Franz en était moins coupable car il n'était pas doué.
>
> *Réponse:* Franz en était d'autant moins coupable qu'il n'était pas doué.

1 Son action était plus dangereuse car la route était en mauvaise état. 2 Cela lui était moins facile car il se sentait frustré. 3 La situation était plus déplaisante car la voiture avait promis la liberté. 4 Il en était moins responsable car il avait obéi au code. 5 La voiture lui donne plus de plaisir car elle promet la liberté. 6 La voiture lui donnait moins de plaisir car les routes étaient saturées.

(4) The Past Participle

> *Exemple:* Après l'accident il s'est couché sur la route. Et plus tard quand tu l'as vu...?
>
> *Réponse:* Il était toujours couché sur la route.

1 Après l'accident il s'est appuyé contre la barrière. Et plus tard quand tu l'as vu...? 2 Après l'accident il s'est adossé au mur. Et plus tard quand tu l'as vu...? 3 Après l'accident il s'est assis sur l'herbe. Et plus tard quand tu l'as vu...? 4 Après l'accident il s'est mis debout. Et plus tard quand tu l'as vu...? 5 Après l'accident il s'est penché sur la victime. Et plus tard quand tu l'as vu...? 6 Après l'accident il s'est appuyé sur une canne. Et plus tard quand tu l'as vu...? 7 Après l'accident il s'est allongé par terre. Et plus tard quand tu l'as vu...?

(5) Conjunctions

> *Exemple:* Puisqu'il est fatigué et puisqu'il dépend d'autrui...
>
> *Réponse:* Puisqu'il est fatigué et qu'il dépend d'autrui...
>
> *Exemple:* S'il ressent cette contradiction et s'il perd toute prudence...
>
> *Réponse:* S'il ressent cette contradiction et qu'il perde toute prudence...

1 Comme il éprouvait ces sentiments et comme il voulait prendre un risque... 2 Si les routes sont mauvaises et si nous nous trouvons frustrés... 3 Quand nous perdons patience et quand nous appuyons sur l'accélérateur pour doubler... 4 Si on multiplie les autoroutes et si on réussit à calmer les sentiments d'agressivité...

(6) Translate:

1 Some people think they are free when they are at the wheel; others do not lose sight of the fact that there are other drivers on the road. 2 After a period of time the driver comes to forget that he is dependent on other people. 3 Road accidents are so much a part of our daily experience that we feel powerless to prevent them. 4 In this situation one quite easily comes to overestimate one's driving ability. 5 What is the point of having this extra power if one reaches the point of feeling too much self-confidence?

Trafic Marchandises

La part respective des différents moyens de transport:

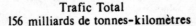

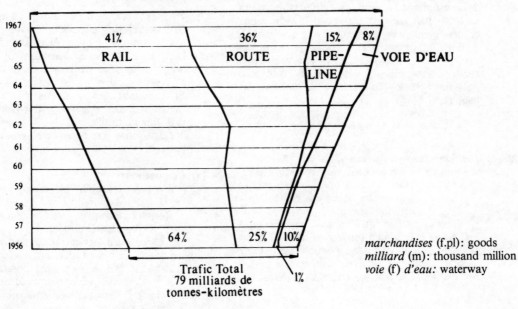

marchandises (f.pl): goods
milliard (m): thousand million
voie (f) *d'eau*: waterway

1 Expliquez ce que veut dire l'expression 'tonne-kilomètre'.
2 Lequel des mots suivants décrit le mieux l'évolution de l'activité économique en France de 1956 à 1967: régression, stabilité, accroissement?
3 A partir de quelle date la route et les pipe-lines connaissent-ils une importante augmentation de leur activité?

4 Le rail et les voies d'eau auront-ils encore un rôle à jouer à l'avenir? Quels sont, selon vous, leurs avantages particuliers?
5 Compte tenu de ces chiffres, quelles seraient vos prévisions quant au pourcentage du trafic marchandises assuré par chaque moyen de transport (*a*) l'année prochaine et (*b*) en l'an 2 000?

18
On néglige le chemin de fer

Les investissements

Nos routes sont insuffisantes, saturées et coûteuses. Mais n'est-ce pas parce qu'en faisant d'elles un moyen de communication privilégiée et quasi obligatoire on s'est imposé du même coup des charges de construction et d'entretien démesurées? Que l'on compare les prix de revient, et aussitôt la capacité, la sécurité, les avantages du rail par rapport aux transports routiers apparaissent évidents. Pourtant ce sont des milliards que l'on sacrifie chaque année aux dieux de l'automobile tandis que l'on néglige un mode de transport sans doute moins pittoresque, mais surtout moins bien défendu.

La vitesse coûte cher en énergie, mais rapporte en termes de personnel. C'est pourquoi l'avion cherche les grandes vitesses. Le rail est beaucoup mieux adapté aux grandes vitesses à grande sécurité que la route; s'il ne va pas plus vite en France (les 130 km/heure sont rarement dépassés), c'est parce que les investissements lui sont refusés. De nombreuses routes, même très secondaires, ont vu leurs profils largement rectifiés, aucune ligne de chemin de fer n'a bénéficié de la même attention. Depuis 1964 les Japonais vont à 200 km/heure de Tokyo à Osaka. En novembre 1965, un an après l'ouverture de la ligne, le nombre de voyageurs a décuplé, atteignant 26 000 personnes par jour.

quasi: virtually
entretien (m): maintenance
démesuré: excessive
prix (m) *de revient:* costs
aussitôt: immediately
dieu (m): god

rapporter (1): to pay

adapté: suitable
dépasser: to exceed

profil (m): shape, line
rectifier: to straighten

décupler: to increase tenfold

Les avantages

La route a l'avantage du porte à porte; du choix de l'heure de départ, de la liberté d'horaire et d'arrêt; mais qu'il s'agisse de dormir, de manger, de lire un roman policier, de jouer au bridge, de consulter un dossier, de faire quelques pas, le wagon l'emporte très largement, même pour celui qui ne conduit pas. Et il peut en outre prendre la voiture sur son dos. Et cependant tous les hommages et les travaux sont pour la route; c'est à cette déesse que sont consentis les grands sacrifices d'hommes et d'argent.

dossier (m): file

hommage (m): praise
déesse (f): goddess

La Gare de Lyon.
... ils réclament tous à la fois le droit immédiat au transport...

Pourquoi les hommes choisissent-ils systématiquement un mode de transport qui dans de nombreux cas, est le moins indiqué? Les multiples fautes stupéfiantes de jugement à l'égard du fer ont toutes une cause commune: il est vieux, il date du 19ᵉ siècle. A toujours tort celui qui a fait son temps.

Un problème et deux solutions

Voici un petit problème. Vous avez 1 000 tonnes d'oranges à transporter de Marseille à Paris et le choix entre deux solutions:

— Mettre en marche un train de 50 wagons de 20 tonnes, qui utilise en marche 2 personnes et exécute le transport dans des conditions de sécurité presque absolues.

— Utiliser 60 camions avec 60 conducteurs (ou mieux, 120 conducteurs pour éviter une fatigue excessive), qui feront à la main les 4 000 tournants du parcours, tout en encombrant les routes et en entraînant des risques d'accidents.

parcours (m): journey
encombrer: to congest
entraîner: to lead to, involve

La première solution est humaine, progressiste et économique; c'est cependant la seconde qui est couramment retenue. Pourquoi? Parce que les transporteurs y trouvent leur avantage financier. Autrement dit, les tarifs d'une part, les prix et impôts de l'autre sont disposés de telle façon que les entreprises prennent le moyen de transport le plus coûteux pour la nation.

impôt (m): tax

Comment choisir?

Une des premières fautes a été de laisser au chemin de fer les travaux coûteux, la route ne prenant que ceux qui rapportent. Prenons le cas simple d'une ligne de chemin de fer et d'une route. Le choix entre les deux voies doit se décider ainsi:

Si tout le trafic peut être assuré sur la route, sans investissement nouveau, il peut y avoir intérêt, pas toujours mais souvent, à supprimer totalement la ligne de chemin de fer, de façon à réaliser le maximum d'économies.

supprimer: to close down
réaliser: to effect, achieve

Si le chemin de fer est maintenu, il lui faut assurer un trafic aussi élevé que possible. Supprimer ou utiliser intensément, tel est le choix. Ce qui est économiquement absurde, c'est de garder sans utiliser.

Une autorité supérieure, publique ou privée, disposant des deux voies pourrait aisément affecter chaque unité de trafic à la plus avantageuse. Par le jeu des tarifs et des prix on ne peut obtenir qu'un partage très grossier qu'il est en outre impossible de faire varier selon les circonstances (état des routes, température, trafic, voyageurs etc.). La solution la plus économique serait d'affecter les transports à longue distance à la S.N.C.F.

partage (m): share
grossier: crude

affecter: to allocate

Une clientèle variable

Ce rail délaissé voit, à certains moments, affluer une masse de clients exigeants. Propriétaires de camions ou de voitures redoutant le brouillard ou le gel, vacanciers du 14 juillet et du 22 décembre, etc., réclament tous à la fois et avec insistance, le droit immédiat au transport. Et la S.N.C.F. doit tout d'un coup fournir wagons, locomotives, personnel (1200 trains quittent Paris à Noël, sur les grandes lignes). Antiéconomique à l'extrême, cette utilisation aggrave encore le déficit.

délaisser: to abandon, neglect
affluer: to pour in
exigeant: demanding
gel (m): frost
vacancier (m): holidaymaker
réclamer: to demand
rapporter (2): to report

Il y a, pour les Français, bien des raisons d'insomnie. On ne rapporte cependant aucun cas d'un homme ou d'une femme que le déficit de la S.N.C.F. ait empêché de dormir...

Note

S.N.C.F.: Société nationale des chemins de fer français.

Le petit monsieur de Michel Claude

(en vacances)

UN VOYAGE FORMIDABLE !..

PAS FATIGUÉ DU TOUT !.. UNE SUSPENSION IMPECCABLE !.

①

②

DES REPRISES DU TONNERRE !...

③

DES FREINS ÉPATANTS !..

④

DIX HEURES POUR DESCENDRE SUR LA CÔTE ! UNE SACRÉE MOYENNE !..

⑤

MAIS NON, JE NE ROULE PAS COMME UN FOU !..

⑥

JE PRENDS LE TRAIN !..

⑦

M. Clmd

Further Vocabulary

le porte à porte: door-to-door service
le wagon l'emporte très largement:
the railway wins hands down.
qui a fait son temps: which has had its day
le trafic peut être assuré par la route:
the road can take the traffic.
il peut y avoir intérêt à...:
there may be a reason for . . ., it may be desirable to . . .
par le jeu des tarifs et des prix: by varying the fares
il y a... bien des raisons: there are many reasons

A Questions à préparer

1 Pour quelles raisons, selon l'auteur, est-ce que nos routes sont 'insuffisantes, saturées et coûteuses'?

2 Quels sont, selon l'auteur, les avantages du rail par rapport aux transports routiers?

3 Pourquoi la route est-elle devenue, en France, 'un moyen de communication privilégiée'?

4 Expliquez comment la vitesse 'rapporte en termes de personnel'. (Par exemple comparez au point de vue du personnel employé deux voyages: Londres–Bombay, par avion, par chemin de fer. Quels progrès seront réalisés par les avions supersoniques?)

5 Expliquez pourquoi 'le rail est... mieux adapté aux grandes vitesses à grande sécurité que la route'.

6 Sous quelles conditions les trains pourraient-ils rouler à plus de 130 kms à l'heure?

7 Qu'est-ce qui montre clairement que la route est privilégiée par rapport au rail?

8 Quelle leçon peut-on tirer de la réussite de la ligne Tokyo–Osaka?

9 Si l'avantage de la route est celui de vous laisser libre d'agir selon votre gré, quel est l'avantage que le rail offre au voyageur?

10 Quel fait en particulier décourage les transporteurs d'utiliser le rail?

11 Pourquoi les tarifs du rail sont-ils élevés?

12 Dans quelles conditions serait-il moins coûteux de transporter les oranges par chemin de fer que par la route?

13 Qu'est-ce qui contribuerait à réduire les tarifs du rail?

14 Montrez qu'une grande utilisation du chemin de fer peut être avantageuse pour le pays tandis qu'une grande utilisation de la route peut lui être désavantageuse.

15 Pourquoi 'les hommes choisissent-ils systématiquement un mode de transport qui... est le moins indiqué'?

16 Qui serait contre, et qui serait pour la proposition 'd'affecter les transports à longue distance à la S.N.C.F.'?

B Sujet de rédaction

L'avenir des chemins de fer.

Plan proposé: (1) Résumez la situation actuelle pour illustrer la crise que traverse le chemin de fer. (2) Quel devrait être le rôle du chemin de fer devant la concurrence que lui offre la route? (3) ... et devant celle que lui offre, et que lui offrira plus intensément dans l'avenir, l'avion? (4) Quelles mesures prendriez-vous (*a*) pour augmenter la productivité — électrification, machines électroniques, trains télécommandés (roulant sans pilote); (*b*) pour attirer les clients (propreté, confort, rapidité, sécurité, etc.)?

Grammar

1 The Subjunctive

(*a*) —*qu'il s'agisse de dormir ou de... le wagon l'emporte très largement:*

whether it be a matter of . . . or of . . .

When a clause introduced by 'whether' **precedes** the main verb, this construction with *que* and the subjunctive is used.

***que... ou non:* whether . . . or not:**

Qu'il vienne ou non, cela m'est égal!

(*b*) —*aucun cas d'un homme... que le déficit... ait empêché de dormir:*

no case of a man (i.e. no man) whom the deficit has made sleepless.

The subjunctive is required when the relative depends on a negative antecedent (*rien, personne, aucun* etc.; *pas un homme*, etc.).

Il n'y a rien qu'on puisse faire.

Je ne connais pas un homme qui en soit satisfait:

I know no man who is satisfied with it (i.e. no man exists who . . .).

But the subjunctive is not required in sentences such as the following, where the antecedent is positive (i.e. its existence is not denied):

Ce n'est pas le prix qui m'a étonné.

Ce n'est pas lui qui m'a dit cela.

(*c*) —*les tarifs... sont disposés de telle façon que les entreprises prennent le moyen de transport le plus coûteux...:*

the fares are drawn up in such a way that firms take . . .

De (telle) façon que here expresses a consequence as a fact, and is followed by the indicative. If it expresses a purpose, it is followed by the subjunctive:

On doit l'utiliser de telle façon qu'on puisse réaliser le maximum d'économies:

One must use it so that one may make the greatest savings.   (see 8.1*c*)

When there is no change of subject in the subordinate clause ***de façon à*** replaces *de façon que*:

—*il peut y avoir intérêt... à supprimer... la ligne de chemin de fer, de façon à réaliser le maximum d'économies:*

. . . so as to make the greatest savings.

2 Auxiliary Verbs

(*a*) ***il y a*** in infinitive constructions:

—*il peut y avoir:* there may be . . .

—*il doit y avoir:* there must be . . .   (passage 22)

il semble y avoir: there seems to be . . .

il aurait pu y avoir: there might have been . . .

il devrait y avoir: there ought to be . . .

(*b*) ***devoir***   (see 1.2*a*)

—*Le choix... doit se décider ainsi:*

The choice should be decided as follows.

—*la S.N.C.F. doit... fournir:*

the S.N.C.F. has to provide

3 The Infinitive

After nouns

—*il peut y avoir intérêt... à supprimer...:*
it may be worth while closing down . . .
When an unparticularised noun is the object of *avoir* or a verb with similar meaning, it is linked to a following infinitive by *à*:
J'ai eu de la peine (de la difficulté) à le faire.

—*j'ai beaucoup de mal à me hisser dans le cockpit.* (passage 14)
J'aurai beaucoup de plaisir à le revoir.
Il prend plaisir à critiquer la S.N.C.F.
When the noun is particularised it is usually linked to a following infinitive by *de*:
J'ai trouvé le moyen de les intéresser. (see 9.2a)

4 Prepositions

à —*à l'égard du fer:*
with respect to, concerning the railways
—*à la fois:* at (one and) the same time
—*à l'extrême:* in the extreme
—*(les) grandes vitesses à grande sécurité:*
high speeds with maximum safety (see 14.5)
—*les transports à longue distance:*
long-distance transport (see 14.5)

de —*du même coup:* at the same time, thereby
—*tout d'un coup:* at one go, all at once
en —*en marche:* on the journey
—*mettre en marche:* to set going
—*en outre:* in addition, moreover
par *par rapport à...:* compared with . . .

Exercises

(1) The Subjunctive After negatives
Exemple: Des routes qui ont été aménagées? Il y en a?
Réponse: Non! Il n'y a pas de routes qui aient été aménagées!
Exemple: Une ligne qui reçoit assez de trafic? Vous en connaissez?
Réponse: Non! Je ne connais aucune ligne qui reçoive assez de trafic!
Exemple: Quelque chose peut vous surprendre? C'est vrai?
Réponse: Non! Il n'y a rien qui puisse me surprendre!

1 Des solutions qui sont satisfaisantes? Il y en a?
2 Un problème qui peut être résolu? Vous en connaissez? 3 Quelqu'un choisit la première solution? C'est vrai? 4 Des routes où on peut voyager en toute sûreté? Il y en a? 5 Un homme que le déficit a empêché de dormir? Vous en connaissez?

(2) The Subjunctive *que... ou non*
Exemple: Est-ce que les routes sont bonnes?
Réponse: Qu'elles soient bonnes ou non, cela m'est égal!
1 Est-ce que la S.N.C.F. prend des mesures?
2 Est-ce que les Japonais vont à 200 à l'heure?
3 Est-ce qu'ils font des sacrifices? 4 Est-ce que les transporteurs savent la vérité? 5 Est-ce qu'ils ont trouvé une solution? 6 Est-ce qu'il s'agit de dormir? 7 Est-ce que la S.N.C.F. doit fournir des wagons?

(3) Auxiliary Verbs *il peut y avoir*, etc.
Exemple: Une solution peut être trouvée.
Réponse: Il peut y avoir une solution.
Exemple: Une solution doit être trouvée.
Réponse: Il doit y avoir une solution.
1 Une solution a pu être trouvée. 2 Une solution a dû être trouvée. 3 Une solution pourrait être trouvée. 4 Une solution devrait être trouvée. 5 Une solution aurait pu être trouvée. 6 Une solution aurait dû être trouvée.

(4) The Subjunctive
Complete the following sentences with a clause in the appropriate tense and mood (indicative or subjunctive):
1 On a fait de nos routes un moyen de communication privilégiée, de telle façon qu'elles (devenir saturées). 2 Les autorités proposent de varier les tarifs de façon que le trafic assuré par le rail (être aussi élevé que possible). 3 Les populations devraient exprimer leurs inquiétudes de telle façon que les autorités (en tenir compte). 4 Les transporteurs ont envoyé leurs marchandises par la route, de façon que le rail (être abandonné). 5 Il peut y avoir intérêt à augmenter les investissements, de façon que le rail (devenir plus compétitif).

(5) The Infinitive Translate:
1 It may be desirable to close some lines so as to lessen the deficit. 2 They will have difficulty increasing the taxes. 3 Will future generations have the pleasure of travelling by rail? 4 He had trouble driving the lorry. 5 That is the way to tackle the transport problem.

99

19
Sauver les autobus...

● 'Priorité absolue aux transports en commun.' 'L'utilisation de la voiture particulière doit être sévèrement contrôlée à Paris.' Dans le sage exposé de M. Jean Chamant, ministre des Transports, ces deux phrases ont explosé. M. Chamant s'explique : 'Deux chiffres m'obsèdent. Aux heures de pointe, les échanges, dans la région parisienne, sont assurés à plus de 85% par la R.A.T.P. et la S.N.C.F. Parmi les 12% de personnes qui utilisent leur voiture particulière, beaucoup pourraient y renoncer si un moyen de transport en commun satisfaisant leur était offert.'

particulier: private
contrôler: to hold in check
heures (f) *de pointe:* rush hours

Ce qui paralyse les autobus et le métro

Premier objectif du ministre : améliorer considérablement le trafic des autobus et des taxis, actuellement paralysé par l'expansion considérable de l'automobile particulière. Le parc automobile de la région parisienne a quadruplé en une quinzaine d'années, passant de 500 000 en 1950 à 2 millions en 1967.

améliorer: to improve

Résultat : les autobus, qui transportent chaque jour 2 millions de personnes, ne peuvent plus avancer. Leur vitesse moyenne diminue, à Paris, de 2% par an. Aussi, las d'attendre des autobus qui n'arrivent pas, puis qui n'avancent plus, les Parisiens les abandonnent. Le nombre de voyageurs transportés par autobus diminue de 5% chaque année. Les uns recourent à leur voiture, qui ne va guère plus vite et ralentit la circulation des autobus. Les autres prennent le métro, qui, aux heures de pointe, recule désormais les limites admises de la compressibilité du fret humain : dix voyageurs au mètre carré comptabilisés officiellement sur certaines lignes.

las: weary

ralentir: to slow down
reculer: to push back
désormais: henceforth
admettre: to accept
fret (m): freight
carré: square
comptabiliser: to reckon, count

Prendre les mesures qui s'imposent

Pour en sortir, M. Chamant a fait préparer un plan de première urgence. Pour donner la priorité absolue aux transports en commun, ce plan recommande notamment l'extension des interdictions de stationner à tous les grands axes empruntés par les autobus et la prise de mesures énergiques — et solidement impopulaires — pour faire respecter ces interdictions : — relèvement du montant des contraventions ; — augmentation du nombre d'enlèvements de voitures en stationnement illicite (tout spécialement devant les arrêts d'autobus). Le parc des voitures-grues (21 seulement à l'heure actuelle) sera considérablement développé ; — extension progressive à tous les grands axes des couloirs réservés aux autobus et taxis.

interdiction (f): ban
stationner: to park
emprunter: to use
prise (f): adoption
montant (m): amount
contravention (f): (fine for an) infringement
enlèvement (m): removal
voiture-grue (f): towing vehicle

Simultanément, 500 autobus nouveaux (dont 100 autobus à gabarit réduit ou à impériale) viendront s'engouffrer l'année prochaine dans les voies que l'on espère dégager. Fréquence attendue : des intervalles de six minutes au maximum.

s'engouffrer: to rush, pour in
dégager: to clear

'Dans de nombreuses villes étrangères, explique M. Chamant, il est interdit de stationner dans les voies principales du centre. Et même à Los Angeles, Mecque de l'automobile, où les autoroutes ont seize voies, on envisage de recourir aux transports en commun.' La solution retenue par M. Chamant a, pour les pouvoirs publics, un fort mérite : celui d'être réalisable à moindres frais. Il est moins cher d'acheter des autobus que d'allonger les stations de métro ou d'ouvrir de nouvelles voies. Le kilomètre de boulevard périphérique coûte 50 millions de francs. Mais chaque fois que l'on ouvre un nouveau

la Mecque: Mecca

périphérique: ring

100

tronçon de la voie express sur berge, aucune amélioration ne se fait sentir: l'expansion de l'automobile est plus rapide que celle du béton.

Un immense retard reste à rattraper. Pendant trente ans, aucune opération d'envergure n'a été effectuée à la R.A.T.P. avant la mise en chantier du métro express. Un wagon de métro sur cinq est contemporain des taxis de la Marne, un autobus sur quatre roulait déjà avant la Seconde Guerre mondiale. La plupart des parkings dits 'de dissuasion' aux portes de Paris, sont toujours à l'état de projet.

tronçon (m): section
voie (f): road
berge (f): embankment
béton (m): concrete
d'envergure: sizeable
chantier (m): building-site

L'avenir — et l'automobile

A plus long terme le Ministre va confier au nouvel Institut de recherche des Transports une étude sur l'évolution de la circulation d'ici à 1985: voitures urbaines, voitures électriques, taxis collectifs, régulation électronique de la circulation, comportement des usagers. En attendant, il ne veut pas 'déclarer la guerre' à l'automobile. 'Les constructeurs comprendront que c'est l'étranglement du centre des grandes villes qui, finalement, menace l'expansion de l'automobile. Au surplus, je reconnais parfaitement que, dans certaines circonstances, par exemple pour les relations de banlieue à banlieue, et dans les villes de moyenne importance, l'automobile est le moyen le plus adapté.

banlieue (f): suburb
importance (f): size

'... Après tout, avoue le Ministre, j'utilise l'automobile. J'aime conduire ma DS. Je ne souhaiterais pas qu'on m'en interdise l'usage quand elle m'est nécessaire.' ❂

Note *R.A.T.P.:* Régie autonome des transports parisiens.

La rue Royale.
'Les autobus ne peuvent plus avancer.'

Le métro: station 'Louvre' aménagée en annexe du célèbre musée.

Verb Constructions

recourir à qch.:
to have recourse to, to take to using, sth.
déclarer la guerre à qch. (à qn.):
to declare war on sth. (on s.o.)
confier qch. à qn.: to entrust s.o. with sth.

interdire qch. à qn.: to forbid, refuse, s.o. sth.
(interdire à qn. de faire qch.: to forbid s.o. to do sth.)
il est interdit de faire qch.: it is forbidden to do sth.
envisager de faire qch.: to consider doing sth.

Further Vocabulary

les échanges... sont assurés à plus de 85% par la R.A.T.P. et la S.N.C.F.:
more than 85% of journeys are made by public transport.
le parc automobile: the total number of cars
passant de... à...: rising, increasing from . . . to . . .
un plan de première urgence: an emergency plan

les grands axes empruntés par...:
the main routes used by . . .
un immense retard reste à rattraper:
there is a huge leeway to make up.
les relations de banlieue à banlieue:
journeys between suburbs

A Questions à préparer

1 Quel fait en particulier a décidé le Ministre des Transports à donner 'priorité absolue aux transports en commun'?
2 En adoptant cette politique, quelle est son intention?
3 Qu'est-ce qui empêche actuellement l'amélioration du trafic des autobus et des taxis?
4 Qu'est-ce qui décourage les gens d'utiliser (*a*) les autobus et (*b*) le Métro?
5 Comment le Ministre espère-t-il donc renverser cette tendance?
6 Comment espère-t-il dégager ces routes pour laisser passer les autobus et les taxis?
7 Si son plan n'avait pas été accepté, quelles autres solutions est-ce que les autorités auraient pu trouver?
8 La solution proposée par le Ministre a en effet deux avantages **sur** les autres possibilités: lesquels?

9 Pourquoi faut-il agir avec urgence?
10 Pourquoi est-ce qu'il serait de l'intérêt des constructeurs de voitures et des automobilistes eux-mêmes d'accepter ces mesures?

B Sujet de discussion

Le problème du stationnement est un des plus pressants et des plus difficiles à résoudre: faut-il interdire le stationnement dans les rues des principaux centres d'activité? par exemple dans le centre de toutes les villes? Sinon, comment éviter 'l'étranglement du centre'? Et si on réservait le centre aux transports en commun, quelles mesures, autres que celles proposées dans cet article, faudrait-il prendre pour tirer le meilleur profit des deux formes de transport?

C Sujet de rédaction à discuter

La circulation dans les villes de demain

(1) Analysez la circulation dans les villes : livraison de marchandises ; trafic de passage (voyageurs et marchandises) ; les acheteurs des grands magasins, etc. ; les touristes et autres 'visiteurs' ; ceux qui y travaillent mais qui habitent ailleurs.

(2) Quels aspects des villes (quartiers pittoresques, espaces verts, rues commerçantes animées, etc.) faut-il conserver ?

(3) Comment satisfaire tous les besoins, tout en préservant les villes ?

(4) Quel ordre de priorités faut-il observer ? Connaissez-vous des villes ou des quartiers où l'on a, entièrement ou partiellement, résolu le problème ?

Grammar

1 Auxiliary Verb

venir + infinitive

— *500 autobus nouveaux... viendront s'engouffrer... dans les voies :*
500 new buses will be launched on to the streets.

— *cette 'quatrième marine' venue s'ajouter à celle de guerre...* (passage 15)

— *ses travaux ménagers viennent considérablement gonfler la durée... de la journée :*
... considerably increase ... (passage 31)

Venir is used, often without any idea of movement, to reinforce another verb.

---

2 Tenses

After *si* : 'if'

— *beaucoup pourraient y renoncer si un moyen de transport satisfaisant leur était offert :*
many could give it up, if a satisfactory form of transport was offered them.

Remember

(a) when the main verb is **conditional**, 'if' is followed by the **imperfect tense**.

(b) **'could'** may be conditional, imperfect or perfect (see 1.2b).

---

3 Comparison

(a) — *celui d'être réalisable à moindres frais :*
that it could be achieved more cheaply.
(see 11.3c)

(b) — *plus de 85% :* more than 85%   (see 11.3b)

---

4 Conjunction

'whenever'

— *chaque fois que l'on ouvre un nouveau tronçon de la voie express :*
whenever a new section of the express road is opened ...

toutes les fois que l'on ouvre...:
whenever (on each occasion that) ...

but if 'whenever' means 'as often as' :
J'y vais aussi souvent que cela m'est possible :
I go whenever I can.

---

5 Prepositions

à — *à long terme :* in the long term
— *à moindres frais :* more cheaply
— *au surplus :* besides, after all

de — *à l'état de projet :* at the planning stage
— *les villes de moyenne importance :* medium-size towns
— *(une) opération d'envergure :* a large-scale operation
— *le Ministre des Transports :* the minister of Transport   (see 17.7)

de forms adverb phrases expressing measure :
— *(elle) diminue de 2% par an :* it decreases by 2% a year
— *âgé de dix ans :* ten years old   (passage 16)

en — *(les) voitures en stationnement :* parked cars   (see 14.5)
— *(les) transports en commun :* public transport   (see 14.5)
— *la mise en chantier de...:* the starting of work on ...   (see 18.4)

Exercises

(1) *se faire* (revision: see 5.3)

Exemple: On ne sent aucune amélioration.
Réponse: Aucune amélioration ne se fait sentir.
Exemple: On a entendu un bruit.
Réponse: Un bruit s'est fait entendre.

1 On remarquait des progrès. 2 On ne vit rien. 3 On attend les autobus. 4 On conduit le Ministre. 5 On n'a compris personne. 6 On n'entendra aucun constructeur.

(2) Tenses After 'if'

Exemple: Vous y renonceriez? (pouvoir)
Réponse: Si je pouvais.

1 Vous attendriez? (devoir) 2 Vous le feriez? (être obligé) 3 Vous achèteriez une voiture? (avoir de l'argent) 4 Vous prendriez l'autobus? (vouloir voir la ville) 5 Vous éviteriez le métro? (pouvoir) 6 Vous habiteriez ailleurs? (savoir conduire) 7 Vous utiliseriez le parking? (prendre la voiture)

(3) Tenses of *pouvoir* Translate:

1 If the authorities adopted this plan, the traffic flow in Paris could be increased. 2 The public authorities adopted M. Chamant's plan because it could be achieved cheaply. 3 With the adoption of these measures drivers could find themselves victims of heavy fines. 4 For thirty years before the building of the Express Metro, nothing could be done. 5 Passengers waited for buses which could not move because of the cars. 6 The minister did not know whether this could be achieved or not.

(4) Translate:

1 A new problem has been added to those which the minister must take into account. 2 If lanes were reserved for buses, their speed would increase by at least ten kilometres per hour. 3 Whenever new roads are built, more cars pour into them. 4 With the use of double-decker buses some improvement will be noticed. 5 In medium-size towns this objective can be reached more cheaply.

20
Le tunnel sous la Manche

L'idée du tunnel sous la Manche date du début du XIXᵉ siècle. Mais c'est seulement vers les années 80 que les premiers projets sérieux virent le jour. Par la suite, l'affaire a pris l'allure d'une farce, les gouvernements de Londres rejetant le projet comme inopportun, de décennie en décennie et d'année en année. L'affaire ne devient vraiment sérieuse qu'en 1961, quand les Ministres des Transports britannique et français chargent une commission spéciale de préparer un rapport sur les projets de deux organismes privés : le Groupement d'études du tunnel sous la Manche et la Société d'étude du pont sur la Manche. Le 6 février 1964, les deux gouvernements décident d'opter pour le tunnel ferroviaire du G.E.T.M.; le pont de la S.E.P.M. coûtant trop cher à réaliser (plus de 4 milliards de francs) et risquant de provoquer des accidents (plus de 700 bâtiments de tous tonnages naviguent sur la Manche, et l'on enregistre, chaque année, plus de trente-cinq collisions provoquées par l'inattention, le brouillard et la force de la houle).

Aujourd'hui, une nouvelle bataille s'engage puisque le G.E.T.M. n'est plus tout seul et que deux autres groupes ont proposé un projet de tunnel.

✻ 'Il faudra au moins deux années supplémentaires au groupe choisi pour compléter les études préliminaires à la réalisation de l'ouvrage', dit Roger Macé (co-président de la commission d'étude franco-britannique). Dans ces conditions, le tunnel ne sera sans doute pas fini avant 1977. Le coût de la construction n'est pas encore fixé. Les gouvernements ont annoncé plus de deux milliards; certains parlent de trois milliards; les moins optimistes pensent qu'avec l'augmentation probable du coût de la vie et des matériaux on risque d'arriver jusqu'à quatre ou cinq milliards de francs. 'Quel que soit le prix du tunnel, son percement est indispensable', poursuit M. Macé.

Ce sera un tunnel ferroviaire: on a décidé, dès 1964, qu'il n'était pas question d'envisager un tunnel routier. L'évacuation des gaz d'échappement poserait des problèmes insolubles dans un ouvrage aussi long (51 km); imaginez également qu'un véhicule tombe en panne et bloque une voie, provoquant un embouteillage monstre... Le trafic s'effectuera électriquement avec des convois à conduite totalement automatisée: chacun des trains qui feront la navette entre les deux pays transportera plusieurs centaines de véhicules et le trafic pourrait atteindre 4 500 voitures par heure dans chaque sens (c'est le point de saturation de l'autoroute de l'Ouest).

Peut-être les promoteurs du tunnel ont-ils vu juste en adoptant la solution ferroviaire, mais il semble qu'ils aient tout de même sous-estimé l'augmentation du trafic: on prévoit que 5 millions de voitures circuleront entre la France et l'Angleterre dès 1980. ✻

C'est la première fois, en tout cas, que les gouvernements de Londres et de Paris confient le risque d'une opération internationale d'envergure à un consortium privé. Le tunnel sous la Manche intéresse toute la région du Nord: le détournement de trafic profitera à l'économie du pays et provoquera l'implantation d'industries nouvelles. La construction de l'ouvrage exigera beaucoup de main-d'œuvre et permettra d'employer certains mineurs en chômage. Le tunnel sous la Manche sera donc l'un des éléments essentiels d'une politique de développement régional du Nord de la France.

début (m): beginning

par la suite: subsequently
allure (f): appearance
décennie (f): decade

ferroviaire: rail
provoquer: to cause

gaz (m) *d'échappement:* exhaust fumes
tomber en panne: to break down
convoi (m): train

intéresser: to affect
détournement (m): diversion
implantation (f): setting up
main-d'œuvre (f): manpower
en chômage: unemployed

Verb Constructions

profiter à qch. (à qn.):
to be of benefit to sth. (to s.o.)

charger qn. de faire qch.:
to instruct s.o. to do sth., entrust s.o. with doing sth.

Further Vocabulary

risquant de provoquer des accidents:
likely to cause accidents

on risque d'arriver à...:
(the cost) is quite likely to reach . . .

le coût de la vie: the cost of living

il n'était pas question d'envisager un tunnel routier:
a road tunnel was out of the question.

le trafic s'effectuera électriquement:
the service will be electric.

qui feront la navette entre...:
which will go backwards and forwards (provide a shuttle service) between . . .

le tunnel intéresse toute la région:
the tunnel concerns the whole region.

(elle) permettra d'employer:
it will make it possible to employ

A Questions à préparer

1 Qu'est-ce qui a décidé les deux gouvernements à opter pour le projet d'un tunnel, et non pas celui d'un pont?

2 Qu'est-ce qui va probablement retarder la réalisation du projet?

3 Quelles sont les craintes de certains critiques?

4 Pourquoi a-t-on décidé de rejeter le projet d'un tunnel routier?

5 Qu'est-ce qui pourrait soulever des difficultés pour les promoteurs du tunnel?

6 Quel profit immédiat la France tirera-t-elle de ce projet? et l'Angleterre?

B Sujet de rédaction à discuter

'Quel que soit le prix du tunnel, son percement est indispensable', a dit M. Macé. Êtes-vous de son avis? Justifiez votre réponse.

(1) Quelles sont, à votre avis, les principales raisons qui ont poussé les deux gouvernements britannique et français à reprendre leurs études sur ce projet au début des années 60?

(2) Dès 1882 on avait réussi à creuser une section de tunnel de près de 2 kms de long: pourquoi les gouvernements de Londres et de Paris ont-ils, pendant plusieurs décennies, refusé de pousser les travaux plus loin? Que pouvait-on craindre?

(3) Quels seront, à votre avis, les avantages à long terme du tunnel (commerciaux: le tourisme, les marchandises; culturels; politiques)? Comment le tunnel contribuera-t-il à resserrer les liens politiques et culturels entre l'Angleterre et l'Europe continentale?

(4) Envisagez-vous des désavantages? (Si on avait pu surmonter facilement les problèmes de ventilation auriez-vous préféré un tunnel routier? Quels problèmes y aurait-il pour les régions voisines du tunnel?)

Plan proposé: (1) Résumé de la situation actuelle. (2) Les avantages commerciaux et culturels qui résulteraient de l'amélioration des communications entre l'Angleterre et l'Europe continentale. (3) Les problèmes et désavantages du tunnel. (4) Dites si oui ou non le tunnel est 'indispensable'.

C Sujet de rédaction

Le tunnel sous la Manche.

Grammar

1 The Subjunctive

(*a*) **After impersonal verbs:**

— *il semble qu'ils aient... sous-estimé l'augmentation du trafic.*

The **subjunctive** is required after numerous impersonal verbs expressing:

(i) **doubt, uncertainty or denial:** *il semble que..., il n'est pas certain que..., il est peu probable que..., il est douteux que..., il est impossible que...*

(ii) **possibility:** *il est possible que..., il se peut que...*

(iii) **obligation:** *il est nécessaire que..., il faut que...*

(iv) **emotion:** *il est urgent que..., il est important que..., il est étrange que...*

The **indicative** is used after verbs expressing:

(v) **certainty:** *il est évident que...*

(vi) **probability:** *il est probable que...*

But in the negative or interrogative the verbs in (v) and (vi) express doubt or uncertainty and are therefore followed by the subjunctive. Compare:

Il est certain que les gouvernements ont opté pour le tunnel.

Est-il certain que les gouvernements aient opté pour le tunnel?

Il n'est pas certain que les gouvernements aient opté pour le tunnel.

106

(vii) **Note** *Il semble que* used with an indirect object pronoun, and *il paraît que*, are classed with verbs expressing certainty or probability:

> *Il me semble (il paraît) qu'ils ont raison.*
> *Vous semble-t-il (paraît-il) qu'ils aient raison?*

(b) —*imaginez... qu'un véhicule tombe en panne et bloque une voie:*
imagine a vehicle breaking down . . .

The subjunctive is used in **hypothetical statements** introduced by verbs such as *imaginez que..., supposons que..., admettons que...* and statements of this type.

2 Adjectives

(a) **Adverbial use**

— *le pont... coûtant trop cher à réaliser:*
since the bridge would be too costly (cost too much)

— *Peut-être les promoteurs... ont-ils vu juste:*
Perhaps the promoters have taken the right view (made the correct decision).

Some adjectives are used adverbially in certain fixed expressions such as *parler bas, parler haut, travailler dur, refuser net* (refuse categorically) and *couper court.*

(b) **Agreement**

— *les Ministres des Transports britannique et français...*
Each adjective refers to one person only and is therefore singular.

3 The Article

— *quatre ou cinq milliards de francs:*
four or five thousand million francs

—*cinq millions de voitures:* five million cars

Million and *milliard* are nouns and require *de* before a following noun, as do approximate numbers:

une vingtaine d'années: about twenty years
un millier de voitures: about a thousand cars
des centaines de milliers de touristes:
hundreds of thousands of tourists

4 Auxiliary Verb *falloir*

— *Il faudra au moins deux années supplémentaires au groupe choisi pour compléter...:*

The consortium chosen will need at least two extra years to complete . . . (it will take the consortium chosen at least . . .)   (see 13.1*b*)

5 Word Order

— *Peut-être les promoteurs du tunnel ont-ils vu juste.*

In written French when *peut-être* is placed at the beginning of the sentence, there is inversion of verb and subject (repeated as *ils*) (see 2.4).

6 Prepositions

à — *à conduite automatisée:*
with automatic control   (see 14.5)

dès — *dès 1964:* as early as 1964
dès 1980: from 1980 onwards

Exercises

❂ (1) The Subjunctive   After impersonal verbs:

(a)   *Exemple:* Il est vrai qu'un pont sera
           dangereux.

     Réponse: Il n'est pas vrai qu'un pont soit
            dangereux.

1 Il est certain qu'on a bien choisi.   2 Il est
évident qu'ils devront refaire leur travail.
3 Il est probable qu'on va repousser ce
projet.   4 Il est sûr qu'on pourra construire
le tunnel en dix ans.   5 Il n'est pas douteux
que les gouvernements ont vu juste.

(b)   *Exemple:* Ce projet sera étudié. C'est
           important.

     Réponse: Il est important que ce projet
            soit étudié.

1 Le trafic atteindra 4500 voitures par
heure. C'est possible.   2 On a sous-estimé
l'augmentation du trafic. C'est étrange.
3 On construira un pont aussi. C'est nécessaire.   4 On prendra des risques. Il le faut.
5 On rencontrera plus d'obstacles. C'est
impossible!   6 Une nouvelle bataille s'est
engagée. C'est étonnant!   7 Les gouvernements refont leur travail. C'est urgent!

❂ (2) The Subjunctive   In hypothetical statements:

   Exemple: Le tunnel pourra être construit
          avant 1980. Supposons cela!

   Réponse: Supposons que le tunnel puisse
          être construit avant 1980!

1 Un navire entrera en collision avec le pont.
Imaginez cela!   2 Le tunnel est préférable.
Admettons cela!   3 Son percement est indis-
pensable. Supposons cela!   4 Les gouverne-
ments rejetteront le projet encore une fois.
Imaginez cela!   5 Il y aura des difficultés.
Admettons cela!

(3) Adjectives

Complete these sentences with one of the following: *haut, bas, net, court, dur, cher, juste.*
1 La construction du tunnel coûtera-t-elle
trop _____?   2 Si le projet n'est pas réalisable,
il faut le dire tout _____.   3 Le projet aurait
pu être adopté, mais les gouvernements re-
fusèrent _____.   4 Les études sur le pont
continuaient depuis trois ans quand le nouveau
rapport y coupa _____.   5 Pour réaliser
l'ouvrage il faudra travailler _____.   6 A la
réunion de la commission, les deux ministres
parlaient _____.   7 Dans une opération de cette
envergure, il est important de voir _____.

(4) Translate:

1 Several thousand cars will cross the Channel
every hour.   2 A rail tunnel is the best solution,
since a bridge could cause accidents and a road
tunnel poses other problems.   3 More than five
million cars of all countries will travel between
France and England.   4 Perhaps a second tunnel
will have to be built after 1985.   5 The British
and French Transport Ministers took more than
two years to reach a decision.

Les aéroports de Paris

Évolution de la capacité d'accueil et du nombre de voyageurs prévus (en millions):

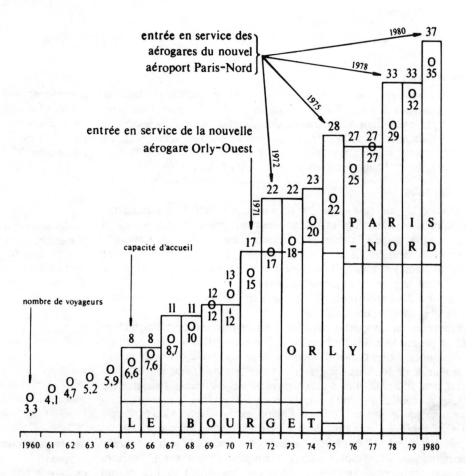

1 Comment expliquer l'augmentation — passée et prévue — du nombre de voyageurs? (Le progrès matériel: niveau de vie plus élevé; les progrès techniques; le coût des voyages en avion.)

2 Qui, de nos jours, prend l'avion? Pour quels voyages (affaires, tourisme, etc.)? Quel est l'avantage des voyages en groupe? Quelle catégorie de voyageurs augmentera le plus vite, à votre avis?

3 D'après ce tableau, l'équilibre entre la capacité des aéroports parisiens et le nombre de voyageurs prévus sera-t-il assuré d'ici à 1980? Qu'est-ce qui pourrait menacer cet équilibre, soit du côté de la construction de Paris-Nord, soit dans le nombre de voyageurs prévus?

capacité (f) *d'accueil:* passenger capacity
aérogare (f): terminal building
fermeture (f): closure
compte tenu de...: taking ... into account
équilibre (m): balance

21

Du bruit autour des aéroports

Le problème du bruit

Le problème du bruit est l'un des plus préoccupants du monde moderne et les médecins unanimes dénoncent depuis longtemps déjà le bruit comme un fléau. Ce n'est pas en le niant ou en tentant de ridiculiser ses victimes, comme on le fait volontiers pour les déflagrations supersoniques, qu'il sera résolu. Et si le bruit est devenu intolérable, cela tient essentiellement à deux causes : l'extension des villes et l'augmentation de la puissance des avions.

préoccupant: worrying
dénoncer: to condemn
fléau (m): scourge
nier: to deny
déflagration (f): bang

L'extension des villes

Lorsque l'aviation a pris son essor, les aérodromes étaient à la campagne. Mais en cinquante ans les villes ont démesurément grandi. Londres s'étend maintenant presque jusqu'à la mer et Paris en prend le chemin. Les aérodromes devront-ils, de décennie en décennie, reculer devant cet envahissement et décamper à peine installés ? Et le futur Paris-Nord n'est-il pas lui-même déjà menacé avant la pose de la première pierre ?

démesurément: beyond measure
reculer: to retreat
envahissement (m): invasion
décamper: to move on

En fait, la fuite des aérodromes devant le bâtiment n'est pas une solution aussi logique qu'il paraît à première vue.

D'abord parce qu'un aéroport international est un puissant pôle d'attraction et qu'il crée sa propre ville. On l'a bien vu à Orly qui abrite maintenant vingt-cinq mille personnes. Et les gens qui vivent de l'aéroport préfèrent évidemment habiter à proximité de leur lieu de travail. Assez paradoxalement d'ailleurs, c'est sur leur lieu de travail même et à l'intérieur des bâtiments spécialement insonorisés, qu'ils souffrent le moins du bruit.

abriter: to house

insonoriser: to sound-proof

Ensuite parce que la raison d'être de l'avion est la vitesse. Ce l'était déjà avec les avions à hélices, puis plus encore avec les avions à réaction. On est passé en quinze ans de 330 km/h à 900 km/h de croisière. Ce le sera davantage avec les supersoniques, en attendant les hypersoniques qui pointent à l'horizon. Or cette vitesse 'commerciale' de ville à ville serait gravement atteinte par un éloignement excessif des aéroports.

de croisière: cruising speed
or: now in fact
atteint: affected

Enfin, où trouver l'emplacement qui convient dans le désert souhaité et d'ailleurs vite peuplé ? En fait, on estime généralement que trente kilomètres du centre de la ville est une distance à ne pas dépasser. Mais, à l'allure où poussent les villes, qu'est-ce que trente kilomètres ?

allure (f): speed
pousser: to grow

L'augmentation de la puissance des avions

D'autre part la taille et la puissance des avions commerciaux ont augmenté à une cadence effarante et qui a dépassé toutes les prévisions. Les trente-cinq passagers de 1946 sont devenus cent cinquante en 1960 et seront bientôt cinq cents. Où s'arrêtera-t-on dans cette voie qui fera de l'avion le transport démocratique par excellence avec des tarifs qui concurrenceront ceux de l'autocar ?

taille (f): size
cadence (f): rate
effarant: terrifying

Car si dix pour cent seulement de la population utilise actuellement l'avion il n'en sera plus de même dans moins de dix ans. Le foudroyant succès d'Air Inter (qui dessert depuis 1960 les principaux centres de province) le prouve, et cette ligne n'en est pourtant qu'à ses débuts.

foudroyant: overwhelming
desservir: to serve

110

Le Bourget: l'aéroport et l'autoroute du Nord.
'Les aérodromes devront-ils reculer devant l'extension des villes?'

Deux solutions possibles

Que faire pour résoudre le problème?

D'abord penser les futurs aérodromes en fonction du bruit. Car s'il n'est guère possible de trouver d'autres palliatifs que ceux utilisés actuellement sur les aérodromes en service (vols de nuit des réacteurs, etc.) on doit prévoir sur les axes des pistes futures de larges bandes interdites à l'habitation et réservées aux terrains de sport et aux usines déjà bruyantes par nature. Un atelier de chaudronnerie s'inquiétera peu du décollage du 'Concorde' qui rendrait intenable la vie d'une école maternelle. Mais on doit chercher surtout à supprimer le bruit à sa source.

On a réussi à rendre les automobiles silencieuses. Pourquoi les avions auraient-ils droit à l'échappement libre? Parce qu'aucun gouvernement ne s'est jamais occupé de la question. Les silencieux sont-ils possibles? Oui, répondent les constructeurs, mais en pénalisant les avions qui les emploieront car les silencieux mangent de la puissance et du poids. Quelle compagnie accepterait, dans ces conditions, de se voir, elle seule, pénalisée si une loi internationale impérative n'obligeait pas toutes les compagnies à s'aligner sur le silencieux choisi?

Seule une loi valable pour tous peut les y contraindre.

réacteur (m): jet
piste (f): runway
bande (f): strip
bruyant: noisy
chaudronnerie (f): boiler works
décollage (m): take-off

silencieux (m): silencer

loi (f): law

Verb Constructions

s'occuper de qch.: to be concerned with sth.
avoir droit à qch.: to be entitled to sth.
réussir à faire qch.: to succeed in doing sth.

contraindre qn. à faire qch.: to force s.o. to do sth.
tenter de faire qch.: to try to do sth.

A Questions à préparer

1 Qui, en particulier, avait signalé la gravité du problème?
2 Quelle est la réaction courante des gens devant ce problème, selon l'auteur?
3 Pourquoi ce problème s'est-il aggravé ces dernières années?
4 Comment l'extension des villes a-t-elle contribué à ce problème?
5 Où les aérodromes ont-ils toujours été construits?
6 Pour quelles raisons cette tradition n'est-elle plus acceptable?
7 Qu'est-ce qui est paradoxal aux yeux de l'auteur?
8 (*a*) Expliquez le sens de l'expression 'vitesse commerciale' de l'avion.
  (*b*) Qu'est-ce qui a fait augmenter cette vitesse?
  (*c*) Expliquez pourquoi 'cette vitesse... serait gravement atteinte par un éloignement excessif des aéroports'.
9 Quelles seront les conséquences pour les transports aériens de l'augmentation de la puissance des avions?
10 Que faut-il faire selon l'auteur, pour limiter les effets du bruit autour des aéroports?

B Sujet de rédaction à discuter

Les rapports entre les villes et les aéroports de demain.

(1) Quels développements prévoyez-vous dans les transports aériens au cours des 30 prochaines années?
(2) Quels sont les facteurs dont il faut tenir compte, selon vous, dans le choix de 'l'emplacement qui convient' pour un nouvel aéroport?
(3) (*a*) Expliquez pourquoi un aéroport international est un 'puissant pôle d'attraction'.
  (*b*) Quels services, installations, etc., trouvera-t-on dans la ville qu'il crée?
  (*c*) On prévoit qu'au nouvel aéroport de Paris-Nord, il faudra 50 000 personnes pour animer l'organisation. Quels problèmes cela pose-t-il pour la planification et l'aménagement de l'aéroport et de ses environs?
(4) Quelles seraient les conséquences pour l'aménagement des villes de demain, des mesures proposées par l'auteur de cet article?

Plan proposé: (1) L'avenir des transports aériens: évolution probable. (2) L'emplacement de l'aéroport: résumez le problème et proposez une solution. (3) Le problème du bruit: comment sera l'aménagement des villes de demain? (4) L'augmentation de la planification dans la société de demain: comment envisagez-vous cette société: avec plaisir ou avec inquiétude?

Aéroport de Paris-Nord (Roissy-en-France).
35 millions de voyageurs en 1980...

Grammar

1 Auxiliary Verbs *rendre, faire*

(a) — *(le) décollage du 'Concorde' qui rendrait intenable la vie d'une école maternelle*
— *On a réussi à rendre les automobiles silencieuses.*
'**to make** (something or someone)' followed by an **adjective**: *rendre* (see 13.1*d*).

(b) — *cette voie qui fera de l'avion le transport démocratique par excellence.*
'**to make** (something or someone)' followed by a **noun**: *faire de* (see 5.3*a*).

2 Personal Pronouns

(*a*) **Idioms with *en***

(i) — *cette ligne n'en est pourtant qu'à ses debuts:*
. . . is still only in its infancy (at an early stage).
En être à... is used when referring to a stage reached in a process or a series (see 17.6).
Il en est à son cinquième livre:
he has reached (written, read, published) his fifth book.

(ii) — *il n'en sera plus de même dans... dix ans:*
it (the situation) won't be the same in ten years' time.
Il en est de même pour les aéroports:
The same is true of airports.

(*b*) ***le* as verb complement**
Le can stand for an adjective, an idea or a clause (see 10.4).
— *la raison d'être de l'avion est la vitesse. Ce l'était déjà... Ce le sera davantage...:*
. . . It was already so . . . It will be even more so . . .
— *Ce n'est pas en le niant..., comme on le fait volontiers...:*
It is not by denying it . . ., as people are apt to do . . .
Here *le* refers to an action (*en le niant*). Note that *faire* is used in a similar way to 'do' in English.

3 Negatives

— *aucun gouvernement ne s'est jamais occupé de la question:*
no government has ever dealt with the question.
When there are two negative expressions in the sentence, one of them is given a positive meaning in English:

Il n'en sera plus jamais de même:
It will never be the same any more.
Les gouvernements ne font jamais rien:
. . . never do anything.
In combinations of negative adverbs the word order is (1) *plus*, (2) *jamais*, (3) any other.

4 Adjectives

— *les médecins unanimes dénoncent... le bruit comme un fléau:*
doctors unanimously condemn . . .
Often in French an adjective is used when the corresponding English phrase is constructed with an adverb. The most common example of this occurs

when 'only' is used to restrict the subject of a sentence:
— ***Seule*** *une loi valable pour tous peut les y contraindre:*
Only a law . . .
Note further examples of this from your own reading.

5 Prepositions

à — *les avions à hélices (à réaction):*
propeller-driven (jet-propelled) planes (see 14.5)
— *à proximité de...:* near to . . .
— *à l'intérieur de...:* inside . . .
— *à première vue:* on first sight
en — *les aérodromes en service:*
the aerodromes in use
— *en fonction de...:*
in terms of . . ., in relation to . . .

en and *dans* in expressions of time (see 4.4): *en* means 'in the space of', 'within'; *dans* means 'after', 'at the end of':
— *en cinquante ans:*
in the course of fifty years
— *dans moins de dix ans:*
in less than ten years' time
par — *par pure philanthropie:*
out of pure philanthropy
— *par excellence:* pre-eminently

Exercises

(1) *faire de*

Exemple: L'avion? Un moyen de transport démocratique?

Réponse: Oui! On fera de l'avion un moyen de transport démocratique!

1 Nous? Des aristocrates de l'air? 2 Le nouvel aéroport? Un centre d'activité commerciale? 3 Elle? Une société commerciale de premier rang? 4 La voiture? Un moyen de transport démodé? 5 La vitesse? Un culte?

(2) *rendre*

Exemple: Les autos? Silencieuses?

Réponse: Oui! On les a rendues silencieuses!

1 La vie? Intenable? 2 Nous? Contents? 3 Le bruit? Tolérable? 4 Les déplacements? Plus rapides? 5 Les bâtiments? Insonorisés?

(3) **Uses of *en* and *le*** Translate:

1 The supersonic aeroplane is no longer in its early stages. 2 We have now reached the fourth possible site for an airport. 3 A silencer should be fitted to every plane, as is done with cars. 4 London now spreads to the sea, and the same is true of Paris. 5 Noise around airports is a difficult problem; it will be even more so when supersonic aircraft are used.

(4) **Negatives** Translate:

1 They never do anything. 2 They never help anybody. 3 No airport will ever have such a large capacity. 4 This solution will never again be possible. 5 There will no longer be anyone living near the airport.

V

Le Logement

Grand Ensemble des Courtillières, près de Pantin: immeuble
serpentant de 560 mètres de longueur, comportant 450
logements.

L'aide de l'État

L'État n'est pas lui-même constructeur de logements, mais il intervient dans
le financement de la construction de 85% des logements par l'aide qu'il accorde
aux constructeurs et aux occupants. Les aides principales accordées par l'État
sont:

1 Les prêts H.L.M. (habitations à loyer modéré)

La législation sur les H.L.M. a pour objet de faciliter la construction de
logements destinés 'aux personnes et aux familles de ressources modestes'.
Pour que cet objet soit atteint, l'État consent des prêts à taux réduits et à
long terme à des organismes qu'il contrôle, et qui doivent équilibrer leurs
dépenses et leurs recettes sans faire de bénéfices.

2 Les primes et les prêts

Le régime des 'primes et prêts' est ouvert, sous certaines conditions, à tout
constructeur construisant pour la location ou l'accession à la propriété.

3 Les aides à l'occupant comportent (*a*) l'allocation de logement, qui
compense l'effort que les jeunes ménages ou les familles ayant des enfants
à charge consentent pour se loger dans des conditions convenables, et
(*b*) l'allocation-loyer, qui allège les charges de loyer des personnes ayant
de très faibles ressources.

logement (m): housing,
 dwelling
occupant (m): occupier

loyer (m): rent
ressources (f.pl): income,
 resources
consentir qch.: to grant sth.
équilibrer: to balance
recettes (f.pl): income
bénéfice (m): profit

location (f): renting, letting
accession (f) *à la propriété:*
 buying (one's own home)
comporter: to comprise
allocation (f): grant,
 allowance
avoir qn. à charge: to
 provide for s.o.
convenable: decent
alléger: to alleviate, relieve

115

(1) **Nombre de logements achevés en France** (en milliers)

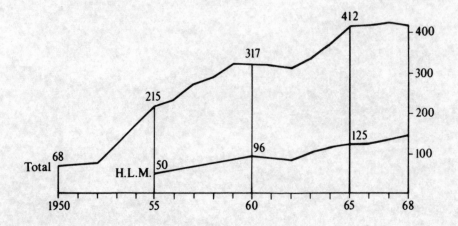

(2) **Nombre de maisons individuelles** pour cent logements construits (moyenne 1966–8):

France	30	Belgique	60	États-Unis	67
Allemagne	50	Pays-Bas	61	Grande-Bretagne	76

(1) 1 Qu'est-ce qui caractérise les périodes (*a*) avant 1955 et (*b*) depuis 1955 quant au nombre de logements achevés en France?

2 La proportion d'H.L.M. dans le nombre de logements construits a-t-elle augmenté ou diminué depuis 1955?

3 De 1955 à 1967, le nombre annuel moyen de mariages a été de l'ordre de 320 000: si l'on compare ce chiffre à celui du nombre de logements construits pendant la même période, quelles conclusions peut-on en tirer?

4 Comment l'État (ou les collectivités locales) aide-t-il les constructeurs et les occupants (*a*) en France et (*b*) en Grande-Bretagne?

5 Pourquoi cette aide est-elle accordée?

(2) 6 D'une manière générale, une maison individuelle occupe-t-elle plus ou moins de terrain qu'un appartement?

7 Les États-Unis et la France sont des pays à faible densité de population, alors que l'Allemagne, la Belgique, les Pays-Bas et la Grande-Bretagne sont à forte densité: le pourcentage de maisons individuelles construites dans chacun de ces pays correspond-il toujours à la densité de population?

8 En Grande-Bretagne plus de la moitié des habitations sont la propriété de l'occupant, alors qu'en France plus de la moitié des habitations sont louées: cela expliquerait-il que l'écart soit si grand entre les deux pays quant à la construction de maisons individuelles?

116

22
Peut-on vivre hors les murs?

❂ Entre 1954 et 1962, Paris a perdu 80 000 habitants. Dans le même temps, sa banlieue en gagnait 500 000. Hospitalière et tentante, par ses constructions bon marché, ses immeubles en location et ses espaces presque verts, la périphérie accueille, d'un même cœur, à Bougival, à Argenteuil, à Chaville, à Sarcelles, les provinciaux montés ou descendus vers Paris. Les vrais Parisiens aussi, las d'être mal logés ou pas logés du tout, commencent à émigrer hors les murs. (Cet exode, d'ailleurs, n'est pas spécifiquement parisien: Marseille, Lyon, Lille, Bordeaux, et bien d'autres villes le connaissent aussi).

L'habitant du grand ensemble (de 1 000 à 2 000 logements) n'a ni les mêmes problèmes, ni les mêmes facilités que celui de la 'petite résidence' (50 à 300 appartements), ni les mêmes frais, ni les mêmes joies que l'heureux propriétaire d'une villa dans un jardin. Entre la femme qui vit à 20 kilomètres du centre, travaille à Paris et prend matin et soir le train ou l'autobus, et celle qui passe sa journée, seule à broder derrière sa fenêtre ou à s'occuper de son jardin il y a plus qu'un monde: un abîme.

✱ Françoise B., secrétaire, a deux enfants de 10 et 4 ans et habite un H.L.M. à l'Haÿ-les-Roses, dans la banlieue sud. Voici sa journée:
Lever à 7 heures moins le quart. Toilette des enfants. Petits déjeuners. Petit ménage. Autobus. Une heure. Journée entière à Paris. Les enfants sont demi-pensionnaires. Le soir, son mari ou une femme de ménage les fait dîner et surveille leur coucher. Françoise quitte son bureau vers 7 heures et quart. Une demi-heure de métro, autant d'autobus, quinze ou vingt minutes d'attente. Elle arrive chez elle à 9 heures moins 20. Elle dîne. Elle se couche. Et le lendemain elle recommence.
— Qu'est-ce qui vous manque le plus?
— Une vraie vie familiale. Voir mes enfants le soir. Leur faire réciter leurs leçons... leur parler... Tout ce temps, je le perds dans l'autobus!
— Et sur le plan matériel?
— Une voiture, naturellement, puisqu'elle résoudrait d'un coup tous mes problèmes. La voiture, en banlieue, c'est aussi indispensable que les chaussures. En ce moment, au fond, c'est comme si j'allais nu-pieds.
— Quand faites-vous les gros travaux de la maison?
— Le samedi après-midi et le dimanche!
— Quand vous reposez-vous?
— Très rarement. De temps en temps!
— Vous sortez le soir, quelquefois?
— Encore plus rarement. Les enfants ne savent pas encore rester seuls. Et même si je les fais garder, il y a les transports. Enfin, j'ai tout de même quelques amis motorisés... et gentils.
— Que pensez-vous du groupe résidentiel où vous habitez?
— Il me paraît parfaitement réussi. Il a été conçu à l'échelle humaine, avec même, il me semble, un certain luxe d'espaces inutiles; des pelouses; des jeux pour les enfants. Le samedi, après l'école, le dimanche, je peux les laisser dehors. Il me suffit de jeter un coup d'œil par la fenêtre pour les surveiller un peu. En tout cas, je n'ai pas besoin de les traîner dans un square poussiéreux ou de faire dix kilomètres pour les aérer.

tentant: tempting
immeuble (m): block of flats
accueillir: to welcome
loger: to house
d'ailleurs: moreover

appartement (m): flat

broder: to embroider
abîme (m): abyss

ménage (m): housework

autant: as much again

plan (m): plane
d'un coup: straight away

réussi: successful
conçu: planned
pelouse (f): lawn
traîner: to drag
square (m): public garden
poussiéreux: dusty

117

— Si vous aviez le choix entre cet appartement, en banlieue, et un autre à Paris, que choisiriez-vous?

— Celui-ci. À Paris, je n'aurais ni ce calme, ni ce soleil, ni, pour le même loyer (relativement élevé cependant), un appartement aussi confortable.

— Et si vous choisissiez la maison de vos rêves, ce serait quoi?

— Une maison individuelle et un jardin, naturellement! ✳

Prenons maintenant un exemple masculin: Pierre M., ingénieur.

— Où habitiez-vous avant de vous installer en banlieue? Comment expliquez-vous votre choix?

— J'avais un tout petit appartement à Paris. A deux, c'était supportable. Avec mon premier enfant, c'est devenu difficile. Avec le second, ce n'était plus possible. Dès que nous avons pu, nous l'avons vendu et nous sommes devenus *copropriétaires* de la 'Petite résidence' de F. (2 000 personnes). Les appartements étaient bien conçus, *suffisamment* isolés les uns des autres pour qu'on se sente chez soi. Avec les *primes* et les *prêts*, leur prix était *abordable*. Et nous avions envie d'être un peu hors de Paris; de voir des arbres; surtout, d'avoir de la place, au-dedans et au-dehors.

copropriétaire (m and f): co-owner
suffisamment: sufficiently
prime (f): subsidy
prêt (m): loan
abordable: within reach

— Qu'est-ce qui vous ennuie le plus dans votre grand ensemble?

— Les dissensions entre copropriétaires, les pétitions de toutes sortes, qui aboutissent à la formation de petits groupes ennemis, sans que jamais rien de cohérent soit entrepris pour obtenir des résultats positifs: l'*aménagement* d'un vrai parc de jeux surveillé pour les enfants, par exemple, ou un club pour les adolescents. A cet égard, il y aurait beaucoup à faire. La 'Petite résidence' de F. est *réussie* du point de vue de l'architecture, mais il y manque toutes les réalisations collectives qui en auraient fait une réussite de l'*urbanisme*.

aménagement (m): setting-up

réussite (f): success
urbanisme (m): town-planning

— Est-ce que votre femme travaille ou s'occupe de la maison?

— Elle s'occupe des enfants. Elle reste à la maison. Bien sûr, de temps en temps, elle a des crises de cafard. Le grand ensemble, pour une femme qui reste là toute la journée, ce n'est pas *drôle*.

drôle: funny

— Est-elle satisfaite des *commerçants* installés à sa porte?

— Non, pas du tout. Ils sont seuls. Ils ne craignent pas la *concurrence*. Ils pratiquent n'importe quels prix.

commerçant (m): shopkeeper
concurrence (f): competition

— Laissez-vous vos enfants jouer dehors sans surveillance?

— Au début, nous l'avons fait. Puis nous nous sommes aperçus que dans un groupe de 2 000 personnes c'était exactement comme si on les laissait jouer sur le trottoir d'une grande ville. Les mêmes dangers, les mêmes risques. Trop de parents ne s'en rendent pas compte. Un 'espace vert' d'H.L.M. n'est pas le jardin d'une villa, ni même une *garderie*.

garderie (f): day-nursery

— Souffrez-vous de l'éloignement? Du temps perdu en transports?

— Oui, c'est *embêtant*. Mais je laisse ma voiture à la porte de Paris, et dans le métro je peux lire, me reposer un peu, et même aux *heures d'affluence*, j'ai ainsi un petit moment où je peux me faire conduire et ne penser à rien de précis.

embêtant: annoying
heures (f) *d'affluence:* rush hours

— Sortez-vous quelquefois le soir?

— Très rarement. Les enfants. La fatigue de la journée. Pas envie de ressortir. Nous lisons beaucoup... quand nous ne sommes pas trop fatigués. Et le dimanche, nous nous promenons, à pied, dans la campagne.

— Envisagez-vous de rester définitivement où vous êtes?

— J'espère pouvoir acheter une vraie maison, avec un jardin.

Une vraie maison... Un vrai jardin... et le dimanche à la campagne, sans voitures, sans embouteillage... Leur rêve à tous. Leur dimanche à tous. La banlieue n'est plus ce qu'elle était avant la guerre. Mais de la banlieue d'autrefois, il reste encore ce repos *dominical*, et ce rêve de paix individuelle. Il ne

dominical: sunday

faudrait pas le gâcher. Pourtant, si tous les banlieusards des grands ensembles le réalisaient, nous aurions demain un million de villas, avec jardins. A raison de 300 m^2 par maison (un minimum), Paris s'étendrait, au moins, jusqu'au Havre. Entre cette solution et celle de la cité-caserne, rejetée catégoriquement par tous ceux qui y vivent, et ne souhaitent qu'en sortir, il doit y avoir, tout de même, un moyen terme. ◗

gâcher: to spoil
banlieusard (m):
    suburbanite
réaliser: to achieve
caserne (f): barracks

Meudon-la-Forêt: piscine pour enfants.
'... les réalisations collectives qui en auraient fait une réussite de l'urbanisme.'

Verb Constructions

souhaiter faire qch.: to wish to do sth.
avoir envie de faire qch.: to want to do sth.
avoir besoin de faire qch.: to need to do sth.
se hâter de faire qch.: to hurry to do sth.
avoir qch. à faire: to have sth. to do
aboutir à qch.: to result in sth.
se rendre compte de qch.: to realise sth.

manquer (1) personal use (*manquer à qn.*)
qu'est-ce qui vous manque?: what do you miss?
(*elle me manque:* I miss her.)
        (2) impersonal use (*il manque à qch.*)
il y manque toutes les réalisations collectives:
all the social amenities are lacking (it has none of the
  social amenities).

Further Vocabulary

une cité: a housing estate (often pre-war)
un grand ensemble:
a housing estate (generally post-war)
une petite résidence:
a small estate (private development)
sur le plan matériel: financially speaking
pour les aérer: to get them into the open air

les réalisations collectives:
facilities for the community, social services
elle a des crises de cafard: she gets depressed.
ils pratiquent n'importe quels prix:
they charge what they like
aux heures d'affluence: in the rush-hours
ce repos dominical: the peace and quiet of Sunday
un moyen terme: a middle way

A Questions à préparer

1 Pour quelles raisons Paris a-t-il perdu tant d'habitants? Qu'est-ce qu'ils fuyaient?

2 Qu'est-ce qui attire les gens vers la banlieue?

3 A votre avis, en quoi consistent (*a*) 'les problèmes' de l'habitant du grand ensemble; (*b*) les 'facilités' de l'habitant de la 'petite résidence' et (*c*) 'les joies' du propriétaire d'une villa dans un jardin?

4 Expliquez ce que veut dire l'auteur en parlant de 'l'abîme' qui sépare la femme qui travaille de celle qui reste à la maison toute la journée.

5 Combien de temps Françoise B. perd-elle à faire le trajet entre son appartement et le bureau? Comment pourrait-elle résoudre ce problème?

6 Quelles sont pour elle les pires conséquences de cette vie 'hors les murs'?

7 Quels avantages trouve-t-elle en banlieue? Quand Françoise B. peut-elle profiter au maximum de ces avantages?

8 Qu'est-ce qui avait décidé Pierre M. à quitter Paris pour s'établir dans une 'petite résidence'?

9 D'après ce que dit Pierre M., quelle impression avez-vous du système de copropriété?

10 Pourquoi 'la Petite Résidence de F.' n'est-elle pas une 'réussite de l'urbanisme'?

11 Qu'est-ce que vous entendez par 'réalisations collectives'? Donnez-en quelques exemples.

12 Énumérez les désavantages que trouverait dans un de ces grands ensembles ou petites résidences, une femme qui aurait 'émigré hors les murs'. Quels problèmes se posent à la femme qui ne travaille pas?

13 Comment Pierre M. a-t-il résolu le problème du trajet quotidien?

B Sujets de discussion

1 Tout compte fait, ces deux couples ont-ils perdu ou gagné à s'installer 'hors les murs'?

2 Que représente, pour tous ces gens, 'une vraie maison'?—et pour vous?

3 Entre les deux extrêmes envisagés à la fin de l'article, 'il doit y avoir un moyen terme', selon l'auteur. Lequel? Comment le réaliser?

C Sujet de rédaction

Paris ou la banlieue?

Les Dupont, qui habitent à Paris, sont en visite chez les Durand, qui habitent la banlieue. Les Dupont aimeraient 'émigrer hors les murs', mais ne se sont pas encore décidés; les Durand, eux, ont pris cette décision il y a quelques mois.

Imaginez leur conversation, à partir de cette question de M. Durand: 'Alors ce déménagement, c'est pour quand?...'

Avant d'écrire votre rédaction, il vous faudra considérer les questions suivantes:

Les Dupont: Quelles sont leurs conditions de logement? Ont-ils des enfants? Où le mari travaille-t-il? Possèdent-ils une voiture? Quels sont les avantages qu'ils trouvent à vivre dans Paris? et les inconvénients?

Les Durand: Où vivaient-ils avant de s'installer en banlieue? Dans quelles conditions? Qu'est-ce qui les avait décidés à 'émigrer'? Comment est l'appartement qu'ils ont trouvé? En sont-ils satisfaits? Pourquoi?

⬡ D Sujet de rédaction

Paris ou la banlieue: les avantages et inconvénients.

Grammar

1 Adjectives

Agreement

(a) — *ses constructions bon marché:*
    its low priced property
Bon marché—originally *à bon marché*—never
agrees.

(b) — *la banlieue sud*
Nord, sud, est and *ouest* are always invariable.

(c) — *Une demi-heure de métro*
    — *Les enfants sont demi-pensionnaires.*
    — *nu-pieds:* barefoot
Demi and *nu* placed before the noun are invariable. When placed after the noun, they agree
(*demi* in the singular only).
    trois heures et demie; pieds nus; tête nue

2 Negatives

(a) — *sans que jamais rien de cohérent soit entrepris:*
    without anything coherent ever being started.
Sans and *sans que* combine with other negatives,
whereas in English the corresponding positive
form is used. Note that *sans* and *sans que* do not
require *ne*.
    *Ils laissent jouer les enfants sans aucune
    surveillance:*
    . . . without any supervision.

Il est parti sans rien dire à personne:
    . . . without saying anything to anyone.

(b) — *ne penser à rien de précis*
    Toute la journée elle ne parle à personne.
    Elle ne s'est plainte d'aucun problème.
Rien, personne and *aucun* can be used after a
preposition.

3 The Article

Partitive *de*
— *rien de précis:*
    nothing precise (nothing in particular)
Partitive *de* is used before adjectives and nouns after
these pronouns: *rien, quelque chose, personne,
quelqu'un, ceci, cela, que, quoi, ce qui, ce que:*

Qu'y a-t-il de nouveau?
Quoi de neuf?
*La banlieue a ceci de particulier que ses habitants
    viennent du Midi:*
The suburb is unusual in that its inhabitants come
    from the south.

4 Indefinite Pronouns

Use of *tout*: 'all of them', 'both of them'   (see 14.4*b*)
— *Leur rêve à tous:* The dream of all of them.
There is no construction in French corresponding to
the English 'all of', 'both of':
Elles sont toutes venues: All of them came.

Elle les a tous vus: She saw all of them.
Elle leur a parlé à tous les deux:
She spoke to both of them.
Elle les a vues toutes les deux:
She saw both of them.

5 Stressed Pronouns

To reinforce the possessive adjective
The possessive adjective can be strengthened by the
use of the stressed pronoun in a construction similar

to the above use of *tout*:
    leur rêve à eux: **their** dream
    mon rêve à moi: **my** dream

6 'Out (of)', 'outside'

(a) **Adverb: 'out', 'outside'**
    (i) — *Vous sortez le soir, quelquefois?:*
        Do you ever go out in the evening?
        The meaning of 'out' is generally expressed
        by the **verb** in French. The means of 'going'
        is often expressed by an adverb phrase of
        manner:
            sortir en courant (à la hâte): to run out

    (ii) — *Laissez-vous vos enfants jouer dehors?:*
        Do you let your children play outside?
        dehors: 'out of doors', 'in the open'
    (iii) — *de la place, au-dedans et au-dehors:*
        more room inside and out.
        Au-dehors is used when a contrast with
        au-dedans is expressed or implied.

6 (*b*) **Preposition: 'out of', 'outside'**

(i) —*nous avions envie d'être un peu hors de Paris:*
we wanted to live a little way out of Paris.
Hors de ('out of', 'outside') is used when it means the opposite of *dans* ('into', 'inside').
—*(ils) commencent à émigrer hors les murs.*
In certain phrases, e.g. *hors jeu* ('out of play'), *hors la loi* ('outside the law'), there is no *de*.

(ii) —*jeter un coup d'œil par la fenêtre:*
to glance out of the window.
La voiture s'est arrêtée devant leur porte:
The car stopped outside their door.

Il a sorti la clef de sa poche:
He took the key out of his pocket.
Il a pris la clef dans sa poche:
He took the key out of his pocket.
Note that there are many cases where the meaning of 'out of', 'outside' is expressed by the **verb** and an appropriate **preposition**.
—*je laisse ma voiture à la porte de Paris:*
I leave my car outside Paris (i.e. at the city boundary).
Note the use of a **prepositional phrase** to make the situation more explicit.

---

7 Prepositions

à —*au fond:* fundamentally
—*à raison de...:* at the rate of . . .
—*(un appartement) à deux:*
(a flat) with two of us in it
—*à l'échelle humaine:* on a human scale
—*qui vit à vingt kilomètres du centre:*
who lives twenty kilometres from the centre

de —*d'un même cœur:*
with equal warmth, equally   (see 6.6)
de means 'with' after innumerable adjectives:
— *est-elle satisfaite des commerçants?:*
is she satisfied with the shopkeepers?
être content de, fâché de...:
to be pleased with, angry with . . .

de... à —*de 1 000 à 2 000 logements:*
between 1,000 and 2,000 homes (see 10.6)

en —*ses immeubles en location:*
its rented properties   (see 14.5)
—*en banlieue:* in the suburbs   (see 2.6)
—*en ce moment:* at present, just now

dans —*dans la campagne:*
in the countryside   (see 2.6)
à la campagne:
in the country (as opposed to the town)

par —*par ses constructions:*
because of, through its buildings (see 17.7)

vers —*vers sept heures et quart:*
at about a quarter past seven

Exercises

❧ (1) **The Article**   Partitive *de*
Exemple: Vous y faites quelque chose de précis?
Réponse: Oh non! Rien de précis!
Exemple: Vous connaissez quelqu'un d'important?
Réponse: Oh non! Personne d'important!
1 Vous avez vu quelque chose d'amusant? 2 Vous avez rencontré quelqu'un d'intéressant? 3 On vous annonce quelque chose de grave? 4 Vous connaissez quelqu'un d'assez âgé pour surveiller les enfants? 5 Vous avez appris quelque chose d'étonnant? 6 Vous avez trouvé quelqu'un d'assez responsable pour surveiller les enfants?

(2) **Negatives**   *sans (que)*
Exemple: Ils discutent. Ils n'entreprennent rien de cohérent.
Réponse: Ils discutent sans rien entreprendre de cohérent.
Exemple: Ils discutent. Rien de cohérent n'est entrepris.
Réponse: Ils discutent sans que rien de cohérent soit entrepris.
1 Ils laissent jouer leurs enfants. Ils ne les surveillent jamais. 2 Ils laissent jouer leurs enfants. Il n'y a personne pour les surveiller. 3 Ils restent à la maison. Ils n'ont aucune envie de sortir. 4 Ils restent à la maison. Rien ne trouble leur repos. 5 Les discussions ont continué. Elles n'ont abouti à rien. 6 Les discussions ont continué. Personne n'a voulu prendre une décision. 7 On a construit la cité. On n'a montré les plans à personne. 8 On a construit la cité. Rien n'a été aménagé pour les jeunes.

(3) *tout*   Translate:
1 Both of them came. 2 I was able to speak to all of them. 3 It was the idea of all of them. 4 It was the idea of both of them. 5 All of them miss her. 6 Both of us miss her.

(4) **'out (of)', 'outside'**   Translate:
1 Children should not be left outside without supervision. 2 Inside it was always dark, and outside the children could not play. 3 More and more people will decide to live outside the large towns. 4 When they come home in the evenings they have no wish to go out again later. 5 No child can fall out of these windows. 6 She spends all her day looking out of the window. 7 The stairs are just outside their door. 8 The same plan is brought out every year.

Sarcelles: 'les Hôpitaux de la Longue Maladie' (Jean-Luc Godard).
'J'ai mis trois mois à reconnaître mon bâtiment.'

La montagne

Ils quittent un à un le pays
Pour s'en aller gagner leur vie
Loin de la terre où ils sont nés
Depuis longtemps ils en rêvaient
De la ville et de ses secrets
Du formica et du ciné
Les vieux ça n'était pas original
Quand ils s'essuyaient machinal
D'un revers de manche les lèvres   *revers* (m) *de manche:* end of sleeve
Mais ils savaient tous à propos
Tuer la caille ou le perdreau   *caille* (f): quail
Et manger la tomme de chèvre   *perdreau* (m): young partridge
                                        tomme (f) *de chèvre:* goat's cheese

Pourtant que la montagne est belle
Comment peut-on s'imaginer
En voyant un vol d'hirondelles   *hirondelle* (f): swallow
Que l'automne vient d'arriver.

Deux chèvres et puis quelques moutons
Une année bonne et l'autre non
Et sans vacances et sans sorties
Les filles veulent aller au bal
Il n'y a rien de plus normal
Que de vouloir vivre sa vie
Leur vie ils seront flics ou fonctionnaires   *flic* (m)(sl): cop
De quoi attendre sans s'en faire   *fonctionnaire* (m and f): (government) official
Que l'heure de la retraite sonne   *de quoi:* enough (money)
Il faut savoir ce que l'on aime   *s'en faire* (sl): to be worried
Et rentrer dans son H.L.M.
Manger du poulet aux hormones

Pourtant que la montagne est belle etc.

123

23
Vivre à Sarcelles

Tout l'avenir des grands ensembles est mis en question avec l'expérience de la plus grande banlieue-dortoir de la région parisienne: le grand ensemble est-il la meilleure solution du problème du logement?

Sarcelles: d'énormes cubes gris dans la brume, les 'blocs' percés de fenêtres éclairées, des arbres tous semblables, des allées larges qui se ressemblent à s'y méprendre.

— J'ai mis trois mois à reconnaître mon bâtiment. Je me trompais toujours. Nos rues se ressemblent tellement qu'on ne sait jamais comment indiquer le chemin aux rares amis qui viennent nous voir...

— Le soir, que faire? Pas de cinéma, pas de théâtre, à Sarcelles. Alors on regarde un peu la télé et on se couche tôt. D'ailleurs tout le monde est tellement fatigué! Et il faut repartir le lendemain matin, aller à pied à la gare, reprendre le train dans le froid, s'engouffrer dans le métro, recommencer... Ah, vivre dans Paris! ou même à Tours, à Orléans!

D'après un récent sondage, 70% des habitants de Sarcelles ne s'y sentent pas heureux, et 60% préféreraient trouver un logement à Paris... Mais le droit de vivre à Paris se paie cher, très cher. L'appartement de 4 pièces, confort minimum, qui se loue à Sarcelles 296 francs charges comprises, coûterait au moins 1 000 francs place d'Italie ou 900 francs à Belleville. Alors, on reste, on continue cette ronde épuisante, on acquiert une sorte de résignation faite de fatigue, d'abandon et de repli sur soi. Pour ceux qui travaillent à Paris et qui ne font que dormir à Sarcelles, le grand ensemble c'est l'ennemi, le cauchemar, le symbole de 'ce qu'il faut supporter dans la vie...'

Pour les autres, c'est-à-dire pour les femmes qui peuvent rester chez elles, Sarcelles offre un autre visage: l'espace retrouvé, la lumière et les arbres, le soleil parfois, les enfants enfin lâchés au grand air. Un nouveau mode de vie se crée, qui n'est ni l'anonymat glacé parisien ni le corset rigide des tabous provinciaux.

— J'ai vécu quelques années en province: on savait tout de suite qui était qui. Vous étiez aussitôt étiquetée, classée, cantonnée, dans un cercle avec interdiction d'en sortir. Moi qui avais l'habitude de Paris où je passais des mois sans même connaître voisin de palier, j'ai été plutôt étonnée, mais ici à Sarcelles, tout est nouveau. Il y a... comment dire? un brassage plus facile. Les femmes se rencontrent dans les magasins, à la sortie de l'école. Elles se reconnaissent, se saluent. Paris et ses magasins manquent un peu, au début. Puis on s'habitue, on y va de moins en moins. Une fois par mois, au plus, et encore, lorsque je ne peux faire autrement! Mais tout n'est pas parfait encore.

A Sarcelles on compte une centaine d'associations diverses pour 50 000 habitants, mais elles n'ont que des objectifs limités, sociaux ou culturels. La revendication effraie encore. Ce besoin diffus commence pourtant à se cristalliser en véritable réaction de défense. En février dernier, les habitants de Sarcelles ont élu un 'conseil de résidents'. C'est peut-être là que se joue l'avenir de Sarcelles et, par voie de conséquence, celui de toutes les 'banlieues-dortoirs'...

— Je crois qu'on commence ici à comprendre une chose — me dit Claude Neuschwander, président du conseil de résidents, et Sarcellois par choix.
— Le problème n'est plus de savoir s'il convient ou non de vivre dans un

dortoir (m): dormitory

brume (f): mist
allée (f): avenue
large: broad

rare: few

s'engouffrer: to be swallowed up

ronde (f): round
épuisant: exhausting
abandon (m): surrender
cauchemar (m): nightmare

lâcher: to let loose

étiqueter: to label
cantonner: to confine
palier (m): landing

diffus: diffuse

grand ensemble. Le problème est de savoir comment y vivre. Car Paris est plein et, dans dix ans, tous les Parisiens pratiquement habiteront en banlieue. Ils feraient bien de s'habituer à cette idée et de s'y préparer. Au lieu de condamner 'l'univers concentrationnaire' de Sarcelles, ils feraient mieux d'imaginer déjà leurs formes de vie future pour pouvoir, le moment venu, les proposer, voire les imposer, aux pouvoirs publics qui ne demandent au fond qu'à être suscités...

susciter: to arouse

Verb Constructions

se sentir (heureux): to feel (happy)
s'habituer à qch.: to get used to sth.
se préparer à qch.: to prepare for sth.
imposer qch. à qn.: to impose sth. on s.o.
Paris et ses magasins manquent:
one misses Paris and its shops.
il convient de faire qch.:
it is advisable, a good thing, to do sth.

faire bien (mieux) de faire qch.:
to do well (better) to do sth.
mettre (du temps) à faire qch.:
to take (time) to do sth.
demander à faire qch.: to ask (permission) to do sth.
    Compare this construction, where there is no personal
    object, with *demander à qn. de faire qch.*

Further Vocabulary

qui se ressemblent à s'y méprendre:
which look identical
qui se loue 296 francs:
which cost 296 francs to rent
(le) repli sur soi: withdrawal
avec interdiction d'en sortir: with orders not to leave it

il y a un brassage plus facile:
it's easier to meet (mix with) people.
je ne peux faire autrement: I can't avoid it.
la revendication effraie encore:
people are as yet afraid to make demands.
l'univers concentrationnaire: the prison-like world
le moment venu: when the time comes

A Questions à préparer

1 Qu'est-ce qui frappe le visiteur de Sarcelles?
2 Qu'est-ce qui manque en particulier à Sarcelles?
3 Pour quelles raisons préférerait-on vivre dans Paris, à Tours ou à Orléans?
4 A quoi les Sarcellois se résignent-ils?
5 Quelles sont les causes du contentement des femmes 'qui peuvent rester chez elles'?
6 Pourquoi préfèrent-elles Sarcelles (a) à Paris et (b) à la vie provinciale?
7 Quelle est l'importance de la formation du 'conseil de résidents'?
8 Résumez le point de vue de M. Neuschwander.

B Sujet de rédaction à discuter

ou (a) Imaginez un dialogue entre un des habitants d'une cité nouvelle (telle que Sarcelles par exemple) et l'architecte respons- able de sa planification, dialogue où chacun des partis en présence essaie de faire comprendre à l'autre les problèmes qui l'ont confronté, et de répondre aux objections soulevées par l'autre.

ou (b) Interview avec l'architecte responsable de la planification d'une cité nouvelle.

Quelques questions à considérer: (1) Quelle a été la conception des urbanistes qui ont créé Sarcelles? Qu'ont-ils voulu faire? (2) A quels besoins sociaux ont-ils dû répondre? (3) 'Tous les immeubles se ressemblent': justifiez ce fait du point de vue des autorités responsables de la construction de Sarcelles; opposez le point de vue des habitants. (4) Pourquoi y a-t-il un 'brassage plus facile' dans des ensembles tels que Sarcelles? (5) Quels arguments pourrait-on avancer pour ou contre le point de vue de M. Neuschwander?

125

Grammar

1 Pronominal Verbs

Revise from 2.2, then see Exercise (1).

2 Auxiliary Verbs

(a) *faire bien (mieux) de...*
  (i) With no idea of comparison:
    — *Ils feraient bien de s'habituer à cette idée:*
    They had better (they would do well to) get used to this idea.
  (ii) When one course of action is preferred to another:
    — *Au lieu de... ils feraient mieux d'imaginer...:*
    Instead of . . . they would be better advised to think out . . .

(b) *ne faire que:* 'only'
  — *Pour ceux qui... ne font que dormir à Sarcelles:*
  For those who only sleep at Sarcelles (i.e. and work in Paris). (see 13.1*a*)
  Compare:
  ceux qui ne dorment qu'à Sarcelles:
  those who sleep only in Sarcelles (i.e. and not anywhere else).

3 The Infinitive

(a) *de savoir* (see 13.5)
  — *Le problème n'est plus de savoir s'il convient ou non de vivre dans un grand ensemble:*
  The problem is no longer whether living in a housing estate is a good thing or not.

(b) — *Le soir, que faire?:* . . . what is there to do?
  — *Il y a... comment dire?:*
  There is . . . how can I put it?
  (For this use of the infinitive see 9.2*d*.)

4 Participles

The past participle
— *296 francs charges comprises:*
  . . . expenses included.
Used as an adjective, the past participle agrees with its noun. **But** certain past participles can be used as prepositions, in which case they are invariable:
  y compris les charges: including expenses
  excepté les enfants: except for children
  vu les obstacles...: in view of the obstacles . . .

attendu les circonstances:
considering the circumstances . . .
The last two participles form conjunctions with *que:*
vu que les bâtiments se ressemblent:
seeing that . . .
attendu que les bâtiments se ressemblent:
considering that . . .

5 Stressed Pronouns

Verb agreement
— *Moi qui avais l'habitude de Paris...*
  C'est moi qui ai les ennuis!
  Ce n'est pas nous qui avons fait cela!

When a stressed pronoun is followed by *qui*, the verb in the relative clause agrees with the pronoun.

6 Word Order

c'est... qui (que) (relative); **c'est... que** (conjunction)
— *C'est peut-être là que se joue l'avenir de Sarcelles:*
Perhaps it is here that the future of Sarcelles lies (is at stake).

The construction *c'est (ce sont)... que* can be used to emphasise almost any part of a sentence (pronoun, noun, noun phrase, adverb, adverb phrase). For example, the following sentence contains at least four elements which could be emphasised in this way:

— *En février dernier, les habitants de Sarcelles ont élu un conseil de résidents.*
(a) *C'est en février dernier que les habitants de Sarcelles...*
(b) *C'est à Sarcelles que les habitants ont élu...*
(c) *Ce sont les habitants de Sarcelles qui ont élu...*
(d) *C'est un conseil de résidents que les habitants de Sarcelles...*

7 Prepositions

à — *au grand air:* in the open air
de — *mon voisin de palier:*
my next-door neighbour (in a block of flats (see 10.6)
— *percés de fenêtres:*
pierced with windows   (see 14.5)

en — *se cristalliser en...*
to crystallize into . . .   (see 13.6)
— *l'avenir... est mis en question:*
the future is challenged, called into question (see 18.4 and 19.5)

Exercises

(1) **Pronominal Verbs** Make a list of the pronominal verbs in the passage, together with their translation. Place each of them in one of the following categories:
1 Reciprocal action   e.g. *se rencontrer*
2 Reflexive action   e.g. *se laver*
3 Passive construction used in English   e.g. *se vendre*
4 Simple active verb used in English   e.g. *se souvenir*

(2) **Translate:**
1 The authorities had better listen to these opinions. 2 Those who only work in Paris cannot understand all its problems. 3 We who live in houses often forget the problems of life in flats. 4 Many women who move to Sarcelles, including those who come from provincial towns, very soon get used to life there. 5 Several dormitory-suburbs similar to Sarcelles have been built around Paris: the question is whether or not they are the best solution to the housing problem.

(3) **Word Order** Use *'c'est (ce sont)... qui (que)'* to give an appropriate emphasis to these statements:
1 Les 'vrais' Parisiens commencent à émigrer hors les murs. 2 Le soir, son mari ou une femme de ménage fait dîner les enfants. 3 J'avais un tout petit appartement à Paris. 4 La 'Petite résidence' est réussie du point de vue de l'architecture. 5 Ma femme s'occupe des enfants. 6 60% des habitants de Sarcelles préféreraient trouver un logement à Paris. 7 Le droit de vivre à Paris se paie cher. 8 Sarcelles offre un autre visage pour les femmes qui peuvent rester chez elles. 9 Les femmes se rencontrent dans les magasins. 10 Dans dix ans tous les Parisiens habiteront en banlieue.

24

Mourenx : ville neuve

Dans les dernières années, grâce aux gisements de gaz dans la région de Lacq, petit village des Pyrénées-Occidentales, des industries modernes dotées d'un potentiel considérable se sont implantées dans une région agricole.

L'automation et la mécanisation ont fait que les usines, malgré leur envergure, n'ont pas eu à employer un nombre très élevé d'ouvriers. A Lacq se trouvent les installations nécessaires pour l'extraction du gaz, auxquelles sont venues s'ajouter plusieurs usines fabriquant des produits divers. Le personnel de ces usines n'habite pas Lacq. La décision fut prise tout au début de créer une ville nouvelle à quatre ou cinq kilomètres.

Mourenx est une ville neuve surgie dans une commune rurale qui avait, avant l'ouverture des chantiers, moins de 250 habitants ; avec ses 12 000 habitants, elle est devenue la quatrième ville du département. Pour trouver des cas semblables, il faudrait aller dans les zones minières du Nord et de l'Est, mais là il s'agit d'ensembles résidentiels (ne constituant pas nécessairement des villes au sens propre du terme). Mourenx est, dans sa région, une exception. Les communes environnantes ont subi des accroissements plus ou moins sensibles de population, ont connu quelques constructions, mais la ville du complexe industriel de Lacq, c'est Mourenx.

✳ La ville, construite dans les bois et encadrée de montagnes, a été conçue pour loger le personnel des industries du complexe. Progressivement, les promoteurs et l'administration départementale ont pris conscience qu'il ne suffisait pas de loger, qu'il fallait faire habiter, c'est-à-dire créer les bases d'une existence globale. Seulement, Pau est à vingt kilomètres, et une bonne partie des cadres supérieurs de l'industrie, malgré la création d'une zone de pavillons coquets hors des ensembles d'immeubles collectifs, préfère résider à Pau ; une partie importante des habitants de Lacq possède des voitures et va faire ses achats à Pau. La contradiction est flagrante : pour faire de Mourenx une ville, il faudrait y implanter des services, un complexe commercial aussi complet que possible. Le souci de rentabilité, aggravé par les habitudes déjà prises d'évasion de la clientèle vers les magasins palois qui sont particulièrement attrayants, freine les initiatives. Mourenx n'est plus tout à fait un centre-dortoir, mais elle n'est pas encore tout à fait une ville, avec sa vie de cité. Le sera-t-elle jamais ? Son destin n'est-il pas de s'intégrer dans une grande agglomération paloise de disposition linéaire ? et peut-être un jour, quand le gaz sera épuisé, de se retourner vers le marché d'emploi de la ville de Pau. ✳

gisement (m): field

s'implanter: to be established
envergure (f): size

surgir: to spring up

sensible: noticeable

encadrer: to enclose

cadres supérieurs: managerial staff
création (f): building, establishment
pavillon (m): small villa
coquet: stylish
rentabilité (f): profitability
évasion (f): escape
palois: of Pau
attrayant: attractive
agglomération (f): conurbation

Further Vocabulary

industries modernes dotées d'un potentiel considérable: modern industries with considerable potential.
>   **Note** the use in French of a past participle to support the preposition (see passage 9).

l'automation et la mécanisation ont fait que...: the result of automation and mechanisation has been that . . .

auxquelles sont venues s'ajouter...: to which have been added . . .

avant l'ouverture des chantiers: before work began on the site

(des) ensembles résidentiels: housing estates
les communes... ont subi des accroissements: there have been increases in the districts.
(elles) ont connu quelques constructions: there has been some building in . . .
>   **Note** that the construction with a verb is preferred here to *il y a eu dans les communes...*

ils ont pris conscience que...: they became aware, realised, that . . .
un complexe commercial: a shopping centre

128

Mourenx: une ville neuve surgie dans une commune rurale.

A Questions à préparer

1 Pourquoi l'industrie est-elle venue s'établir à Lacq?
2 Quel effet l'industrie a-t-elle eu sur la région?
3 Est-ce que beaucoup d'ouvriers s'y trouvent employés? Pourquoi?
4 Quelle différence y aurait-il, à votre avis, entre Mourenx et les 'ensembles résidentiels' des zones minières? Qu'est-ce qui a fait de Mourenx une 'ville' plutôt qu'un 'ensemble'?
5 'Il ne suffisait pas de loger, il fallait faire habiter.' Expliquez la différence. En quoi consistent 'les bases d'une existence globale'?
6 Pourquoi les gens préfèrent-ils résider à Pau, malgré les conforts offerts par les divers logements de Mourenx?
7 Expliquez les difficultés qui confrontent les commerçants et les autorités responsables du développement commercial de la ville.
8 Compte tenu de ces problèmes, quelles sont les possibilités ouvertes aux autorités?

B Résumé

Résumez en 200 mots les circonstances qui ont conduit à la création de cette ville neuve et les difficultés qui s'opposent à son développement futur. (Procédé: voir texte no. 5.)

C Sujets de discussion

1 Existe-t-il dans votre région des exemples d'usines 'implantées dans la campagne'? Pourquoi s'y sont-elles établies? Quels sont les avantages et les désavantages de leur situation: pour les employeurs, le personnel et la communauté locale?
2 Connaissez-vous une ville nouvelle? Dans quelles conditions, selon vous, la création d'une ville nouvelle aura-t-elle le plus de chances de réussir?

D Sujet de rédaction

Un ouvrier agricole de la région raconte comment la découverte de gaz à Lacq et la création de Mourenx ont changé sa vie, et celle de la population locale.

Grammar

1 Tenses

Sequence in time clauses   (see 5.2)

—*peut-être un jour, **quand le gaz sera épuisé**, (son destin est) de se retourner:*

perhaps one day, **when the gas has run out,** (its fate is) to go back . . . (i.e. it will go back . . .)

In time clauses, following such conjunctions as *quand, lorsque, dès que, aussitôt que, après que, à peine* (+inversion of verb and subject) *que*, expressing simultaneous or successive actions, the tense must be in sequence with the tense in the main clause:

(a) referring to simultaneous actions

Il sort quand il fait beau:
He goes out when it is fine.

*Il sortira dès qu'il **fera** beau:*
He will go out as soon as it **is** fine.

*Il a dit qu'il sortirait quand il **ferait** beau:*
He said he would go out when it **was** fine.

Il est sorti quand il a fait beau:
He went out when it was fine.

Il sortit quand il fit beau:
He went out when it was fine.

Il sortait quand il faisait beau:
He used to go out when it was fine.

(b) referring to successive actions

Il sort quand il a fini:
He goes out when he has finished.

*Il sortira dès qu'il **aura** fini:*
He will go out as soon as he **has** finished.

*Il a dit qu'il sortirait après qu'il **aurait** fini:*
He said he would go out after he **had** finished.

Il est sorti quand il a eu fini:
He went out when he had finished.

Il sortit quand il eut fini:
He went out when he had finished.

Il sortait quand il avait fini:
He used to go out when he had finished.

Notes (i) *... quand il eut fini:* . . . when he had finished. The past anterior tense, formed from the past historic of the auxiliary verb and the past participle, is required when the main verb is in the past historic tense, and the actions in the two clauses are successive.

(ii) *... quand il a eu fini:* . . . when he had finished. This tense, called the 'Passé Surcomposé' in French, is required when the main verb is in the perfect tense and the actions are successive.

2 Agreement of Verb

After collective nouns

—*une bonne partie des cadres supérieurs... préfère résider à Pau.*

—*une partie importante des habitants de Lacq possède des voitures et va faire ses achats à Pau.*

In these examples, the verb is singular because the subject is felt to be *une partie*. Expressions such as *la majorité* (see 8.3) and *un grand nombre* are followed by a plural verb when they mean 'several', 'many'. Further examples of singular and plural agreements should be collected and compared from your own reading.

3 Word Order

Inversion of verb and subject

(a) In main clauses:

—*A Lacq se trouvent les installations nécessaires pour...*

In main clauses beginning with an adverb or adverb phrase, it is possible to place the verb before its subject, particularly when the noun is linked to a following phrase or series of phrases.

(b) In relative clauses:

—*auxquelles sont venues s'ajouter plusieurs usines fabriquant des produits divers.*

Inversion of verb and subject is frequent in relative clauses when the subject is longer than the verb.

4 Prepositions

à is used to express distance (see 22.7):

—*une ville nouvelle à quatre ou cinq kilomètres:*

a new town four or five kilometres away

—*Pau est à vingt kilomètres:*

Pau is twenty kilometres away

à —*au sens propre du terme:*
in the proper sense of the word

de —*le souci de rentabilité:*
concern for profitability

Exercises

🎲 (1) **Tense sequence**

  (a) *Exemple:* Quand est-ce que tu y iras?
     Réponse: J'y irai quand j'aurai le temps.
     Exemple: Quand est-ce que tu y allais?
     Réponse: J'y allais quand j'avais le temps.
     1 Quand est-ce que tu y es allé?   2 Quand est-ce que tu y seras allé?   3 Quand est-ce que tu y irais?   4 Quand est-ce que tu y serais allé?   5 Quand est-ce que tu y vas?   6 Quand est-ce que tu y étais allé?

  (b) *Exemple:* Quand est-ce qu'il part?
     Réponse: Il part quand on a fini.
     Exemple: Quand est-ce qu'il partit?
     Réponse: Il partit quand on eut fini.
     1 Quand est-ce qu'il partira?   2 Quand est-ce qu'il partirait?   3 Quand est-ce qu'il partait?   4 Quand est-ce qu'il partit?   5 Quand est-ce qu'il part?   6 Quand est-ce qu'il partira?

  (c) *Exemple:* Ils ne viendront pas avant que j'aie fini.
     Réponse: Ils viendront quand j'aurai fini.
     1 Ils ne viendront pas avant qu'il y ait plus de pavillons.   2 Ils ne viendront pas avant que les services y soient implantés.   3 Ils ne viendront pas avant que les clients soient arrivés.   4 Ils ne viendront pas avant que nous soyons prêts.   5 Ils ne viendront pas avant que nous ayons construit plus de magasins.

(2) **Translate:**
  1 As soon as a shopping centre is built in Mourenx, a large proportion of the population will go less often to Pau.   2 The majority of the industries were established in the last fifteen years.   3 Most of those who work at Lacq live in Mourenx.   4 Most of the attractive shops which are necessary for the establishment of a real shopping centre are in Pau.   5 There is an estate of private houses, where only a minority of the managerial staff live.

Lacq: des industries modernes dans une région agricole.

VI
L'Industrie et L'Automation

Les usines

Se regardant avec les yeux cassés de leurs fenêtres
Et se mirant dans l'eau de poix et de salpêtre
D'un canal droit, tirant sa barre à l'infini,
Face à face, le long des quais d'ombre et de nuit,
Par à travers les faubourgs lourds
Et la misère en guenille de ces faubourgs,
Ronflent terriblement les fours et les fabriques.

Ici, entre des murs de fer et de pierre,
Des mâchoires d'acier mordent et fument;
De grands marteaux monumentaux
Broient des blocs d'or sur des enclumes,
Et, dans un coin, s'illuminent les fontes
En brasiers tors et effrénés qu'on dompte.

Là-bas, les doigts méticuleux des métiers prestes,
A bruits menus, à petits gestes,
Tissent des draps avec des fils qui vibrent,
Légers et fins comme des fibres.

Au long d'un hall de verre et de fer,
Des bandes de cuir transversales
Courent de l'un à l'autre bout des salles,
Et les volants larges et violents
Tournent, pareils aux ailes dans le vent
Des moulins fous, sous les rafales.

Un jour de cour, avare et ras,
Frôle, par à travers les carreaux gras
Et humides d'un soupirail,
Chaque travail.

Et tout autour, ainsi qu'une ceinture,
Là-bas, de nocturnes architectures,
Voici les docks, les ports, les ponts, les phares
Et les gares folles de tintamarres;
Et plus lointains encore les toits des autres usines
Et des cuves, et des forges, et des cuisines
Formidables de naphte et de résines
Dont les meutes de feu et de lueurs grandies
Mordent parfois le ciel à coups d'abois et d'incendies.

Au long du vieux canal, à l'infini,
Par à travers l'immensité de la misère
Des chemins noirs et des routes de pierre,
Les nuits, les jours, toujours.
Ronflent les continus battements sourds,
Dans les faubourgs,
Des fabriques et des usines symétriques.

Emile Verhaeren — *Les Villes tentaculaires*

se mirer: to be reflected
poix (f): pitch
tirer: to stretch out
ombre (f): darkness, shadow
faubourg (m): (working-class) suburb
guenille (f): rags
ronfler: to rumble, roar
four (m): furnace
fabrique (f): factory
fer (m): iron
acier (m): steel
mordre: to bite
marteau (m): hammer
enclume (f): anvil
fonte (f): metal casting
brasier (m): blazing fire
tors: writhing
effréné: uncontrolled
dompter: to subdue
métier (m): loom
preste: nimble
menu: tiny
tisser: to weave
fil (m): thread
fin: delicate
cuir (m): leather
volant (m): flywheel
moulin (m): windmill
rafale (f): gust of wind
jour (m): (day)light
avare: mean
ras: hugging the surfaces
frôler: to touch lightly
carreau (m): window-pane
gras: greasy
soupirail (m): ventilator
ceinture (f): belt
phare (m): lighthouse
tintamarre (m): loud noise, din
cuve (f): vat, tank
naphte (m): mineral oil
meute (f): pack of hounds
lueur (f): glow of light
aboi (m): barking (of dogs)

25
325 000 francs

La proposition

(Bernard Busard, ouvrier, 22 ans, veut épouser Marie-Jeanne Lemercier, lingère, 25 ans. Elle accepte, à condition qu'ils quittent Bionnas, ville industrielle du Jura. Busard trouve un snack-bar qu'ils pourront gérer, sur la grande route Paris–Lyon; mais il lui faut encore trouver près de la moitié de la caution qui est demandée, soit 325 000 francs (anciens).

Il propose à un camarade, un Bressan, d'origine paysanne, de travailler à l'usine pendant six mois à une presse à injecter qui fabrique des jouets en matière plastique, en alternant chacun quatre heures de travail et quatre heures de repos, la machine fonctionnant ainsi vingt-quatre heures sur vingt-quatre. Le camarade accepte.)

lingère (f): seamstress
gérer: to run
la moitié: a half
caution (f): deposit

La machine

Busard contempla avec plaisir, allongée devant lui comme un bel animal, la puissante machine qui allait lui permettre d'acheter la liberté et l'amour.

Le ventre dans lequel ses mains allaient avoir à travailler pendant cent quatre-vingt-sept jours n'était plus séparé de lui que par le réseau à jours octogonaux de la grille de sécurité. Le moule ne s'ouvrira que quand il aura levé la grille, ne se fermera que quand il l'aura abaissée. C'est pour l'empêcher d'oublier par mégarde sa main dans la matrice, au moment où celle-ci se ferme. Ce ventre peut à l'occasion se transformer en mâchoire capable de broyer n'importe quel poing.

Dans le ventre à serpentins, la matière plastique refroidit en trente secondes. L'ouverture et la fermeture du ventre, et l'injection de la matière en fusion exigent dix secondes. La presse fabrique un objet toutes les quarante secondes.

ventre (m): belly
réseau (m): mesh
jour (m): hole
moule (m): mould
par mégarde: carelessly
matrice (f): mould
mâchoire (f): jaw
broyer: to crush
poing (m): fist
serpentins (m.pl): curving shapes
en fusion: molten

Le travail

(Le travail consiste à trancher le 'cordon' de matière plastique qui relie la matrice au cylindre, puis à casser en deux le jouet qui est composé de deux parties identiques, et enfin de le jeter dans une caisse.)

trancher: to cut

caisse (f): box

Les trois gestes: trancher, séparer, jeter, n'exigent que dix secondes. Il restait à Busard près de vingt secondes à attendre, avant que s'allume le voyant rouge qui indique que la matière injectée est refroidie. C'est son temps de repos.

Le voyant rouge s'alluma. Busard leva la grille de sécurité. Le ventre s'ouvrit. Busard détacha du moule les carrosses jumelés, baissa la grille, trancha, sépara, jeta, attendit...

Les presses, mues électriquement, étaient presque silencieuses. A l'entrée des cylindres, les tiges des pistons, polies et luisantes comme les cuisses des chevaux de course, allaient et venaient, dans une majestueuse lenteur. La lente cadence, imposée par le temps de refroidissement, donnait aux gestes des ouvriers une apparence de solennité. Ils ne parlaient, ne riaient, ni ne chantaient. Le regard perdu, chacun poursuivait son rêve, sa méditation ou son calcul, détachait, tranchait, séparait, jetait une fois toutes les quarante secondes, ou toutes les cinquante, ou toutes les trente, selon l'objet fabriqué.

voyant (m): light
carrosse (m): coach
jumelé: twin
mouvoir: to move
tige (f): shaft
cuisse (f): thigh

La grille de sécurité

(Quand le Bressan vient le relayer, Busard lui explique le fonctionnement de la presse, et notamment de la grille de sécurité.)

relayer: to relieve

Pourquoi cette grille, puisque l'ouvrier, durant les dix secondes entre l'ouverture et la fermeture du ventre, a trois fois le temps d'ôter de la matrice l'objet moulé?

Busard répondit que le risque était que l'ouvrier s'endormît, la main dans le ventre de la presse. Il y avait eu énormément de mains broyées à Bionnas, avant que l'Inspection du Travail imposât la mise en place des grilles de sécurité. Le Bressan estima qu'il fallait être bien feignant pour s'endormir au cours d'un travail qui demandait si peu de peine. Busard ne lui décrivit pas la somnolence que provoque la répétition indéfinie des mêmes gestes et dont il est d'autant plus difficile de se défendre qu'ils n'exigent ni effort, ni attention. Le paysan s'en apercevrait bien.

imposer: to enforce
feignant: idle

geste (m): movement

— C'est comme cela, dit Busard.

La manœuvre de la grille constitue deux des six opérations que l'ouvrier doit accomplir au cours de chaque opération: ouvrir la grille, détacher l'objet, fermer la grille, trancher, séparer, jeter. La manœuvre de la grille constitue le tiers de son travail, le tiers de sa fatigue. Il a fait depuis longtemps le calcul. Beaucoup d'ouvriers suppriment le coupe-circuit que le mouvement de la grille met en action; c'est très simple.

le tiers: a third
supprimer: to take out, do away with
coupe-circuit (m): cut-out

En se décidant à travailler à l'atelier, Busard s'était juré de respecter la règle de sécurité. Il ne touchera jamais au coupe-circuit.

atelier (m): workshop

Comme tous les jeunes gens nés à Bionnas, il connaissait toute l'étendue de la tentation et du danger. Il préférait le tiers de travail, de fatigue de plus. Il n'était pas lié à la presse pour la vie, comme la plupart de ses camarades d'atelier. Lui, dans six mois, il traitera dans son snack-bar les passagers des longues voitures qui glissent sur la Nationale No. 7; Marie-Jeanne, à la caisse enregistreuse, additionnera les recettes; ils économiseront pour acheter la Cadillac; ils deviendront à leur tour des clients des snack-bars...

traiter: to serve

caisse enregistreuse: till

L'accident

(Les six mois se sont presque écoulés; la fatigue a produit sur les deux jeunes hommes des effets de plus en plus marqués. La veille du dernier jour, Marie-Jeanne vient apporter une collation à Busard):

s'écouler: to pass by
veille (f): day before
collation (f): snack

C'était la première fois que Marie-Jeanne venait à l'usine. Elle portait un imperméable bleu pâle, d'une matière presque transparente, à la mode. Elle s'avança dans l'atelier, un peu raide sur des talons hauts. Elle avait la bouche maussade. Elle détestait d'avance l'usine. La lumière froide des tubes fluorescents, les presses allongées comme de grands animaux, les moules qui s'ouvraient et se refermaient lentement — broyeurs de mains, elle le savait — c'était bien ce qu'elle avait toujours imaginé. Elle sentait tous les regards fixés sur elle.

raide: stiff
talon (m): heel
maussade: sullen, irritable

✳ —Tu es gentille d'être venue, tu es gentille, dit Busard à Marie-Jeanne. On touche à la fin. Tu vois que j'avais raison...

Les bans étaient publiés. Ils devaient se marier le dimanche suivant et dès le lendemain partir pour le snack-bar. Il savait tout cela, qu'il avait tant souhaité. Mais il n'arrivait pas à être joyeux. Il se demanda pourquoi.

— Je me sens comme au cinéma, dit-il... Ce doit être la fatigue...

(Le même soir, Busard découvre que le système de sécurité ne fonctionne plus. S'il ne maintient pas le rythme de son travail, il risque une amende: il décide donc de travailler 'grille levée'):

amende (f): fine

134

Le petit temps gagné, à ne pas lever et baisser la grille, lui fit le même effet que quand on pose un fardeau. Il était plus léger, il respirait mieux. Mais il pensait : 'Je dois arrêter la presse et remettre le coupe-circuit'.

fardeau (m): load

Il sentait cela très vivement. Il savait tout du danger de travailler sans dispositif de sécurité. Rien qu'à y penser, il sentait dans sa main le broiement du moule qui se referme. Mais il se dit aussi :

dispositif (m): device

— Si je replace le coupe-circuit, je perds plus d'une minute, j'ai l'amende et je n'aurai pas fini demain à huit heures.

C'était absurde. Qu'il fabrique 201 780 carrosses au lieu de 201 960, qu'il gagne 324 700 francs au lieu de 325 000, cela ne pouvait plus rien changer à son destin. Mais depuis six mois et un jour, tout son comportement était réglé sur un but unique : fabriquer 201 960 carrosses, en 2 244 heures de travail, pour gagner 325 000 francs.

comportement (m): behaviour
but (m): aim

(A trois heures du matin, il doit aller réveiller le Bressan. Mais, en attendant, ses gestes deviennent de plus en plus lents ; la marge de sécurité dont il dispose se rétrécit ; il se répète sans cesse : 'Je vais me faire pincer les doigts. Je ne dois pas me faire pincer les doigts.')

se rétrécir: to grow narrower

Il espéra qu'un autre ouvrier se ferait pincer les doigts avant lui. Il entendra le cri. Il lâchera la presse pour se précipiter au secours de l'autre. Dans ces cas-là tous les ouvriers de l'atelier abandonnent leurs presses et courent au secours du blessé. Il fera comme les autres. Le temps que la voiture ambulance arrive, l'horloge marquera trois heures. Sauvé.

Il regarda l'horloge : deux heures vingt-cinq. Il trancha la carotte, sépara les carrosses. Il dit à voix haute :

— Assez plaisanté ! ✳

plaisanter: to joke

Il jeta dans la caisse les deux carrosses symétriques. Il décida : 'Je vais replacer le coupe-circuit...' Le voyant rouge s'alluma. Il détacha, trancha, sépara, jeta, détacha, trancha...

L'horloge marqua deux heures quarante-deux. Il poussa un cri. L'ouvrier de la presse la plus proche se trouva tout de suite près de lui. La main était engagée jusqu'au poignet dans le moule fermé.

poignet (m): wrist
hurler: to scream

Busard avait la bouche grande ouverte, comme pour hurler, mais aucun bruit n'en sortait. L'ouvrier passa les mains sous ses épaules pour le soutenir.

Le moule s'ouvrit. Busard s'affaissa contre la poitrine de l'ouvrier.

s'affaisser: to collapse
poitrine (f): chest

Les autres accouraient. L'un d'eux était déjà au téléphone. Le Bressan dormait toujours.

La main tout entière était broyée. Une pression de plusieurs milliers de kilos. Des brûlures jusqu'au coude : un volume de matière en fusion exactement égal à celui de la chair et des os qui emplissait le moule avait fusé par les joints. On lui fit un garrot. L'ambulance arriva. Les autres ouvriers retournèrent à leurs presses.

brûlure (f): burn
coude (m): elbow
chair (f): flesh
os (m): bone
fuser: to spurt out
garrot (m): tourniquet

Note

carotte: Le 'cordon' de matière plastique qui relie la matrice au cylindre.

Roger Vailland, auteur de *La Loi* (Prix Goncourt 1957).

Verb Constructions

disposer de qch.: to have sth. at one's disposal
toucher à qch. (1) to meddle, interfere, with sth.
il ne touchera jamais au coupe-circuit:
he will never touch the cut-out mechanism.
                    (2) to be close to, near to, border on, sth.
on touche à la fin:
we're nearly there (it's nearly over).
arriver à faire qch.:
to manage to do sth., succeed in doing sth.
se décider à faire qch,:
to make up one's mind to do sth.
gagner (du temps) à faire qch.:
to gain (time) by doing sth.
il reste à qn.... à faire qch.:
s.o. still has . . . to do sth.
jurer de faire qch.: to promise, swear, to do sth.
proposer à qn. de faire qch.:
to suggest to s.o. to do sth.

Further Vocabulary

les tiges des pistons... allaient et venaient:
the piston rods went to and fro (back and forth).
la somnolence que provoque...:
the drowsiness caused by . . .
tu es gentille d'être venue: it was nice of you to come.
le rythme de son travail: his rate of working
(il) lui fit le même effet:
it had the same effect on him.
le temps que la voiture ambulance arrive:
by the time the ambulance arrives

A Questions à préparer

1 Pour quelles raisons Busard propose-t-il des conditions de travail tellement dures?
2 Quelles différences voit-il entre le travail fait à l'usine et celui qu'il fera plus tard au snack-bar?
3 Décrivez la presse à injecter et son fonctionnement:
   (*a*) de quoi se compose-t-elle?
   (*b*) comment l'objet est-il fabriqué?
   (*c*) à quoi sert la grille de sécurité?
4 (*a*) Pourquoi les ouvriers avaient-ils l'air solennel?
   (*b*) Comment décririez-vous leur travail?
   (*c*) Quel sera, selon vous, l'effet probable sur l'ouvrier de ce travail?
5 Qu'est-ce que le Bressan n'avait pas compris?
6 Quel effet sur le travail y a-t-il à supprimer le coupe-circuit?
7 (*a*) Expliquez le danger qui existe si le coupe-circuit ne fonctionne pas.

(*b*) Pourquoi accepte-t-on quelquefois de courir ce risque?
8 Quelle est l'attitude de Busard envers (*a*) ses camarades de travail et (*b*) la vie en général?
9 Qu'est-ce qui l'avait enfin amené à prendre un risque?
10 Même conscient de l'absurdité de la situation, il ne s'arrêta pas. Pourquoi?
11 Quelles sont les fonctions de l'Inspection du Travail? Pourquoi leurs recommandations ne sont-elles pas toujours suivies, que ce soit par la direction ou par les ouvriers?

B Sujet de rédaction

Imaginez et décrivez, en un paragraphe de 100 à 150 mots, les effets produits sur les deux jeunes hommes par les six mois de travail.

Grammar

1 The Subjunctive

(a) The subjunctive is required in **conditional clauses** introduced by *à condition que, pourvu que, supposé que, à moins que*, and in clauses introduced by *que* (whether):

— *à condition qu'ils quittent Bionnas*:
on condition that (provided that) . . .

pourvu qu'il maintienne le rythme de son travail...:
provided he maintains . . .

— *Qu'il fabrique..., qu'il gagne...*:
whether he manufactures . . ., whether he earns . . .

à moins qu'il ne se fasse pincer les doigts:
unless he has his fingers caught.

Note *A moins que* is followed by *ne*.

(b) **'not until'**: either: *ne... que quand* (or *lorsque*) +indicative
or: *ne... pas avant que*+subjunctive

— *Le moule ne s'ouvrira que quand il aura levé la grille*:
. . . will open only when he has raised . . .

Note that the tense after *quand* must be in logical sequence (see 24.1*b*).

Le moule ne s'ouvrira pas avant qu'il ait levé la grille:
. . . will not open until (before) he has raised . . .

Jusqu'à ce que is not used after a negative main clause (see 8.1*a*).

— *le tunnel ne sera pas fini avant 1977*:
the tunnel will not be finished until (before) 1977. (passage 20)

Note that *avant* is the usual translation of the preposition 'until' after a negative.

(c) **Imperfect subjunctive**

— *le risque était que l'ouvrier s'endormît.*
— *Il y avait eu énormément de mains broyées... avant que l'Inspection du Travail imposât la mise en place de grilles.*

Note The only form of the imperfect subjunctive in common use is the third person singular; with most verbs (except *être, avoir* and *pouvoir*) the present subjunctive is preferred.

2 Adverbs

(a) **'Absolute' expressions**

(i) — *Le regard perdu, chacun poursuivait son rêve*:
With a far-away look . . .

— *le risque était que l'ouvrier s'endormît, la main dans la presse*:
. . . with his hand in the press.

'With' is not translated in adverb phrases of this type.

(ii) — *Il propose à un camarade... de travailler..., en alternant chacun quatre heures de travail et quatre heures de repos*:
. . . (with) each one working and resting four hours alternately.

— *la machine fonctionnant ainsi vingt-quatre heures sur vingt-quatre*:

(with) the machine thus working round the clock.

Note that *en* is not used when a new subject (*la machine*) is introduced in the 'absolute' clause.

(b) Many adverb phrases are formed from a **preposition** plus a **noun**:

— *Busard contempla avec plaisir; — oublier par mégarde; — il se répète sans cesse; — Il dit à voix haute.*

Further examples of these should be noted; collect and compare examples from the 'Prepositions' sections in **these** grammar notes.

3 Adjectives

Agreement of compound adjectives

(a) — *Elle portait un imperméable bleu pâle*:
. . . light blue.
une robe bleu foncé: a dark blue dress.
Compound adjectives of colour are invariable.

(b) — *Busard avait la bouche grande ouverte*:
Busard's mouth was wide open.

If the first adjective in a compound is used adverbially (*des enfants nouveau-nés*: new-born children), it is invariable. The two most common exceptions to this rule are *grand ouvert*, and *nouveau venu* (newcomer):
les nouveaux venus: the new arrivals

4 Negatives

(a) — *Rien qu'à y penser*:
Merely (just) thinking about it.
rien qu'à le regarder:

simply by looking at him.

(b) — *Ils ne parlaient, ne riaient, ni ne chantaient*:
They neither talked, nor laughed, nor sang.

5 Prepositions

à — *une presse à injecter:* an injection press
— *le réseau à jours octogonaux:*
the octagonal-patterned grille   (see 14.5)
— *le ventre à serpentins:*
the curving innards (of the machine)   (see 14.5)
— *à la mode:* in fashion, fashionable
— *au téléphone:* on the telephone   (see 11.5)

de — *son temps de repos:*
his rest time   (see 10.6)
— *des chevaux de course:*
racehorses   (see 10.6)
— *d'avance:* in advance
— *de plus:* in addition, extra

en — *des jouets en matière plastique:*
plastic toys   (see 14.5)
— *(la) matière en fusion:*
molten plastic   (see 14.5)
— *se transformer en mâchoire:*
to change into a jaw   (see 13.6)
— *casser en deux:* break into two   (see 13.6)
— *la mise en place de...:*
the installation of . . .   (see 19.5)
— *(qu'il) met en action:*
which it operates   (see 18.4)

sur — *qui glissent sur (la route):*
which glide along the road
marcher dans la rue: to walk along the street
le long de: alongside

Exercises

☼ (1) **The Subjunctive**   After *pourvu que...*
Exemple: Est-ce qu'il quittera Bionnas? Il veut le faire.
Réponse: Oui! bien sûr, pourvu qu'il veuille le faire.
1 Est-ce qu'il gagnera de l'argent? Il ne prend pas de risques.   2 Est-ce qu'il respectera les règles? Il connaît le danger.   3 Est-ce qu'il sera sauvé? L'ambulance vient.   4 Est-ce qu'il n'y aura plus d'accidents? On remettra le coupe-circuit.

☼ (2) **The Subjunctive**   After 'not until'
Exemple: Il ne partira que quand il aura fini.
Réponse: Il ne partira pas avant qu'il ait fini.
1 Nous ne parlerons que quand le travail sera fini.   2 Ils ne les abandonneront que quand ils entendront un cri.   3 Ils ne recommenceront que quand le voyant rouge s'allumera.   4 Ils ne retourneront que quand l'ambulance sera arrivé.   5 Le moule ne s'ouvrira que quand il aura levé la grille.

☼ (3) *devoir:* 'to be due to'   (revision: see 1.2a)
Exemple: C'était convenu. Ils se marieraient.
Réponse: Ils devaient se marier.
1 C'était convenu. Il finirait dans six mois.   2 C'était convenu. Elle lui apporterait une collation.   3 C'était convenu. Il quitterait Bionnas.   4 C'était convenu. Ils partiraient pour le snack-bar demain.   5 C'était convenu. Il achèterait le snack-bar.

☼ (4) **Negatives**   *ne... ni... ni*
Exemple: Est-ce qu'ils parlaient?... ou riaient? ... ou chantaient?
Réponse: Non! Ils ne parlaient ne riaient ni ne chantaient.
Exemple: Est-ce qu'ils exigent effort ou attention?
Réponse: Non! Ils n'exigent ni effort ni attention.
1 Est-ce qu'ils marchaient?... ou couraient?... ou sautaient?   2 Est-ce qu'ils veulent secours ou nourriture?   3 Est-ce qu'ils se reposaient?... ou travaillaient?... ou jouaient?   4 Est-ce qu'ils demandent intérêt ou intelligence?

(5) **The Subjunctive**   Put the verb in brackets into the appropriate tense of the subjunctive:
1 Le moule ne s'ouvrait pas avant qu'il (lever) la grille.   2 Il décida d'y travailler jusqu'à ce qu'il (gagner) les 325 000 francs.   3 Elle n'aime pas que son mari (aller) travailler à l'usine.   4 Elle voudrait qu'il (choisir) un métier moins dangereux.   5 Elle aurait voulu qu'il (refuser) cette sorte de travail.

(6) **Translate:**
1 The window was wide open.   2 The factory had the same effect on the two newcomers as on the others.   3 He was sitting with his elbows on the table.   4 With the six months nearly over, they both felt extremely tired.   5 Merely thinking of the accident, one could imagine the whole scene.

26
Les révoltés de la Rhodia

Rhodiaceta, c'est l'une des deux sociétés textiles que possède le plus grand trust de France : Rhône-Poulenc.

Rhodiaceta possède des usines à Besançon (3 000 ouvriers), dans la région lyonnaise (7 000) et à Roussillon (4 000).

société (f) : firm

🎙 Le 9 mars, armé d'un magnétophone, j'ai pénétré dans l'usine Rhodiaceta de Besançon, en grève depuis le 25 février et occupée par les ouvriers. Avec une spontanéité et une franchise totales, ils m'ont parlé trois heures durant, abordant et débattant entre eux tous leurs problèmes, immédiats ou non. Voici quelques extraits de cet enregistrement.

magnétophone (m) : tape-recorder
grève (f) : strike
enregistrement (m) : recording

✷ — Nous travaillons en feu continu : la boîte ne s'arrête jamais. Il y a quatre équipes qui font tourner l'usine 24 heures sur 24. Ce qui veut dire que nous avons un dimanche de libre par mois. Les autres dimanches, nous travaillons soit de matin, soit de nuit, soit d'après-midi. La vie familiale est complètement sabotée. Quand nous travaillons de nuit, il n'y a pas de contact avec la famille. Le gars dort quand ses enfants sont là, et quand il part au boulot le soir, ça lui ôte beaucoup de contact avec les enfants. D'autant que la majorité des gars de la Rhodiaceta habite dans des H.L.M. où il est très difficile de dormir convenablement, d'avoir une vie qui soit en rapport avec le travail qu'on nous demande. Les structures sociales que subissent les gars de Rhodiaceta n'apportent rien qui puisse améliorer la dureté des conditions de travail. En fait, ce que nous vivons à côté, en tant qu'hommes, eh bien, ça rejoint encore ce que nous vivons à l'usine.

boîte (f) (sl) : works
équipe (f) : shift

saboter : to ruin
gars (m) (sl) : mate, bloke
boulot (m) (sl) : work

convenablement : decently
subir : to put up with

— Il y a des gars parmi nous qui ont bientôt dix ans d'équipe. Que sont-ils devenus ? Ils ont des maladies d'estomac ; ils ne sont peut-être pas alcooliques, mais ils vont de plus en plus vers des destinations comme ça... Un gars qui reste dans un H.L.M., quand il a fait une nuit de travail et qu'à 10h ou à 9h du matin les voisins commencent à balayer et à taper sur le chauffage central, il ne peut plus rester chez lui, il sort. C'est parmi les gars les plus anciens dans la boîte qu'on trouve ceux qui se sont mis à boire parce que c'est la seule issue, si l'on peut dire.

taper : to bang
chauffage (m) : heating
issue (f) : escape

— Ce qu'il y a aussi, c'est que le travail nous abrutit tellement, c'est qu'ils cherchent à ce qu'on soit toujours des prolos, des gars incultes qui sont là pour travailler et c'est tout. Comment voulez-vous qu'un gars qui a bossé huit heures à Rhodia cherche à se développer intellectuellement ? C'est presque impossible. Le gars, il rentre, s'il a la télé, il s'endort devant au bout d'une heure. ✷

abrutir : to make stupid
inculte : uncultured
bosser (sl) : to work

— Quelle est votre revendication essentielle ?
— La grève est partie des ouvriers qui travaillent en 4/8 (quatre équipes de huit heures chacune), des ouvriers de fabrication. On travaille deux jours de matin, deux jours d'après-midi et trois jours de nuit. Puis, théoriquement, deux jours de repos à la fin du cycle, mais qui ne font pas deux jours : puisque nous terminons à 4 h du matin, il faut bien qu'on se repose jusqu'à midi. Le lendemain, on l'a au complet, sauf que le soir, il faut déjà se coucher de bonne heure, car il faudra se lever à 3h du matin pour prendre le poste à 4h. Alors on

revendication (f) : demand

demande des jours de repos supplémentaires, une vie matérielle un peu plus forte. Nous avons des frais supplémentaires du fait que nous travaillons huit heures : huit heures sans manger, c'est inhumain. Nous demandons une prime à chaque poste, un appoint pour manger la nuit. Il y a aussi 20% de femmes dans la boîte qui font aussi un travail à la maison. Depuis dix ans, nous demandons la sortie le samedi à midi pour le poste des femmes. C'est normal : il y a des courses à faire, du travail à la maison, et ça permettrait à la femme d'avoir un rapport de femme avec la famille. Elle ne peut pas, puisqu'elle termine son travail à 14 h et, le temps qu'elle rentre chez elle, le samedi est gâché. ✪

frais (m.pl): expenses
prime (f): bonus
appoint (m): allowance

Note

prolo: prolétaire. Dans ce sens : personne qui n'est considérée comme utile qu'au point de vue de la force de travail qu'elle met à la disposition des employeurs.

Further Vocabulary

abordant et débattant... tous leurs problèmes:
setting out and discussing all their problems
en feu continu: round the clock
qui font tourner l'usine:
which keep the factory at work
ce que nous vivons à côté: the life we lead outside

que sont-ils devenus?: what has become of them?
comment voulez-vous que...?: how do you expect . . .?
une vie matérielle un peu plus forte:
better living conditions, more money
c'est normal: it's only right.
le temps qu'elle rentre: by the time she gets home

Rhodiaceta (Besançon): grévistes dans l'usine occupée, mars 1967.
'La grève est partie des ouvriers qui travaillent en 4/8.'

A Questions à préparer

1 Qu'est-ce qui rend la vie de ces ouvriers particulièrement dure?
2 Pourquoi leur faut-il travailler ainsi?
3 Quels sont les problèmes de leur vie privée?
4 En quoi leur vie privée ressemble-t-elle à leur vie de travail, selon eux?
5 Pourquoi y a-t-il des ouvriers qui se mettent à boire? Qu'est-ce qu'ils fuient?
6 Justifiez leurs revendications, essayant de comparer leur vie à celle des ouvriers en général:
   (a) Selon eux, combien de jours de repos ont-ils en effet à la fin du cycle?
   (b) Leur semaine de travail dure combien de jours?
   (c) Quelle est la semaine de travail 'normale'?

B Sujets de discussion

1 Peut-on dire que les responsabilités des grandes sociétés comme Rhône-Poulenc envers leurs ouvriers se limitent aux huit heures de travail quotidien?
2 Quelles peuvent être les conséquences pour la société en général de ce genre de travail, et notamment du travail en équipe? Quels effets a-t-il sur la santé, l'équilibre mental des ouvriers? Quelles en sont les conséquences sur la vie familiale — sur les femmes et les enfants?
3 Quelles mesures sociales, culturelles, éducatives, etc., une telle société pourrait-elle prendre pour compenser la dureté des conditions de travail de ses ouvriers?

C Sujet de rédaction

Interview avec un directeur de la Société, qui, interrogé par le reporter sur son attitude envers la vie sociale et familiale de ses ouvriers, propose des mesures de conciliation.

Grammar

1 The Subjunctive

(a) The subjunctive is required in a relative clause referring to a situation that does not yet exist:
— *il est très difficile... d'avoir une vie qui soit en rapport avec le travail qu'on nous demande:*
   it is very difficult to have a way of life which is in keeping with . . .
   Je cherche un travail qui soit intéressant et rémunérateur; y a-t-il quelqu'un qui puisse m'en offrir?:
   I am looking for work which is interesting and well paid; is there anyone who can offer me it?

(b) The subjunctive is required in a relative clause depending on a **negative** or **interrogative** main clause:
— *Les structures sociales... n'apportent rien qui puisse améliorer la dureté des conditions:*
   The social set-up offers nothing which can improve the harshness of working conditions. (see 18.1b)
   Y a-t-il des H.L.M. où il soit facile de dormir?
   Y a-t-il quelque chose qu'on puisse faire?

2 The Article

— *avec une spontanéité et une franchise totales:*
   with complete spontaneity and frankness.
— *dotées d'un potentiel considérable:*
   with considerable potential (passage 24)

— *dans une majestueuse lenteur:*
   with majestic slowness (passage 25)
The indefinite article is used in French after prepositions when followed by an **abstract noun + adjective.**

3 Adjectives

Use of *de* for emphasis
— *un dimanche de libre:* one Sunday off
   J'ai une chambre (de) libre.
   J'ai eu nombre d'occasions (de) perdues dans ma vie.

The use of *de* between a noun and an adjective or past participle used adjectivally emphasises the adjective.

4 Prepositions

de — *nous travaillons... de matin... de nuit... d'après-midi:*
  we work on the morning . . . the night . . . the afternoon shift.

en — *en grève:* on strike   (see 14.5)

durant often follows the noun in expressions of time:
  — *trois heures durant:*
  during (for all of) three hours

entre normally means 'between'. In contexts suggesting separation or distinction it is used to mean 'among':
  — *débattant entre eux:*
  arguing amongst themselves

parmi normally means 'among':
  — *parmi les gars les plus anciens...:*
  among the men who have been here longest . . .

devant, derrière, avant, après, avec, contre and *depuis* can be used as adverbs:

  — *Le gars, il rentre, s'il a la télé, il s'endort devant...:*
  . . . he falls asleep in front of it . . .
Note that the English 'it' is not translated in *il s'endort devant:*
  La grève d'abord; les revendications après:
  The strike first; our demands later (afterwards).
  Ils vont devant; je reste derrière:
  They go first; I stay at the back.
  Il se met devant la porte; je reste derrière:
  He stands outside (by) the door; I stay behind it.
  Voici une boîte; il n'y a rien dedans:
  Here's a box; there's nothing in it.
  Il y avait une table; je me suis mis dessus:
  There was a table; I sat on it.
Note that the adverbs corresponding to *dans, sur* and *sous* are *dedans, dessus* and *dessous.*

Exercises

✈ (1) **The Subjunctive**   In relative clauses

   (*a*)   *Exemple:* Ils cherchent une maison? Elle doit avoir beaucoup de pièces?
   Réponse: Oui, ils cherchent une maison qui ait beaucoup de pièces.

   1 Ils demandent des services? Ils doivent être moins primitifs?   2 Vous cherchez des ouvriers? Ils doivent savoir l'allemand?   3 Ils demandent des mesures? Elles doivent pouvoir améliorer la situation?   4 On cherche un reporter? Il doit dire la vérité?   5 On demande des ouvriers? Ils doivent vouloir se développer intellectuellement?

   (*b*)   *Exemple:* Ils ont trouvé une maison? Elle a beaucoup de pièces?
   Réponse: Oui, ils ont trouvé une maison qui a beaucoup de pièces.

   1 On leur a donné des services? Ils sont moins primitifs?   2 Vous avez trouvé des ouvriers? Ils savent l'allemand?   3 On leur a accordé des mesures? Elles pourront améliorer la situation?   4 On a trouvé un reporter? Il dira la vérité?   5 On a trouvé des ouvriers? Ils veulent se développer intellectuellement?

(2) **The Subjunctive**   Put the clause into the correct tense and mood (indicative or subjunctive):
1 Il n'y a personne dans l'usine qui ne (avoir refusé de faire la grève).   2 Ils n'ont pas refusé de débattre les problèmes qui (avoir provoqué la grève).   3 A l'usine on trouve des ouvriers qui (s'être mis à boire).   4 La majorité des gars habite dans des H.L.M. où il (être difficile de dormir).   5 Ils cherchent des logements où il (être plus facile de dormir).   6 Ils voudraient des conditions qui (être plus convenables).   7 Ils demandent une vie matérielle qui (être un peu plus forte).   8 Ils ne refuseront pas des propositions qui (pouvoir améliorer la situation).   9 Il n'y a pas d'ouvrier qui ne (être en faveur de ces mesures).   10 Il y a des femmes à l'usine qui (faire aussi un travail à la maison).

(3) **The Subjunctive**   Translate:
1 There was not one worker who did not speak to him with considerable frankness.   2 They did not think they had any problems which could not be solved.   3 There was no factory in the area which did not have these problems.   4 The strikers were hoping to obtain working conditions which would make their life easier.   5 How do you expect me to believe that?

27
Les retombées de mai

retombées (f.pl): fall-out

La crise qui a secoué la France au début de l'été 1968 a été marquée par un mouvement de grève généralisée parmi neuf millions de travailleurs. Dans bon nombre de cas, les ouvriers ont occupé les usines, ce qui n'était pas arrivé depuis 1936. Une grève de cette envergure, maintenue pendant plusieurs semaines, pose à des millions de familles des problèmes d'ordre financier; mais elle pose aussi, à de nombreux couples, des problèmes affectifs.

secouer: to shake

'La peau qui bronze, le soleil qui cuit, la mer, la montagne, les excursions, tout ça, c'est pour les autres.' Chez Nicole, 32 ans, épouse d'un rectifieur de chez Renault, on ne part pas. En août, les trois garçons iront en colonies parce que 'c'est nécessaire pour leur santé'; le père et la mère resteront chez eux.

affectif: emotional
cuire: to roast, burn
rectifieur (m): fitter

Nicole, qui habite une cité de banlieue, fera partie de la masse énorme de ceux qui ne partent pas—et ce ne sera pas la première fois: avec un salaire unique de 1 000 F par mois et trois enfants, il est pratiquement impossible de partir en vacances. Le mois d'août, elle le passera en tête à tête avec son mari. Ensemble, ils feront leurs comptes: financiers et affectifs.

unique: single

Sur le plan financier, cinq semaines de grève réduisent un budget comme celui de Nicole à néant. Les petites économies ont fondu comme neige au soleil et ce mois-ci, le mari n'a touché que la moitié de son salaire: c'est une catastrophe. Pour arrondir, Nicole faisait des ménages. Pendant la grève, les femmes qui l'employaient sont restées à la maison et lui ont fait savoir qu'elles n'avaient pas besoin d'elle. 'Notre plus grosse charge, c'est le loyer: 366,71 F par mois. Toutes nos allocations y passent: allocations familiales (213,50 F), allocation de salaire unique (97,25 F), allocation logement (110 F). La vie augmente et les commerçants de la cité, très peu nombreux, sont déjà plus chers qu'à Paris.'

néant (m): nothing
économies (f.pl): savings
fondre: to melt
toucher: to receive
arrondir: to make ends meet
charge (f): expense
allocation (f): allowance
vie (f): cost of living

Sur le plan affectif, les cinq semaines de grève ont creusé un fossé entre Nicole et Pierre, son mari. Ils les ont vécues dans deux mondes différents. Lui, délégué syndical, militant acharné, en pleine action sur les lieux du combat. Elle, bloquée dans la cité, occupée par ses problèmes personnels, son loyer à payer, ses gosses à nourrir, elle s'est sentie oubliée, abandonnée. Du coup, leurs rapports se sont aigris.

fossé (m): trench
délégué syndical: shop steward
gosse (m and f): child, kid
du coup: as a result
(s')aigrir: to become bitter

Nicole qui disait, aux premiers jours: 'S'il n'y avait pas les enfants, j'irais à l'usine avec lui...', a oublié son enthousiasme. Elle s'inquiète pour ses petits et ne comprend plus ce qui se passe. Elle ne comprend pas que le père, bien qu'il ne soit presque plus jamais à la maison (car il continue à militer) se bat pour elle et pour les gosses, pour sa propre dignité. Elle répète: 'Toutes vos belles phrases, cela ne remplit pas mon porte-monnaie.' Peu à peu, elle devient sourde et aveugle à tout ce qui a fait la vie de son homme. La lutte ouvrière, l'occupation de l'usine, pour elle, c'est le foyer déserté, le père qui ne s'occupe plus des enfants. Le syndicat lui a pris son mari, l'a exclue d'une action qui la dépasse: c'est l'ennemi. Pierre, lui, veut préparer l'avenir, il dit: 'On recommencera' mais il le dit entre ses dents pour ne pas être entendu.

sourd: deaf
aveugle: blind
lutte (f): struggle
foyer (m): home
dépasser: to go beyond

Note

colonie: Colonie de vacances; chaque année, deux millions d'enfants passent les vacances à la campagne, à la mer ou à la montagne, sous la surveillance de moniteurs qualifiés.

Verb Constructions

prendre qch. à qn.: to take sth. from s.o.
   Note that this construction with *à* is used with all
   verbs denoting removal of something from someone,
     e.g. *voler, acheter, cacher, emprunter.*
s'inquiéter pour qn.:
   to be worried on s.o.'s account

(s'inquiéter de qch.: to be worried about sth.)
se battre pour qn. (pour qch.):
to fight for s.o. (for sth.)
(se battre contre qn. (contre qch.): to fight s.o. (sth.))

Further Vocabulary

d'ordre financier: financial
sur le plan financier:
financially, as far as money is concerned
Nicole... fera partie de la masse énorme...:

Nicole will be one of the millions . . .
en tête à tête avec...: alone with . . .
Nicole faisait des ménages: Nicole went out charring.

A Questions à préparer

1 Qu'est-ce qui montre l'importance de la grève de mai 1968?
2 Est-ce uniquement à cause de la grève que la famille ne partira en vacances ensemble?
3 Qu'est-ce qui est nécessaire pour la santé des enfants?
4 Que veut dire la phrase 'faire leurs comptes financiers et affectifs'?
5 Quel argent ont-ils été obligés de dépenser sur la vie pendant les cinq semaines de grève?
6 Comment pouvaient-ils continuer à payer le loyer?
7 Pourquoi les commerçants de la cité de banlieue pratiquaient-ils des prix plus élevés que ceux de Paris?
8 Quel a été l'effet de la grève sur leur vie familiale?
9 Pourquoi Nicole avait-elle éprouvé de l'enthousiasme aux premiers jours de la grève?
10 Vous semble-t-il facile à comprendre que Nicole ait perdu cet enthousiasme?
11 Qu'est-ce que la grève signifie pour Pierre?

B Sujet de rédaction à discuter

Imaginez un dialogue entre Pierre et Nicole, la grève terminée, où ils expriment chacun leur attitude envers la grève: Elle — problèmes financiers (lesquels en particulier?); soucis pour les enfants (santé, bonheur); sa solitude, son sentiment d'être abandonnée; incompréhension devant la lutte menée par son mari. Lui — importance de la grève pour eux et pour les ouvriers en général; nécessité de continuer la lutte, de rester unis, de ne pas perdre ce qui avait été gagné; accepter des difficultés, des problèmes maintenant, pour sauvegarder un avenir meilleur.

❂ C Sujet de rédaction
Pour quelles raisons fait-on la grève?

Manifestants à Billancourt en juin 1968.
'On recommencera...'

Grammar

1 Demonstrative Pronouns

— *La peau qui bronze, le soleil qui cuit... tout ça, c'est pour les autres:*
   . . . all that is for other people.
— *les trois garçons iront en colonies parce que c'est nécessaire pour leur santé:*
   . . . it is necessary for their health.
— *ce ne sera pas la première fois:*
   it won't be the first time.
— *il est pratiquement impossible de partir en vacances:*
   it is practically impossible . . .

— *Notre plus grosse charge, c'est le loyer:*
   Our biggest expense is the rent.
— *Toutes vos belles phrases, cela ne remplit pas mon porte-monnaie.*
— *c'est l'ennemi:* it is the enemy.

Revise the demonstrative pronouns, in particular the uses of *ce* (4.1*a*) and *il* (2.1*b*). Note that *c'est* is used frequently in the passage for emphasis, as in the first example above.

2 Personal Pronouns

le, la, les, y, en as verb complements
— *Le mois d'août, elle le passera en tête à tête.*
   Les vacances, ils les passeront en colonie.
   La grève, elle ne veut plus qu'on en parle.

When, for emphasis, the verb is placed after its complement, the appropriate object pronoun must be supplied.

3 The Article

Omission in French
— *Dans bon nombre de cas:* In a good many cases.

The article is omitted in the phrases *bon nombre de...* and *nombre de...*

4 The Infinitive

— *son loyer à payer:* her rent to be paid

— *ses gosses à nourrir:*
   her children to be fed   (see 4.3)

5 Prepositions

à — *comme neige au soleil:*
   like snow in the sunshine
en — *en tête à tête avec...:* alone with . . .

— *(ils) iront en colonies:*
   they will go to holiday camps.

Exercise

Demonstrative pronouns   Translate:
1 You must not be worried about that.   2 It was the financial problems that worried her most.   3 It was soon impossible to carry on the struggle.   4 Why do you strike? Because it's necessary sometimes.   5 All that is nothing when it's a matter of the children's future.   6 Financially, the biggest problem is the cost of food.   7 Whether she understands his reasons or not is difficult to say.   8 That was the situation in a good many factories.   9 It is easy to spend one's savings, less easy to begin again afterwards.   10 Those are the principal allowances.

(1) Répartition de la population active en France (en millions)

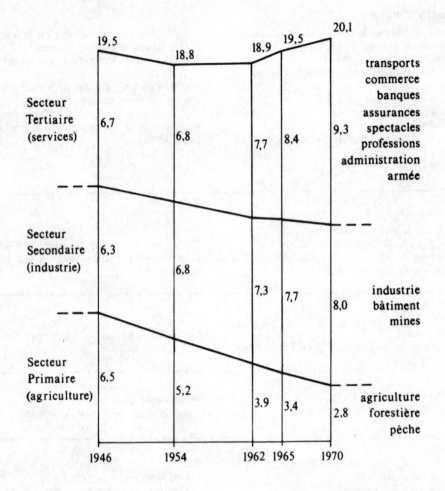

commerce (m): trade
assurances (f.pl): insurance
bâtiment (m): building (industry)
pêche (f): fishing
manœuvre (m): labourer
ingénieur (m): engineer
dessinateur (m): draughtsman

(1) 1 Quelles sont les principales activités des secteurs primaire, secondaire et tertiaire de l'industrie?

2 Exprimez en deux ou trois phrases les variations qui se sont produits de 1946 à 1970 dans le nombre des personnes employées dans chacun de ces trois secteurs.

3 De 1954 à 1962, le nombre des travailleurs dans le secteur agricole a diminué de 25%. Dans le même temps, la production agricole a augmenté de 25% au moins. Expliquez.

4 Dans quel secteur le nombre des personnes employées a-t-il augmenté le plus rapidement?

5 Aux États-Unis, plus de 50% des travailleurs sont employés dans le secteur tertiaire. Vers quelle année ce pourcentage sera-t-il atteint en France?

(2) 6 D'après ces chiffres, pour quelles catégories le nombre des travailleurs a-t-il augmenté le plus depuis 1962: les cadres ou les ouvriers? ceux qui ont une qualification ou ceux qui n'en ont pas?

7 En vous référant aux schémas présentés dans le chapitre sur l'enseignement, montrez comment les réformes de l'enseignement correspondent à l'évolution de la situation dans le monde du travail.

(2) Évolution du nombre des personnes employées de 1962 à 1970 (prévisions du Vᵉ Plan)

Secteur	Augmentation ou diminution en pourcentage
Primaire	−28
Secondaire	+10
Tertiaire	+20

Certaines catégories	Augmentation en pourcentage
Manœuvres	9
Ouvriers qualifiés	14
Employés	25
Enseignement	30
Santé et séc. sociale	35
Ingénieurs	31
Techniciens	56
Dessinateurs	60
Cadres moyens	39
Cadres supérieurs	48

DESSIN DE FOLON

147

28
Le défi des robots *défi* (m): challenge

Les conséquences de l'automation

Avant la fin du siècle, l'automation diminuera le nombre des tâches manuelles d'exécution, au risque de produire de nouveaux inadaptés, de véritables déchets sociaux. *déchet* (m): reject

Cette tendance à long terme, dont les conséquences sont graves sur le plan social, terrifie les travailleurs qui se sentent ou se croient menacés. Parmi les premiers licenciés, figureraient des ouvriers non spécialisés ou inexpérimentés, ainsi que des cadres moyens à qualification insuffisante. Alors se formeraient des contingents d'éliminés, descendus de tous les étages de la hiérarchie, qu'il faudrait réadapter ou recycler: l'homme est condamné aux études à perpétuité. *inexpérimenté:* inexperienced

recycler: to retrain

Des pessimistes redoutent que d'ici peu la technologie ne dévalorise n'importe quelle qualification professionnelle et ne finisse par muter tous les spécialistes en manœuvres, en balayeurs... ou en chômeurs. *d'ici peu:* before long
dévaloriser: to devalue
muter: to change
chômeur (m): unemployed

Le déplacement des travailleurs

En usine comme au bureau, l'automation agit bien plus souvent sur la qualification de la main-d'œuvre que sur la réduction des effectifs ou des horaires hebdomadaires. Sans doute arrive-t-il que la supermécanisation supprime quelques postes de manœuvres pour créer quelques postes d'agents techniques, ou bien que l'ordinateur remplace quelques dactylos et aides-comptables par des analystes et des programmeurs. Mais les salariés non qualifiés que déplace l'automation sont, en général, reclassés dans la même usine à d'autres emplois, sinon pour surveiller ou entretenir les nouvelles machines. *main-d'œuvre* (f): labour force
effectifs (m.pl): numbers employed
supermécanisation (f): use of advanced machinery
agent technique (m): technician
ordinateur (m): computer
dactylo (f): typist
aide-comptable (m and f): assistant accountant
salarié: wage-earner
déplacer: to move
reclasser: to transfer
entretenir: to service, maintain

Le progrès technique tend à déplacer les travailleurs du secteur primaire au secondaire et au tertiaire. La structure des usines reflétera cette tendance: la production n'y occupera bientôt plus que le tiers des effectifs et de la superficie, le reste étant partagé entre préparation, organisation, contrôle et prévision.

L'importance des qualifications

✳ Si l'automation ouvre de vastes horizons aux agents techniques, elle offre rarement des perspectives de promotion aux manœuvres et aux ouvriers spécialisés. Il est très exceptionnel que les salariés dont les postes sont supprimés soient capables d'assurer les fonctions d'agent technique. De là vient que le noyau résiduel du chômage aux États-Unis soit constitué par deux millions environ de jeunes Noirs dépourvus de toute qualification professionnelle, parfois même de toute instruction. *superficie* (f): area
contrôle (m): checking
perspective (f): prospect
noyau (m): nucleus

Somme toute, les effets de l'automation sur l'emploi ne diffèrent guère de ceux de la mécanisation. On prétend que la technologie précipite la ségrégation de la classe ouvrière entre une minorité qualifiée et une masse de disqualifiés. C'est exact; mais ce clivage a existé de tout temps: aujourd'hui, par les privilèges de l'enseignement, l'écart grandit. *somme toute:* on the whole, all in all
emploi (m): employment
prétendre: to claim

Le défi de l'automation

C'est donc au manque d'éducation qu'est imputable le sous-emploi, et non à l'automation, dès lors que les écoles, les lycées, les universités manquent de *imputable:* attributable
dès lors que: seeing that

148

personnel enseignant et que la main-d'œuvre qualifiée fait défaut dans toutes les industries de progrès.

Comme elles devraient s'y attendre, les catégories 'sous-enseignés' seront les victimes désignées de l'automation. C'est ainsi que l'automation, qui aura commencé par perfectionner des machines, finira par améliorer les hommes. ✳

Verb Constructions

agir sur qch.: to have an effect on, to affect, sth.
s'attendre à qch.: to expect sth.
manquer de qch.: to lack sth.
les universités manquent de personnel:
the universities need (are short of) personnel.
faire défaut: to be lacking
la main d'œuvre qualifiée fait défaut:
qualified labour is in short supply.

Further Vocabulary

parmi les premiers licenciés figureraient...:
among the first to be dismissed would be . . .
   Note such cases where the verb in French is more explicit or illustrative than in English.
capables d'assurer les fonctions d'agent technique:
able to do the work of a technician
de là vient que...: the result of this is that . . .
le noyau résiduel: the hard core
de jeunes Noirs dépourvus de toute instruction:
young negroes without any education
   Note the use of a phrase with past participle in French (see passages 9 and 24).

A Questions à préparer

1 Quels ouvriers seront les premiers à perdre leur emploi par suite de l'automation?
2 En général, quelles catégories de travailleurs s'en sentiront menacées?
3 Quel sera le rôle de l'enseignement dans l'avenir, selon l'auteur?
4 Quelles seront les principales conséquences de l'automation sur la vie industrielle?
5 Quelles seront les conséquences du progrès technique sur la structure du travail à l'usine?
6 Comment l'automation du vingtième siècle ressemble-t-elle à la mécanisation du dix-neuvième?
7 Quels sont les 'privilèges' dispensés par l'enseignement? L'importance de ces privilèges tend-elle, avec l'automation, à augmenter ou à diminuer?

B Sujets de discussion

1 Expliquez pourquoi, par suite de l'automation, les perspectives de promotion sont fermées aux manœuvres et aux ouvriers spécialisés, mais ouvertes aux agents techniques.
2 Pourquoi l'auteur pense-t-il qu'il sera encore plus nécessaire à l'âge de l'automation, de développer l'éducation secondaire, technique et supérieure? Le 'défi des robots' s'adresse-t-il donc principalement à l'industrie ou à l'école?
3 Pourquoi l'auteur est-il, malgré tout, optimiste?

C Résumé

Résumez cet article en 200–250 mots. (Procédé: voir texte no. 5.)

Grammar

1 The Subjunctive

(a) After impersonal verbs

— *Sans doute arrive-t-il que la supermécanisa-tion supprime... ou bien que l'ordinateur remplace:*

. . . it can happen that . . .

— *Il est très exceptionnel que les salariés... soient capables...:*

It is only in exceptional circumstances (it is rare) that . . .

Il arrive que..., il est exceptionnel que..., and similar impersonal verbs expressing possibility, doubt or denial, are followed by the subjunctive (see 20.1a).

— *De là vient que le noyau... soit constitué...:*

That is (the reason) why . . . (that explains why . . .)

Impersonal constructions, such as *d'où vient-il que...?*, giving or requesting an explanation of a fact, require the subjunctive (compare 7.1d).

(b)
— *Des pessimistes redoutent que... la technologie ne dévalorise... et ne finisse...:*

Pessimists fear that . . .

(For other examples, including the use of *ne*, see 6.1a.)

2 Indefinites *tout, n'importe quel*

— *dépourvus de toute qualification professionnelle, parfois même de toute instruction:*

without any professional qualification and sometimes even any education

Tout, toute, used without the article and before a singular noun, mean 'any' (see 14.4a). Compare this use of *tout* with *n'importe quel*:

— *(ils) redoutent que... la technologie ne dévalorise n'importe quelle qualification professionnelle:*

they fear that technology may devalue any professional qualification whatsoever.

Tout emphasises the category (e.g. 'qualifications') as a whole, whereas *n'importe quel* focuses attention on each individual example (for other examples of *n'importe*, see 2.5).

3 Pronominal Verbs

— *les travailleurs qui se sentent ou se croient menacés:*

the workers who feel or think that they are threatened.

Note this pronominal use of verbs such as *sentir*, *croire*, *trouver*, when followed by an adjective or past participle or phrase, with the verb *être* understood.

— *Je me sens soulagé:* I feel relieved.   (passage 14)

— *Je me sens comme au cinéma:*

I feel as if I was at the pictures.   (passage 25)

— *je me croirais aux Vingt-quatre heures du Mans:*

I could believe that I was at Le Mans.   (passage 14)

4 Personal Pronouns

y as verb complement

— *Comme elles devraient s'y attendre:*

As they should expect (as one might expect).

The pronoun *y* is used with *s'attendre*, and other verbs which require *à* before a noun complement, to complete the sense. Compare the use of *le* (10.4) and

en (27.2). *Y* is also required in the following types of construction with *s'attendre*:

Nous sommes arrivés plus tôt que je ne m'y attendais:

. . . sooner than I expected.

Vient-il? je m'y attends: . . . I expect so.

5 Word Order

— *Sans doute arrive-t-il que...:* No doubt . . .

Inversion of verb and subject can take place after

innumerable adverbs and adverb phrases (see 2.4).

6 Prepositions

à
— *cette tendance à long terme:*
this long-term trend
— *à qualification insuffisante:*
with insufficient qualifications
— *(les) études à perpétuité:*
studies for life (for ever)

en
— *muter tous les spécialistes en manœuvres:*
turning every specialist into a labourer   (see 13.6)

par
— *par les privilèges de l'enseignement:*
through (as a result of) the privileges of education   (see 17.7)

Exercises

🎲 (1) **The Subjunctive** After impersonal verbs

Exemple: Des spécialistes sont licenciés? Cela arrive.

Réponse: Il arrive que des spécialistes soient licenciés.

1 L'automation produira de nouveaux inadaptés? Cela se peut. 2 Les spécialistes perdront leur emploi? C'est déplorable. 3 Les salariés entretiennent les nouvelles machines? C'est stupide. 4 On n'a pas de qualification suffisante? C'est grave. 5 L'automation finira par améliorer les hommes? C'est incroyable. 6 On refera ses études? Ce n'est pas possible! 7 Les qualifications ne sont pas nécessaires? C'est étonnant!

🎲 (2) **The Subjunctive** After verbs expressing emotion

Exemple: Les conséquences seront graves. J'en ai peur!

Réponse: Vous avez peur que les conséquences ne soient graves?

1 Tout cela finira mal. Je le regrette! 2 Nous ne pouvons rien faire. Je m'étonne! 3 La technique finira par nous transformer en chômeurs. Je le redoute! 4 On ne fait pas de progrès. Je le crains! 5 Nous allons tous entretenir des machines! J'en ai peur! 6 Nous en viendrons tous là. Je ne m'étonnerai pas! 7 Nous retournerons à l'école. J'aimerais bien cela!

🎲 (3) **Personal Pronouns** *le, y, en* as verb complements

Exemple: Savez-vous que de Gaulle n'est plus le président français?

Réponse: Oui, je le sais.

Exemple: Êtes-vous satisfait?

Réponse: Oui, je le suis.

1 Voulez-vous qu'on vous dise la vérité? 2 Vous attendiez-vous à ce qu'on vous dît la vérité? 3 Pensiez-vous à tout ce qu'on avait dit? 4 Avez-vous des problèmes? 5 Savez-vous ce que je viens de dire? 6 Êtes-vous Anglais?

(4) **Pronominal Verbs**

Exemple: Ils sont menacés. (croire)

Réponse: Ils se croient menacés.

1 On est dévalorisé. (sentir) 2 On serait aux États-Unis. (croire) 3 J'ai été en chômage. (trouver) 4 J'ai été soulagé. (sentir) 5 Il est destiné à un poste élevé. (croire)

151

29

La grande question de ce siècle

✳ — Voilà une société, je parle de la société française, voilà une société dans laquelle la machine est la maîtresse absolue et la pousse à un rythme accéléré dans des transformations inouïes. Une société dans laquelle tout ce qui est d'ordre matériel, les conditions du travail, l'existence ménagère, les déplacements, l'information, etc., tout cela, qui n'avait pas bougé depuis l'Antiquité, change maintenant de plus en plus rapidement et de plus en plus complètement. Une société qui, il y a cinquante ans, était agricole et villageoise et qui, à toute vitesse, devient industrielle et urbaine; une société qui a perdu en grande partie les fondements et l'encadrement sociaux, moraux, religieux qui lui étaient traditionnels; une société qui, en l'espace d'une génération, a subi deux guerres épouvantables, et qui vit maintenant dans une Europe coupée en deux et au milieu d'un monde qui est bouleversé par la fin des empires, par l'avènement d'une foule d'États nouveaux dont les peuples frappent à la porte de la prospérité et d'un monde qui est agité dans ses profondeurs par les conflits absurdes et dangereux en Asie, en Afrique, en Amérique; une société qui, actuellement, dispose d'une information dont les moyens sont colossaux, qui agissent à chaque minute et qui s'emploient essentiellement, vous le savez bien, contre toute autorité, à commencer, s'il vous plaît, par la mienne, et qui tapent sans relâche et presque exclusivement sur le sensationnel, le dramatique, le douloureux, le scandaleux; une société, enfin, qui sait qu'au-dessus de sa tête est suspendue en permanence l'hypothèque nucléaire de l'anéantissement. ✳

rythme (m): rate
inouï: extraordinary
déplacement (m): travel
bouger: to move, change

fondement (m): foundation
encadrement (m): framework
subir: to go through
épouvantable: terrible
bouleverser: to throw into confusion

sans relâche: ceaselessly
douloureux: painful

Comment est-ce qu'on pourrait imaginer que cette société-là soit placide et soit, au fond, satisfaite? Elle ne l'est certainement pas. Il est vrai que, en échange, si on peut dire, de tous ces soucis, de toutes ces secousses qu'elle nous apporte, la civilisation mécanique moderne répand parmi nous des biens matériels en quantité et en qualité croissantes, et qui, certainement, élèvent le niveau de vie de tous. Il n'est pas douteux qu'en moyenne un Français d'aujourd'hui mange, se vêt, se chauffe, se loge, se soigne mieux que son aïeul, que son travail est moins pénible, qu'il a, à sa portée, des moyens de déplacement et d'information tout à fait nouveaux.

secousse (f): shock
répandre: to spread
croître: to increase
niveau (m) *de vie:* living standard
se vêtir: to dress
se soigner: to look after oneself
aïeul (m): ancestor
pénible: hard
portée (f): reach

En même temps, il est vrai que la technique et la science, qui se développent parallèlement à l'industrie et aussi vite qu'elle, obtiennent en s'unissant à elle, des résultats saisissants. La locomotive, le téléphone, l'électricité, ça avait été bien. L'auto, l'avion, la radio, c'était mieux. La fusée, la télé, le moteur atomique, le laser, la greffe de cœur, c'est magnifique.

saisissant: striking
greffe (f) *de cœur:* heart transplant

Bref, la civilisation mécanique, qui nous apporte encore une fois beaucoup de malheurs, nous apporte aussi une prospérité croissante et des perspectives mirifiques, ce qui veut dire qu'elle enlace l'homme, quel qu'il soit et quoi qu'il fasse, qu'elle l'enlace dans une espèce d'engrenage qui est écrasant. Cela se produit d'ailleurs pour le travail; cela se produit pour la vie de tous les jours; cela se produit pour la circulation; cela se produit pour l'information, pour la publicité, etc. Si bien que tout s'organise et fonctionne d'une manière automatique, standardisée, d'une manière technocratique et de telle sorte que l'individu, par exemple l'ouvrier, n'a pas prise sur son propre destin, comme pour les fourmis la fourmilière et pour les termites la termitière.

mirifique: wonderful
espèce (f): kind
engrenage (m): system of gears, machinery
écraser: to crush

fourmi (f): ant
fourmilière (f): anthill

Naturellement, ce sont les régimes communistes qui en viennent là surtout, et qui encagent tout et chacun dans un totalitarisme lugubre. Mais le capitalisme lui aussi, d'une autre façon, sous d'autres formes, empoigne et asservit les gens. Comment trouver un équilibre humain pour la civilisation, pour la société mécanique moderne? Voilà la grande question de ce siècle.

lugubre: dismal
empoigner: to seize hold of
asservir: to enslave

—*Extrait de l'entretien radiotélévisé du Général de Gaulle, le 7 juin 1968, avec Michel Droit, rédacteur en chef du Figaro littéraire.*

entretien (m): conversation
rédacteur (m): editor

Verb Construction

s'unir à qn.: to join forces with s.o.

Further Vocabulary

la machine est la maîtresse absolue:
the machine is in complete control.
l'hypothèque nucléaire de l'anéantissement:
the nuclear threat of annihilation
elle l'enlace dans une espèce d'engrenage qui est écrasant:

he is imprisoned and crushed in the wheels of the system.
l'ouvrier n'a pas prise sur....:
the worker has no influence over . . .
qui en viennent là: which reach that point

A Questions à préparer

1 Donnez des exemples qui montrent l'influence exercée par 'la machine' sur le développement de la société actuelle (conditions du travail, existence ménagère, déplacements, information, etc.).
2 Donnez des exemples des 'fondements' et de 'l'encadrement' traditionnels: sociaux, moraux et religieux. Quels seraient ces fondements dans un village, dans une ville de province, dans une agglomération urbaine, par exemple?
3 Expliquez comment les changements produits dans la société ont tendu à détruire ces fondements.
4 Énumérez les dangers qui, selon de Gaulle, menacent la société et le monde d'aujourd'hui.
5 Selon de Gaulle, comment est-ce que les responsables des moyens d'information conçoivent leur rôle?
6 Selon de Gaulle, quel est le principal avantage de 'la société mécanique moderne' et le principal défaut?

B Résumé

Résumez en quelque 200–250 mots, l'essentiel de l'argument de de Gaulle. N'oubliez pas qu'il s'agit de passer d'un texte **parlé** à un résumé **écrit**.

C Sujet de rédaction à discuter

La civilisation mécanique moderne.
Au cours d'une allocution radiotélévisée prononcée peu après cet entretien, de Gaulle a dit, au sujet de la participation, que 'dans chacune de nos activités,

par exemple une entreprise ou une université', chacun de ceux qui en font partie devrait être 'directement associé à la façon dont elle marche, aux résultats qu'elle obtient, aux services qu'elle rend à l'ensemble national'. Bref, à la question de savoir comment trouver un équilibre humain pour la civilisation moderne, il préconisait 'la participation à tous les niveaux de la société'.

Essayez de donner votre réponse à la grande question de ce siècle, telle que de Gaulle l'a formulée:

(1) Montrez comment notre civilisation 'asservit' les gens. Quelles sont les frustrations de la vie d'aujourd'hui? En quoi pourrait-on dire que la vie 'agricole et villageoise' était meilleure que la vie 'industrielle et urbaine'?

(2) De Gaulle est-il justifié en comparant la vie de l'individu dans la civilisation moderne à celle de la fourmi dans la fourmilière? Est-ce que les gens qui vivaient dans une société agricole et villageoise avaient davantage 'prise sur leur propre destin'?

(3) Que signifie 'la participation' dans les entreprises et dans l'université? Comment cette solution pourrait-elle améliorer la situation des gens? Est-ce une solution pratique?

(4) Comment voyez-vous l'actuel état du monde? Sommes-nous près de trouver 'un équilibre humain pour la civilisation moderne', ou au contraire est-ce que les gens risquent d'être dans l'avenir encore plus 'asservis' qu'à présent?

Grammar

1 The Subjunctive

(a) — *elle enlace l'homme, quel qu'il soit:*
it ensnares man, **whoever** he is . . . (i.e. whatever his position in society)
— *... et quoi qu'il fasse:*
. . . and **whatever** he does.   (see 9.1a)

(b) — *Comment est-ce qu'on pourrait imaginer que cette société-là soit placide?:*
How could one imagine that such a society would be calm?
The truth of the statement in the subordinate clause is put in doubt; in such cases the subjunctive is required (see 7.1 and 20.1b).

(c) — *Il n'est pas douteux qu'en moyenne un Français... mange, se vêt...:*
There is no doubt that . . .
— *Il est vrai que... la civilisation mécanique moderne répand parmi nous:*
It is true that . . .
The **indicative** is used after impersonal verbs expressing **certainty** (see 20.1a).

2 Conjunctions

— *Si bien que tout s'organise et fonctionne...:*
So that (with the result that) . . .

— *de telle sorte que l'individu n'a pas prise sur son propre destin:*
so that (in such a way that) . . .   (see also 8.1c)

3 Prepositions

à — *à sa portée:* within his reach
— *à commencer par...:* starting with . . .
en is not used with the definite article except before certain nouns beginning with a vowel:
— *en l'espace d'une génération:*
in the space of one generation
en l'air: in (into) the air
en l'an 2000: in the year 2000

— *en l'absence de...:*
in the absence of . . .   (passage 33)
en — *en échange de...:* in exchange for
— *le rédacteur en chef:* the chief editor
— *suspendue en permanence:*
permanently suspended
sous — *sous d'autres formes:* in other forms

Exercise

⬧ **The Subjunctive**   After expressions of doubt
Exemple: Il prétend que notre société est placide! Vous imaginez cela?
Réponse: Loin de là! Comment pourrait-on imaginer que notre société soit placide!
Exemple: Il affirme qu'on est satisfait! Vous croyez cela?
Réponse: Loin de là! Comment pourrait-on croire qu'on soit satisfait!

1 Il déclare que le capitalisme asservit les gens! Vous pensez cela? 2 Il dit que nous obtenons des résultats saisissants! Vous diriez cela? 3 Il prétend que nous disposons de moyens colossaux! Vous supposez cela? 4 Il déclare que nous faisons des progrès remarquables! Vous acceptez cela? 5 Il affirme que nous avons prise sur notre destin! Vous croyez cela? 6 Il prétend que nous nous avançons à un rythme accéléré! Vous imaginez cela?

VII
La Femme au Travail et dans la Société

Au XIXe siècle.
Les tâches deviennent plus monotones, mais aussi moins dures.

Au XXe siècle.
La femme accède à des emplois de plus en plus variés.

30

Le travail des femmes (1)

Le travail des femmes est souvent présenté comme une nouveauté, comme une conquête du XXᵉ siècle. Cette formulation est un peu excessive, laissant supposer que la femme était jusqu'alors vouée à la tenue de sa maison et à l'éducation de ses enfants.

formulation (f): concept
vouer: to restrict

Le phénomène nouveau réside plutôt dans la transformation du cadre de l'activité féminine: s'exerçant, jusqu'alors, uniquement au sein de la cellule familiale, elle va, à partir de la révolution industrielle, trouver place dans une unité de production beaucoup plus large, complètement différente de la famille. De plus, avec le cadre, se transforme la nature du travail féminin: progressivement, la femme se détache des activités considerées traditionellement comme féminines pour se dépenser dans d'autres secteurs.

se dépenser: to apply oneself

La femme dans l'économie traditionnelle

Dans l'économie traditionnelle où la famille, comprenant plusieurs générations, produit la plupart des produits qu'elle consomme, la femme est chargée de travaux très divers:

— elle élève les enfants et nourrit la famille en assurant elle-même la transformation des produits (pain, beurre, etc.);

— elle confectionne les vêtements et certains objets utiles au ménage (balais, savons, etc.);

confectionner: to make (clothes)
ménage (m): household

— enfin, elle participe activement aux travaux des champs.

La femme des villes, dans le même temps, a une vie peu différente. Les travaux des champs n'existent pas pour elle, mais elle aide son mari dans les travaux artisanaux.

Si le travail à l'extérieur, tel que nous le concevons aujourd'hui, est peu répandu, il existe toutefois, et on trouve quelques métiers féminins, orientés vers un prolongement des activités de la femme dans sa famille. Ce sont les métiers de l'aiguille, certains travaux artisanaux, certains commerces et les services domestiques.

artisanal: to do with crafts
concevoir: to understand
répandu: common
toutefois: nevertheless
métier (m): craft
prolongement (m): extension
aiguille (f): needle

La révolution industrielle: transformation du travail féminin

✳ Les effets de la révolution industrielle se font sentir en France tardivement, vers 1850. Les progrès du machinisme nécessitent une division du travail qui transforme les tâches. Celles-ci deviennent plus monotones, mais aussi moins dures, nécessitant un apprentissage moins long. D'autre part, la grande production a un immense besoin de main-d'œuvre. Suivant les hommes, les femmes vont entrer dans l'industrie et s'y livrer à un type de travail nouveau. En effet les conditions du travail en usine sont très différentes: c'est un travail salarié, s'effectuant en dehors du domicile familial, avec un horaire régulier, obéissant à des contraintes collectives. Les conditions de vie changent aussi: l'urbanisation disperse les différentes générations d'une famille, l'apparition d'objets fabriqués à des prix bas simplifie l'activité de la femme au foyer. Mais, par ailleurs, le travail à l'extérieur pose à la femme des problèmes familiaux qui n'existaient pas auparavant.

tardivement: late
tâche (f): job, task
apprentissage (m): training period
contrainte (f): pressure
par ailleurs: in other respects

La population active féminine se dirige vers le secteur industriel et va augmenter, aux dépens de l'agriculture, à un rythme très rapide jusqu'en 1906, puis diminuer à partir de 1931.

auparavant: before
aux dépens de: at the expense of

Malgré certaines améliorations (limitation de la durée du travail, interdiction de certains emplois, interdiction du travail de nuit) les conditions de travail dans l'industrie demeurent encore très dures pour les femmes; l'expansion du secteur industriel étant au cours du XXᵉ siècle ralentie, c'est vers d'autres tâches en plein développement que celles-ci vont se diriger. ✱

XXᵉ siècle: la féminisation du secteur tertiaire

Le déplacement d'activité qui s'était fait à la fin du XIXᵉ siècle vers l'industrie, s'opère maintenant vers le secteur tertiaire. Il est général, mais semble être beaucoup plus rapide pour les femmes.

Ce phénomène est dû surtout à la création de multiples tâches dans le secteur tertiaire, tâches qui par leur essence et par leurs conditions de travail conviennent particulièrement aux femmes. Il suffit de citer les activités commerciales (grands magasins, magasins à prix uniques, petits commerces), les activités bancaires, les domaines de l'hygiène (blanchisserie, coiffure, soins de beauté), de la santé (infirmières, puéricultrices), du tourisme, des loisirs, de la recherche, tous secteurs qui connaissent une croissance particulièrement rapide.

Initialement vouée aux tâches du foyer, participant aux travaux industriels ensuite, envahissant le tertiaire enfin, la femme voit s'élargir le cadre de ses activités, et, depuis quelques décades accède à des emplois de plus en plus variés et de plus en plus élevés.

commerce (m): shop
blanchisserie (f): laundry
soins de beauté (m.pl):
  beauty treatment
infirmière (f): nurse
puéricultrice (f): child-
  welfare worker

Verb Constructions

se livrer à qch.:
to devote oneself to, go in for, sth.
obéir à qch. (à qn.): to obey sth. (s.o.)
convenir à qn. (à qch.):
to be suitable for, suited to, s.o. (sth.)
participer à qch.: to take part in sth.
changer de qch.:
to transfer from one thing to another (in the same category)

changer de signification: to change its meaning
(*changer d'avis:* to change one's mind)
(*changer de place:* to move to another seat)
(*changer de train:* to change trains)
il suffit de faire qch.: all one has to do is to do sth.
s'orienter vers qch.: to turn towards sth.
se diriger vers qch.: to go, move, towards sth.

Further Vocabulary

la transformation du cadre de l'activité féminine:
the change in the setting of women's work
les progrès du machinisme:
advances in the use of machinery

la population active féminine:
the female working population
(les) petits commerces: small shops

Questions à préparer

(a) L'économie traditionnelle

1 Quelles différences y a-t-il entre l'économie traditionnelle et celle d'aujourd'hui en ce qui concerne (i) la structure de la famille et (ii) la production et la consommation?

2 Montrez comment plusieurs des travaux traditionnellement accomplis à la maison par la femme ont été remplacés par la production en usine.

3 Qu'est-ce qui caractérisait surtout les métiers féminins avant la révolution industrielle?

(b) La révolution industrielle

4 Expliquez pourquoi les 'progrès du machinisme' ont favorisé le travail féminin.

5 Illustrez les 'contraintes' que le travail en usine a imposées aux femmes.

6 Comparez cette nouvelle forme de travail à celle que les femmes exerçaient avant la révolution industrielle.

7 Décrivez les 'problèmes familiaux' qui n'existaient pas avant la révolution industrielle.

(c) Le XXᵉ siècle

8 Quels sont les avantages particuliers qu'offre aux femmes le secteur tertiaire par rapport aux autres secteurs?

9 Donnez des exemples de ces emplois 'élevés'.

157

Grammar

1 Pronominal Verbs

(a) *se faire:*
  (i) combines with an infinitive to form a **passive**:
    — *Les effets de la révolution industrielle se font sentir:*
      ... are felt.   (see 5.3*b*)
  (ii) used alone, translates 'to take place', 'to carry on':
    — *Le déplacement d'activité qui s'était fait:*
      The move which had taken place.
(b) **Translating the passive**   (see 2.2*a*)
  — *avec le cadre, se transforme la nature du travail:*
    as well as its setting, the nature of the work is transformed.
(c) **Intransitive use**   (see 2.2*b*)
  — *La notion de 'métier féminin'... s'applique à une plus grande variété de postes:*
    The notion of 'women's work' ... applies to a wider range of jobs.

Compare:
  On l'applique à une grande variété de problèmes:
    One applies it to a wide range of problems.

Many English verbs can be used either transitively or intransitively without changing their form. Similar verbs in French take the pronominal form when used intransitively. Other examples of (b) and (c):
  — *un travail salarié, s'effectuant en dehors du domicile familial:*
    paid work, undertaken (carried on) outside the home.
  — *Le déplacement d'activité... s'opère maintenant vers...:*
    ... is now a move towards ...
  — *la femme voit s'élargir le cadre de ses activités...:*
    ... finds that the scope of her activities is growing wider ...
  — *s'exerçant, jusqu'alors, uniquement au sein de la cellule familiale:*
    working, previously, ...

Collect and study further examples from this book and from your own reading.

2 Auxiliary Verbs

laisser + infinitive
The dependent infinitive after *laisser* can have (a) a **passive** and (b) an **active** meaning:
(a) — *laissant supposer que la femme était vouée à...:*
    letting it be thought that ...
    laissant supposer cela: letting that be thought
    The pronoun, noun or noun clause is the object of the dependent infinitive (*supposer*): a **passive** construction is used in English.
(b) — *on les laissait jouer...:*
    one allowed them to play ...   (passage 22)
  — *Laissez-vous vos enfants jouer...?:*
    Do you let your children play ...? (passage 22)

Laissez-vous jouer vos enfants...?
Note that either position of the infinitive is possible, depending on the balance of the sentence. The pronoun or noun is the object of the auxiliary (*laisser*): the dependent infinitive is **active** in English. *Voir, regarder, écouter, entendre* and *sentir* can be used in the same way as *laisser*:
  Je l'entends appeler:
    I hear him call *or* I hear him being called.
As this is ambiguous it can also be expressed:
  Je l'entends qui appelle.
(Compare the construction after *faire*: 11.1.)

3 Adverbs   *peu, un peu*   (see 13.4)

  — *Cette formulation est un peu excessive:*
    ... somewhat excessive (i.e. a little)
  — *La femme... a une vie peu différente:*
    ... little different (scarcely different).
  — *Si le travail... est peu répandu...:*
    ... not common ...

Peu is frequently used, as in this last example, to give a negative sense to adjectives and adverbs (e.g. *peu nombreux* for *rare* (passage 27); *peu adroitement* for *maladroitement*). Note the expression:
  — *peu à peu:* little by little (gradually)   (passage 27)

4 Prepositions

à and *de* must be repeated before each noun or infinitive which they govern (see 11.5):
  — *vouée à la tenue de sa maison et à l'éducation de ses enfants:*
    dedicated to running her household and bringing up her children.
à — *magasins à prix uniques:*
    chain stores   (see 14.5)

de — *proches de...:* near to ...
  — *chargée de travaux....:*
    responsible for work ...
par — *par ailleurs:* in other respects
vers — *vers 1850:* about (the year) 1850

Exercises

♦ (1) *changer de*

    Exemple: Il n'a plus la même opinion?
    Réponse: Non! Il a changé d'opinion.
    Exemple: Ce n'est plus le même sujet?
    Réponse: Non! Il a changé de sujet.

1 Il n'a plus les mêmes idées? 2 Ce n'est plus la même place? 3 Il n'a plus la même signification? 4 Ce n'est plus le même avis? 5 Il n'a plus les mêmes intentions? 6 Ce n'est plus le même travail?

(2) **Pronominal Verbs** Rephrase these sentences so as to use the verb pronominally.

    (*a*)   *Exemple:* On applique cette notion à plusieurs postes.
        Réponse: Cette notion s'applique à plusieurs postes.

1 Elles faisaient ce travail dans des conditions très dures. 2 On a adapté le travail féminin aux nouvelles conditions. 3 Cela transforme la nature du travail. 4 Cela a détaché la femme des activités traditionnelles. 5 C'est dans le secteur tertiaire qu'on sent les effets de ces progrès.

    (*b*)   *Exemple:* La femme était chargée de travaux divers.
        Réponse: La femme se chargeait de travaux divers.

1 Les femmes ont été livrées à un type de travail différent. 2 Ce travail est répandu maintenant. 3 Le travail était effectué en dehors du domicile familial. 4 La femme avait été vouée aux tâches du foyer. 5 Les différentes générations d'une même famille avaient été dispersées.

(3) **Auxiliary verbs** *laisser,* etc. Translate:

1 This allows one to think that the work was not suitable for women. 2 I have heard it said that the training period was very long. 3 About the end of the nineteenth century they saw their work change rapidly. 4 Perhaps their husbands did not let them work outside the home. 5 All you have to do is let time pass.

(1) La main d'œuvre féminine

A l'heure actuelle, on peut considérer que 36% des femmes de plus de quatorze ans travaillent; elles constituent un tiers de la main-d'œuvre. La moitié d'entre elles sont mariées, mais le taux d'activité diminue avec le nombre d'enfants.

(en millions)

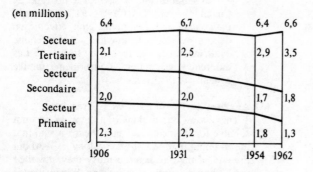

(1) 1 Exprimez en deux ou trois phrases les variations de la répartition de la main-d'œuvre féminine entre les trois secteurs (*a*) de 1906 à 1954 et (*b*) depuis 1954.

2 Quelle sera, selon vous, l'influence de l'automation sur cette répartition, notamment en ce qui concerne les secteurs secondaire et tertiaire? Justifiez votre réponse.

répartition (f): division

(2) La proportion de femmes

Les femmes quittent les secteurs traditionnellement féminins, proches de leur activité domestique (textiles, services domestiques) et s'orientent vers des secteurs nouveaux, mais pour des postes bien précis, nécessitant une formation technique plus poussée. La notion de 'métier féminin' change donc de signification et s'applique à une plus grande variété de postes (services, emplois de bureau, santé enseignement).

Nombre de femmes pour 100 travailleurs de chaque catégorie en 1962:

Secteur primaire	33	
Secteur secondaire	23	Ensemble des
Secteur tertiaire	46	secteurs 33

Certaines industries:
Métallurgie	18
Industries chimiques	30
Industries textiles	55
Habillement	80

Certains emplois:
Ingénieurs	4
Techniciennes	9
Cadres supérieurs	13
Cadres moyens	42
Employées de bureau	68

Enseignement:
Professeurs du supérieur	21
Assistantes du supérieur	33
Professeurs du secondaire	51
Institutrices	67

Santé:
Médecins	15
Dentistes	28
Pharmaciennes	48
Infirmières	85

(2) 3 Dans quelles catégories d'activité la proportion de femmes est-elle supérieure à la moyenne? Essayez dans chaque cas de dire pourquoi il en est ainsi.

4 D'après ces chiffres, la discrimination subsiste-t-elle entre 'métiers masculins' et 'métiers féminins'? Dans quelles catégories surtout? Cette discrimination est-elle toujours justifiée?

5 Qu'est-ce qui montre que l'égalité entre les hommes et les femmes est loin d'être atteinte quand il s'agit d'accéder aux professions supérieures?

métallurgie (f): engineering
habillement (m): clothing
emploi (m): job
accéder à qch.: to reach sth.

160

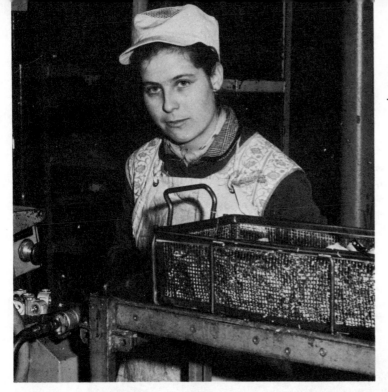

Jeune ouvrière aux usines Simca.
*Les parents continuent à envisager sans
faveur le travail pour leurs filles.*

Dans l'industrie pharmaceutique
(Rhône-Poulenc).
*C'est aux femmes que sont confiés les
travaux minutieux.*

31

Le travail des femmes (2)

L'attitude des Français envers le travail féminin

Longtemps, l'idéal de la femme française a été le foyer, surtout après son mariage, et elle ne travaillait que lorsqu'elle y était obligée. Toutefois, les femmes commencent à admettre qu'elles peuvent exercer une activité professionnelle sans nuire à leur famille et sans perdre leurs principales qualités, bien au contraire.

Une enquête effectuée en 1962 dans la région parisienne donnait les chiffres suivants pour les réponses à la question: 'Êtes-vous pour ou contre le travail des femmes?'

	Le travail des femmes en général		Le travail d'une femme mariée sans enfant	
	Pour	Contre	Pour	Contre
Hommes	26,7%	56,1%	66,1%	24,5%
Femmes	56,7%	26,7%	83,8%	13,3%

Ces chiffres sont très significatifs: en effet, pour la question de principe, les proportions sont exactement inverses pour les hommes et pour les femmes. Plus de la moitié des femmes sont favorables au travail.

L'attitude des parents

Le développement de la formation professionnelle se heurte à des obstacles à la fois d'ordre budgétaire et d'ordre psychologique. Les parents, paralysés par de vieilles habitudes, continuent à envisager sans faveur le travail pour leurs filles. Un tiers d'entre eux seulement acceptent l'idée d'une carrière féminine. L'attitude des parents pèse lourdement sur celle des jeunes filles: conscientes des obstacles auxquels se heurtent la formation et la promotion professionnelle féminines, elles ont moins d'ambition que les garçons et sont prêtes plus facilement à accepter des emplois sans avenir.

formation (f): training

promotion (f): advancement

En fin de compte, seules des modifications d'horaires et quelques aménagements sociaux (création et amélioration des crèches, gardiennage de jour des enfants, indemnités de Sécurité sociale pour les mères d'enfants malades) sont susceptibles de modifier immédiatement la situation.

aménagement (m): provision
crèche (f): day-nursery
indemnité (f): benefit

La sous-qualification

Alors que 16% des salariés hommes sont classés comme cadres, seules 3% des femmes ont une qualification comparable. Même remarque en ce qui concerne les ouvriers qualifiés: 13% des femmes ont une qualification professionnelle, contre 41% des hommes. Ainsi, il paraît que la main-d'œuvre féminine est nettement sous-qualifiée.

nettement: definitely

Capacités et défauts de la main-d'œuvre féminine

capacité (f): ability

Pour expliquer cette sous-qualification les employeurs mettent souvent en avant un certain nombre d'arguments. Les femmes, disent-ils, sont capables d'effectuer correctement un travail. On leur reconnaît des capacités particulières, telles que la dextérité manuelle, la précision, l'application, la possibilité d'effectuer des travaux monotones, le soin, la patience. C'est à

application (f): diligence

elles que sont confiés les travaux minutieux, ou demandant de la rapidité et du calme. D'autre part, certains caractères psychologiques tels que douceur, dévouement, compréhension humaine peuvent expliquer que les femmes soient particulièrement appréciées dans les métiers utilisant ces qualités: soins aux malades, aux enfants, travail social, métiers mettant en contact avec le public (vendeuses, hôtesses, serveuses, etc.).

Mais des défauts majeurs contre-balancent ces avantages. La main-d'œuvre féminine manquerait d'ambition, d'esprit d'initiative, elle porterait peu d'intérêt à son travail. Et, surtout, ce serait une main-d'œuvre instable dont le taux d'absentéisme est très élevé. Sur ces deux points — instabilité et absentéisme — les chiffres semblent donner raison aux employeurs.

L'instabilité d'abord: dans l'ensemble, il ne s'agit pas d'une propension plus grande à changer de situation. Par contre, il arrive fréquemment que la femme soit amenée à interrompre ou à cesser sa carrière après quelques années de travail: les femmes abandonnent souvent leur emploi après le mariage ou la naissance du premier enfant, quitte à le reprendre plus tard lorsque les enfants auront grandi. Leur durée de vie active est donc plus faible que celle des hommes (en moyenne 22 ans contre 47 ans).

L'absentéisme est également plus développé parmi la main-d'œuvre féminine. Le nombre moyen d'absences durant une année s'élève à 2,31 pour les femmes et à 1,47 pour les hommes. Quel que soit son emploi, la salariée 'manque' plus souvent que l'homme occupant un emploi équivalent.

minutieux: finicky

taux (m): rate

propension (f): tendency

en moyenne: on average

Les principaux reproches (choisis sur une liste) qui sont faits aux femmes par les employeurs:

Reproches	Cité par
—sont trop souvent absentes	47,5%
—prennent la place des hommes	41,9
—ont un caractère inégal	35,8
—sont des causes de disputes	35,2
—n'ont pas le sens de la mécanique	16,9
—sont incapables de travailler en équipe	14,4

Les causes de l'absentéisme

Pourtant, l'examen des chiffres permet de donner des explications sur ce fait: le taux des absences est en rapport avec le nombre et l'âge des enfants. L'absentéisme est donc lié à des causes d'ordre familial. Aux maladies des enfants, aux démarches à effectuer s'ajoute le surmenage de la mère de famille. Ses travaux ménagers viennent considérablement gonfler la durée effective de la journée de travail. On peut considérer qu'une mère de deux ou trois enfants, employée à l'extérieur pendant 8 heures, effectue chaque jour plus de 15 heures de travail réel.

lier: to link
surmenage (m): overwork
travail ménager: housework

Répartition (en heures) des tâches journalières:

	Femmes exerçant une profession				Femmes sans profession			
Nombre d'enfants	0	1	2	3+	0	1	2	3+
Travaux de maison	3,9	4,5	5,2	5,5	7,8	7,6	8,0	7,8
Soins aux enfants		1,1	1,5	1,6		2,4	2,7	3,3
Sommeil	8,7	8,4	8,2	8,1	9,1	9,2	8,8	8,5
Temps qui reste	4,2	3,6	3,8	3,9	7,1	4,8	4,5	4,4
Travail professionnel et trajets	7,2	6,4	5,3	4,9				

Parallèlement aux causes familiales de l'absentéisme, il existe aussi des raisons professionnelles. L'insatisfaction provoquée par une activité subalterne et monotone entraîne un absentéisme plus élevé. Une main-d'œuvre féminine plus qualifiée aura sans doute un absentéisme plus élevé que la main-d'œuvre masculine, mais cet absentéisme sera nettement plus faible que pour une main-d'œuvre non qualifiée.

insatisfaction (f): dissatisfaction
entraîner: to lead to

Même en tenant compte des 'défauts' de la main-d'œuvre féminine, un développement de la formation serait rentable pour l'économie du pays en même temps qu'il permettrait une amélioration indiscutable de la condition de la femme.

rentable: profitable

Verb Constructions

peser sur qch.: to influence sth.
se heurter à qch.: to run up against, meet with, sth.

nuire à qn. (à qch.): to harm, be harmful to, s.o. (sth.)

Further Vocabulary

exercer une activité professionnelle:
to take a job, go out to work
la formation professionnelle: training for a job
envisager sans faveur: to view unfavourably
(le) gardiennage de jour des enfants:
looking after children during the daytime
(ils) sont susceptibles de modifier... la situation:
they are likely to change the situation.
elle porterait peu d'intérêt à....:
she is said to take little interest in . . .

donner raison à...: to support, justify . . .
leur durée de vie active: their working life
le nombre moyen d'absences... s'élève à...:
the average number of absences . . . is . . .
(les) démarches à effectuer: things to be done
parallèlement à...: alongside, together with
il existe des raisons professionnelles:
there are reasons to do with the job.   (see passage 5)

A Questions à préparer

(a) L'attitude des Français

1 Comparez le rêve de la femme française d'hier à celui de la femme d'aujourd'hui.

2 Pourquoi cet 'idéal' a-t-il changé?

3 Expliquez les craintes qui empêchaient les femmes d'exercer une activité professionnelle.

4 En vous référant au tableau, expliquez l'attitude des hommes envers le travail des femmes.

5 Quelle est la proportion des parents qui s'opposent à la formation professionnelle des femmes?

6 Quelles raisons vous sembleraient expliquer cette opposition?

7 Quelles sont les conséquences de cette opposition sur le développement de la formation professionnelle des femmes?

8 Pourquoi les aménagements sociaux proposés sont-ils susceptibles de modifier la situation?

(b) La sous-qualification

1 En vous référant aux précédents textes sur le travail des femmes, expliquez les causes de cette 'sous-qualification' des femmes.

2 Compte tenu des arguments mis en avant par les employeurs, expliquez les chiffres présentés au tableau se rapportant au pourcentage de femmes employées dans l'industrie et le secteur tertiaire.

3 Qu'est-ce qui explique le manque d'ambition, d'initiative, d'intérêt des femmes?

4 Comment est-ce que l'attitude des employeurs y contribue?

5 Les reproches faits aux femmes par les employeurs vous semblent-ils justifiés?

6 En général, quelle est l'attitude des femmes envers le travail? (Montrez l'influence du mariage, de la naissance des enfants, etc.)

B Sujets de discussion

1 Comment les employeurs pourraient-ils améliorer la situation de la femme qui travaille (meilleures conditions du travail, travail à temps partiel, horaires moins rigides, rémunération plus élevée, formation professionnelle, etc.)?

2 Comment le rôle joué par les femmes dans l'industrie changera-t-il à la suite d'un développement de la formation professionnelle féminine?

3 Comment les hommes accueilleront-ils la concurrence des femmes?

4 En vous référant au tableau de la répartition des tâches journalières: (a) Comparez la journée moyenne d'une femme qui travaille à l'extérieur à celle d'une femme sans profession. (b) Expliquez les différences que vous avez trouvées. (c) Montrez l'influence du nombre d'enfants sur la répartition des tâches. (d) (**Résumé**) Écrivez un paragraphe où vous exprimerez avec le plus de concision possible l'essentiel de l'information contenue dans le tableau des tâches journalières.

C Sujet de rédaction à discuter

(Pour les jeunes filles)

La carrière que je choisirais.

Quelques questions à considérer:

(1) La carrière que vous avez choisie ou que vous choisirez probablement. Les raisons de votre choix; ce qui vous a influencée.

(2) Quand il s'agit de choisir une carrière, les critères sont-ils les mêmes pour les garçons et les filles?

(3) Dites comment vous envisagez cette carrière: un moyen de gagner le plus d'argent possible? une activité qui servira à 'boucher le trou' entre les études et le mariage? une profession ou un métier que vous avez l'intention d'exercer toute votre vie, ou que vous pourrez facilement reprendre après avoir élevé une famille?

D Sujet de rédaction

Vivre ma vie.

Imaginez un dialogue entre une jeune fille qui (appuyée par son frère?) veut poursuivre ses études jusqu'à l'université et exercer ensuite une activité professionnelle, et ses parents qui ont du mal à comprendre et à approuver les projets de leur fille.

E Sujet de rédaction

Le devoir de la société est d'aider la femme à vivre au niveau de ses capacités.

Justifiez ce point de vue, et examinez la manière dont la société pourrait améliorer la situation actuelle. Quelques questions à considérer:

(1) Les capacités intellectuelles d'une femme sont-elles différentes de celles d'un homme?

(2) Dans quels domaines ces capacités sont-elles sous-estimées ou sous-employées?

(3) Pourquoi en est-il ainsi? Les hommes craignent-ils la concurrence des femmes?

(4) Qu'est-ce qu'il faudra changer pour améliorer la situation (organisation et contenu de l'enseignement, attitude des parents et des employeurs, etc.)? Comment faire accepter des réformes?

(5) Résumez votre point de vue; comment envisagez-vous l'avenir?

Grammar

1 Personal Pronouns

(a) Indirect pronoun (idiomatic use)

— *On leur reconnaît des capacités particulières:*
It is admitted that they have special abilities.

The indirect object pronoun (*lui, leur*) is frequently used in this way with verbs of **thinking** and **knowing**:

On lui suppose des défauts majeurs:
She is thought to have major faults (it is thought she has . . .).

On leur trouve...:
They are thought to have . . . (they are found to have . . .)

On lui sait...:
He is known to have . . . (people know that he has . . .)

— *je ne lui reconnais aucune autorité...:*
I don't accept that he has any authority . . . (passage 7)

(b) *y* as verb complement

— *elle ne travaillait que lorsqu'elle y était obligée:*
. . . when she was obliged to.

Y stands for a noun, a phrase, or a clause governed by *à*; here *y* stands for *à travailler*, and must not be omitted (see 28.4).

(c) Partitive *d'entre*

D'entre is used instead of *de* with personal pronouns:

— *Un tiers d'entre eux seulement acceptent l'idée.*
— *La moitié d'entre elles sont mariées.* (passage 30)

But *l'un d'eux, l'une d'elles* or *l'un d'entre eux, l'une d'entre elles* ('one of them'), are equally possible.

2 Tenses

Conditional

— *La main-d'œuvre féminine manquerait d'ambition:*
  ... is said to lack ambition.
— *elle porterait peu d'intérêt à son travail:*
  ... is thought to show ...

— *ce serait une main-d'œuvre instable:*
  ... is said to be ...

The conditional is used when referring to a reported or unconfirmed fact (see 7.2c).

3 Adjective *quitte à*

— *quitte à le reprendre plus tard:*
  with the possibility of taking it up again later.
Quitte à can also be used of an unwelcome possibility: 'at the risk of' or 'even if':

Les femmes veulent à tout prix exercer une activité professionnelle, quitte à accepter des emplois sans avenir:
  ... even if they have to accept ...

Note that *quitte* is invariable in this construction.

4 The Subjunctive

(a) — *certains caractères... peuvent expliquer que les femmes soient appréciées...:*
  certain characteristics ... can explain why women should be appreciated.

Je comprends facilement que les femmes soient appréciées:
  I can well understand why women are appreciated.

(For the subjunctive after verbs expressing understanding of a fact see 7.1d.)

(b) — *il arrive fréquemment que la femme soit amenée à...*
— *il apparaît que la main-d'œuvre féminine est nettement sous-qualifiée.*

(For the mood after impersonal expressions see 20.1a.)

(c) **'whatever'** (see 9.1a)

— *quel que soit son emploi:*
  whatever her job (may be)
quelle que soit son attitude:
  whatever her attitude (may be)
quels que soient les chiffres:
  whatever the figures (may be)

5 Indefinite Adjective *tel que*

— *des capacités particulières, telles que la dextérité manuelle, la précision...:*
  special abilities, such as ...
— *certains caractères psychologiques tels que douceur, dévouement...:*

certain psychological characteristics such as ...
Tel que agrees with the preceding noun. (For other examples of *tel* see 9.3d.)

6 Prepositions

à — *(les) soins aux malades:* care for the sick
— *une propension à changer:*
  a tendency to change

en — *en fin de compte:*
  all things considered, taking everything into account

— *en même temps que...:*
  at the same time as ...
contre — *contre 41% des hommes:*
  compared with 41% of the men
par — *par contre:* on the other hand

166

Exercises

(1) Personal Pronouns

Exemple: On pense qu'ils ont beaucoup d'intelligence.

Réponse: Oui, on leur suppose beaucoup d'intelligence.

1 On croit qu'elle a du talent. 2 On sait qu'elles ont de la patience. 3 On reconnaît que vous possédez une capacité extraordinaire. 4 On trouve qu'elles ont des défauts majeurs. 5 On pense qu'il a de l'ambition. 6 On croit qu'elle a beaucoup de qualités. 7 On sait que vous avez du talent.

(2) *quitte à...*

Exemple: Est-ce qu'elles le feront au risque d'être grondées?

Réponse: Oui, elles le feront quitte à être grondées.

Exemple: Elle l'abandonne en se réservant de la reprendre plus tard?

Réponse: Oui, elle l'abandonne quitte à la reprendre plus tard.

1 Est-ce qu'elle se mariera au risque de perdre son emploi? 2 Elle le fait maintenant en se réservant de réfléchir plus tard? 3 Est-ce qu'elle travaillera au risque de nuire à sa famille? 4 Elle sacrifie tout maintenant en se réservant d'avoir des enfants plus tard? 5 Est-ce qu'elle le fera au risque de rencontrer des obstacles sérieuses? 6 Elle travaille dur maintenant en se réservant de se reposer plus tard?

(3) The Subjunctive

Exemple: Les chiffres sont significatifs. C'est vrai!

Réponse: Oui, il est vrai que les chiffres sont significatifs.

Exemple: Les femmes n'ont pas d'ambition. Cela est-il vrai?

Réponse: Est-il vrai que les femmes n'aient pas d'ambition?

1 Les jeunes filles ont moins d'ambition que les garçons. Je comprends cela! 2 Les femmes n'ont pas d'ambition. Cela paraît évident! 3 La main-d'œuvre féminine est sous-qualifiée. Cela vous semble-t-il vrai? 4 Les femmes sont appréciées dans l'industrie. Leurs caractères expliquent cela. 5 Elles prendront un emploi subalterne. Cela est-il préférable? 6 Elles reprendront leur emploi plus tard. Cela vaudrait mieux.

(4) The Subjunctive Translate:

1 It isn't right for you to do such work. 2 It isn't right for women to do such work. 3 I can easily understand why we should allow that. 4 I can easily understand why that is allowed. 5 It would be better for us to recognise this fact. 6 It would be better for society to recognise this fact. 7 It seems to me that you are right. 8 It seems to me that the author is right. 9 Does it seem to you that society can do something? 10 Does it seem to you that we can do something?

(5) Translate:

1 According to employers, women lack ambition. 2 They are believed to have important faults. 3 According to some people, going out to work is harmful to a woman's health. 4 Half of them, on average, will have left within six months. 5 One must take into account the facilities that will be needed, such as day-nurseries.

32

La condition féminine

La sociologue Evelyne Sullerot, spécialisée dans les questions féminines, analyse, dans un entretien avec Tanneguy de Quénétain, les bouleversements sociaux qui vont transformer l'état de femme dans notre société.

bouleversement (m): upheaval

La femme au travail

—Pour vous une femme adaptée à son époque est une femme qui travaille. Pourquoi cette exaltation du travail?

Je n'exalte pas le travail pour le travail mais parce qu'il représente, de nos jours, l'accession à la vie culturelle. Accéder véritablement à la culture ce n'est pas seulement la consommer, c'est participer à son élaboration. Et pour cela il faut travailler. Il ne s'agit pas, certes, de n'importe quel travail. Le travail des paysannes ou des ouvrières textiles n'apporte aucun enrichissement culturel. A ce niveau le nombre des femmes au travail ne cesse de décroître depuis 1920. En revanche, plus une femme est instruite, plus elle travaille hors de son foyer. En 1962, parmi les femmes de 25 à 30 ans (âge où la majorité des femmes ont un ou deux enfants en bas âge), les Françaises qui avaient fait des études supérieures travaillaient dans la proportion de 80%. Parmi celles qui avaient le baccalauréat, la proportion était de 75%. Et parmi celles sans diplôme, 37% seulement travaillaient.

élaboration (f): creation, preparation

Cette évolution doit s'accélérer. Il me paraît absurde qu'une licenciée doive se consacrer uniquement aux soins du ménage. J'y vois une perte sèche pour la société et pour la femme elle-même dans la mesure où elle ne vit pas au niveau de ses capacités. Évidemment cette accession de la femme à un travail intéressant et rémunérateur implique la prise en charge par la société de certaines fonctions traditionnellement réservées à la mère. Je ne conçois pas par exemple que l'on ose construire des ensembles résidentiels sans prévoir une garderie d'enfants. Les femmes d'aujourd'hui sont beaucoup plus disposées que ne veulent le croire les hommes à ce que la société les décharge d'une partie de leurs servitudes domestiques. Beaucoup de bourgeoises envoient leurs enfants à l'école maternelle, ce qui eût été inconcevable il y a cinquante ans.

licencié: graduate
perte sèche: net loss

rémunérateur: well-paid

inconcevable: unthinkable

✱ —N'est-il pas paradoxal que les femmes se précipitent ainsi vers le travail au moment où nous allons vers une société des loisirs? N'est-ce pas un mouvement qui va en sens inverse de l'évolution réelle de la société?

Non, car l'accession à la société des loisirs présente des dangers qu'il faut précisément éviter. On estime qu'en 1985 la population active, en France, ne représentera que 38% de la population contre 62% d'inactifs. Alors surgit une première possibilité. Parmi ces 38% d'actifs une division s'établira, de plus en plus nette, entre les responsables qui travailleront de plus en plus et les exécutants qui auront davantage de loisirs. Ces responsables ne seront qu'une minorité et on peut craindre alors que les femmes ne soient écartées des postes intéressants. La promotion des femmes serait stoppée. Nous en arriverions alors à une exagération des vices de la société bourgeoise, où l'homme produit des biens et gagne de l'argent, la femme achète et dépense: d'un côté le producteur, et de l'autre la consommatrice.

sens (m): direction
inverse: opposite

écarter: to keep out

L'autre possibilité—la bonne, à mon avis—c'est que l'homme et la femme travaillent mais que la journée de travail soit réduite pour tous deux.

Ainsi la femme connaîtrait une vie professionnelle et l'homme connaîtrait ses enfants. Ceux-ci seraient éduqués autant par le père que par la mère. ✱

La femme dans la société

—Quand vous parlez du père et de la mère vous les mettez sur le même pied. Mais cela n'est-il pas contraire aux lois de l'espèce? Il y a des différences évidentes entre l'homme et la femme sur le plan physique. N'ont-elles pas leur équivalent sur le plan psychologique?

espèce (f): species

Non, il n'y a pas d'une part des valeurs viriles et de l'autre des valeurs féminines inhérentes à l'espèce humaine. Il n'y a que deux types d'activité qui, dans la grande majorité des sociétés, aient été toujours réservés aux hommes: les tâches qui exigent une grande force musculaire, et la guerre. Mais de nos jours la machine supplante le muscle et la guerre atomique fait courir le même péril aux femmes et aux hommes. La guerre perd donc de son prestige et dans ce sens on peut parler d'une crise des valeurs traditionnellement considérées comme viriles. Celles-ci n'ont plus qu'un exutoire: le sport... qui n'est pas réservé aux hommes exclusivement.

exutoire (m): outlet

—A la limite, pourra-t-on encore distinguer les sexes? N'allons-nous pas vers un monde psychologiquement asexué?

asexué: sexless

C'est une question que je me pose moi-même et qui me tourmente parfois. Quand je croise dans la rue des filles en blue-jeans qui tiennent par le petit doigt des garçons aux cheveux longs, je suis tout de même un peu inquiète. Ce qui est certain, en tout cas, c'est que nous allons vers une désexualisation croissante de la vie sociale. Au XIXᵉ siècle, on était horrifié à l'idée qu'une femme puisse faire le métier de secrétaire. On craignait que le travail ne soit perturbé par des scènes de séduction. Il ne s'est rien passé de ce genre. Puis on s'est inquiété de voir des femmes à la Chambre des députés. On annonçait des ravages quand viendrait le printemps. Il n'y a pas eu de ravages.

croiser: to pass

genre (m): kind

ravages (m.pl): havoc

—Et pourtant les affiches de cinéma, les cover-girls des placards publicitaires semblent témoigner d'une sexualité déchaînée. Comment expliquez-vous cela?

placard (m): hoarding
déchaîné: unbridled

Ce sont des phénomènes de compensation. En outre il est certain que la culture de masse est en retard sur l'évolution réelle de la société. La femme-objet règne encore sur la société industrielle et elle est nécessaire à la vente des produits commerciaux. Mais c'est une image de plus en plus irréelle et rétrograde qui ne correspond pas à la vocation de la femme d'aujourd'hui.

Verb Construction

témoigner de qch.: to show, prove, sth.

Further Vocabulary

le travail pour le travail: work for work's sake
l'accession à la vie culturelle:
a means of playing one's part in cultural life
cette accession de la femme à un travail intéressant:
this opening-up of interesting jobs to women
l'accession à la société des loisirs:
moving into the age of leisure
participer à son élaboration:
to have a share in its creation
qui avaient fait des études supérieures:
university-educated

(elle) implique la prise en charge par la société...:
it implies that society should take over . . .
qui va en sens inverse de l'évolution:
which runs counter to the development
alors surgit une première possibilité:
in that case there arises one possibility.
il ne s'est rien passé de ce genre:
nothing of the kind happened.
à la limite: ultimately
(elle) est en retard sur l'évolution réelle:
it is lagging behind the real development.

A Questions à préparer

1 Selon Mme Sullerot, quelle est la vraie valeur du travail?

2 Quelle sorte de travail se trouve exclue de son argument?

3 Comment entend-elle les mots 'culture', 'vie culturelle'? Essayez d'expliquer les circonstances dans lesquelles on peut 'participer à l'élaboration de la culture'.

4 Quelles sont les femmes qui, selon Mme Sullerot, devraient travailler de plus en plus à l'extérieur? Pourquoi est-elle de cet avis?

5 Quelles conséquences sociales et familiales cette évolution comporte-t-elle?

6 Résumez ce que vous entendez par l'expression 'une société des loisirs'.

7 Quelle division risque de s'établir parmi la population active? Pourquoi cette division nuirait-elle aux intérêts de la femme, selon Mme Sullerot?

8 (a) Quels sont les rôles respectifs de l'homme et de la femme dans 'la société bourgeoise'?
  (b) Quelles seraient les conséquences, pour les hommes, les femmes et la vie familiale, d'une intensification de cette tendance?

9 Comment est-ce que Mme Sullerot envisage la société 'idéale' de l'avenir? Comment est-ce qu'elle justifie son idée d'une égalité entre le père et la mère?

10 Quelles raisons historiques pouvez-vous avancer pour expliquer pourquoi notre société a exclu les femmes des principaux postes commerciaux et industriels, leur réservant toujours les moins importants—'exécutantes' plutôt que 'responsables'?

11 Quels changements dans l'industrie, la science, la société ont fait qu'il existe maintenant 'une crise des valeurs traditionnellement considérées comme viriles'?

12 Qu'entendez-vous par la phrase 'la désexualisation de la vie sociale'?

13 Quelle image est-ce que la publicité actuelle donne de la femme? Pourquoi la publicité se sert-elle de cette image 'irréelle'? Montrez comment cette image est 'irréelle et rétrograde' et 'ne correspond pas à la vocation de la femme d'aujourd'hui'. Servez-vous d'exemples de cette publicité (affiches de cinéma, placards et films publicitaires, réclames dans les journaux et magazines, etc.) pour montrer la différence entre la 'fausse' et la 'vraie' condition féminine.

B Sujet de rédaction à discuter

Les mères de famille devraient-elles travailler?

(1) En vous référant aux questions 1, 2 et 3 ci-dessus, dites ce que vous entendez par le mot 'travailler'.

(2) Les conséquences du travail féminin sont-elles à votre avis bonnes ou mauvaises en ce qui concerne les enfants?

(3) Quels seraient les avantages de la participation égale des femmes dans le gouvernement, l'industrie, l'enseignement, etc.?

C Sujet de rédaction à discuter

L'égalité entre les sexes est contraire aux lois de l'espèce.

(1) Le rôle des femmes à travers l'histoire.

(2) Les doctrines des diverses religions vis-à-vis de la femme.

(3) Égalité veut-elle dire identité?

(4) L'utilité d'une division du travail entre les sexes.

(5) Quelles sont les 'lois de l'espèce' que vous reconnaissez dans ce domaine?

Grammar

1 The Subjunctive

(a) After superlatives

(i) The subjunctive is used in **relative clauses** when the antecedent is a **superlative** (or an adjective or construction having the force of a superlative, such as *seul, ne... que, unique, premier, dernier*), and the stress is on the **attitude** of the speaker:

— *Il n'y a que deux types d'activité qui... aient été toujours réservés aux hommes:*
There are only two sorts of activity which ... have always been reserved for men.
Ces tâches sont les dernières (seules, premières) qui aient été réservées aux hommes.
Ces progrès sont les meilleurs qu'on ait pu réaliser jusqu'ici.
La sociologue nous a proposé la solution la plus intéressante que je connaisse.

(ii) But the **indicative** is usually found if the tense in the relative clause is past historic, future or future perfect, and if the speaker is making a **simple statement of fact**:

Parmi tous ces faits, c'est le dernier qu'elle souligna.
C'est le premier problème qui se posera alors aux femmes.

(b) After expressions of emotion, attitudes of mind (see 6.1a and 7.1d)

— *Il me paraît absurde qu'une licenciée doive se consacrer...*
— *Je ne conçois pas... que l'on ose construire...:*
I cannot understand . . . how one can (dare) build . . .
— *Les femmes d'aujourd'hui sont beaucoup plus disposées... à ce que la société les décharge...* (i.e. they would like society to relieve them)
— *N'est-il pas paradoxal que les femmes se précipitent ainsi...?:*
Isn't it paradoxical (Doesn't it surprise you) that . . .?
— *on peut craindre... que les femmes ne soient écartées des postes.*
— *on était horrifié à l'idée qu'une femme puisse faire le métier de secrétaire.*

(c) After expressions of possibility (see 20.1a)

— *L'autre possibilité... c'est que l'homme et la femme travaillent mais que la journée de travail soit réduite pour tous deux.*

(d) Instead of the conditional perfect

— *ce qui eût été inconcevable il y a cinquante ans. Qui eût cru cela?:*
Who would have thought it?
The pluperfect subjunctive is often used instead of the conditional perfect in literary style.

2 Comparison

(a) — ***plus** une femme est instruite, **plus** elle travaille...:*
the more educated a woman is, **the more** she works . . . (see 8.2a)

(b) — *Les femmes... sont beaucoup plus disposées **que ne** veulent **le** croire les hommes à ce que...:*
Women are much more prepared than men will admit to . . .

Ne is required before the verb in the second part of the comparison. The verb complement (*le*) is optional (see 11.3a).

(c) Note the use of *davantage* as a synonym of *plus*:
— *davantage de loisirs:* more free time

(d) — *Ceux-ci seraient éduqués autant par le père que par la mère:*
. . . by both the father and the mother (as much by the father as by the mother).

3 Prepositions

à is used (generally with the definite article) to form adjective phrases describing parts or attributes of the body:
— *des garçons aux cheveux longs:*
boys with long hair (long-haired boys)
une femme aux opinions avancées:
a woman with advanced ideas

à — *au XIXᵉ siècle:* in the nineteenth century
— *nécessaire à la vente des produits:*
necessary for the sale of products

de — *les femmes de 25 à 30 ans:*
women between the ages of 25 and 30
— *d'un côté... (et) de l'autre:*
on the one hand . . . (and) on the other

— *d'une part... (et) de l'autre:*
on one side . . . (and) on the other
— *elles travaillaient dans la proportion de 80%:*
80% of them worked (see 19.5)
— *la proportion était de 75%:*
the figure was 75% (see 19.5)

en — *des filles en blue-jeans:*
girls in jeans (wearing jeans)
— *enfants en bas âge:* young children
— *en revanche:* on the other hand (see 4.4)

dans — *dans la mesure où...:*
to the extent that . . .

Exercises

● (1) **The Subjunctive** After superlatives

Exemple: Cet article est le plus amusant. Vous l'avez lu?

Réponse: Oui, c'est le plus amusant que j'aie lu.

Exemple: C'est bon!

Réponse: Oui, c'est le meilleur qui soit!

1 Cet article est le seul. Vous le connaissez? 2 C'est intéressant! 3 Cet article est le premier. Vous le recevez? 4 C'est amusant! 5 Cet article est le dernier. Vous l'avez retenu? 6 C'est cher!

(2) **The Subjunctive** After certain verbs

Translate:

1 I am afraid you will run into some difficulties. 2 I am afraid they will run into some difficulties. 3 One would very much like you to know these problems. 4 One would very much like men to know these problems. 5 I cannot understand how you can admit that. 6 I cannot understand how one can admit that. 7 Only you know how to do that. 8 There are only two women who know how to do that.

(3) **Comparison** Translate:

1 The more educated women are, the harder it is for them to get a job; which is absurd. 2 Domestic tasks should be as much the responsibility of the husband as of the wife. 3 There are now more outlets for women's abilities than a hundred years ago. 4 Advertising lags further behind the changes in society than one thinks. 5 The figures show that the work is less well paid than one would have thought.

On ne voit pas le temps passer

On se marie tôt à vingt ans
Et l'on n'attend pas des années
Pour faire trois ou quatre enfants
Qui vous occupent vos journées
Entre les courses et la vaisselle
Entre ménage et déjeuner
Le monde peut battre de l'aile
On n'a pas le temps d'y penser

courses (f.pl): shopping

battre de l'aile: to be in a mess

Faut-il pleurer faut-il en rire
Fait-elle envie ou bien pitié?
Je n'ai pas le cœur à le dire
On ne voit pas le temps passer.

faire envie: to be envied

Une odeur de café qui fume
Et voilà tout son univers
Les enfants jouent le mari fume
Les jours s'écoulent à l'envers
A peine voit-on ses enfants naître
Qu'il faut déjà les embrasser
Et l'on n'étend plus aux fenêtres
Qu'une jeunesse à repasser

s'écouler: to pass, slip by
à l'envers: in a whirl
à peine: scarcely

repasser: (1) to iron; (2) to go over in one's mind

Faut-il pleurer etc.

Elle n'a vu dans les dimanches
Qu'un costume frais repassé
Quelques fleurs ou bien quelques branches
Décorant la salle à manger
Quand toute une vie se résume
En millions de pas dérisoires
Prise comme marteau et enclume
Entre une table et une armoire

enclume (f): anvil

Faut-il pleurer etc.

172

33

La femme-député

🎲 Au terme de longues années de lutte, les femmes ont obtenu enfin les mêmes droits civiques que les hommes. L'octroi, tant réclamé, du droit de vote répondait à une élémentaire justice. Pourtant, il ne semble pas avoir entraîné une prise de conscience suffisante de leurs responsabilités civiques.

terme (m): end
octroi (m): granting

Certes, les femmes votent avec autant d'empressement que les hommes. Mais très peu d'entre elles acceptent encore de siéger dans les assemblées où se décide notre commun destin. Elles sont 30 sur 30 000 conseillers généraux, 11 000 sur 470 000 conseillers municipaux. Au Parlement, leur participation tend même à se réduire. Alors que l'Assemblée nationale comptait 39 élues en 1946, elle n'en est plus qu'à 11 aujourd'hui.

empressement (m): readiness
siéger: to sit

élire: to elect

Ces femmes-députés, qui sont-elles? Comment conçoivent-elles leur rôle? Trois d'entre elles, qui représentent toutes les nuances de l'éventail politique, répondent ici à nos questions.

éventail (m): fan

Rôle des femmes dans la vie politique

Madame Marie-Claude Vaillant-Couturier, député du Val-de-Marne (Parti communiste).

—Vous avez, Madame, siégé au Parlement presque sans interruption depuis 1944, c'est-à-dire depuis que les femmes sont éligibles en France.

—A la Libération, tous les partis avaient présenté des femmes, reconnaissant le rôle qu'elles avaient joué pendant l'occupation. En l'absence de millions d'hommes, prisonniers de guerre, travailleurs envoyés en Allemagne, déportés etc., elles avaient pris l'habitude d'assumer leurs responsabilités dans tous les domaines, y compris dans la Résistance. Depuis, le nombre des élues n'a cessé de diminuer.

présenter: to put forward

—Quelles en sont, à votre avis, les raisons?

—Il y a d'une part des raisons politiques. Le scrutin de listes à la proportionnelle leur était plus favorable que le système uninominal actuel. Mais il y a aussi des raisons objectives, qui sont les problèmes de la femme qui travaille d'une façon générale. Quel que soit le métier qu'elle exerce, avec la charge d'un foyer, elle a beaucoup plus à faire qu'un homme. Pourtant il est infiniment souhaitable que les femmes aient la possibilité d'assumer un rôle public et d'avoir une vie d'épouse et de mère.

charge (f): responsibility
souhaitable: desirable

—Est-ce que cela vous a, personnellement, posé des problèmes?

—Quand j'ai été élue pour la première fois, mon fils n'avait que huit ans. Ce n'était évidemment pas toujours facile. Mais encore une fois, c'est le cas de toutes les femmes qui travaillent. Une dactylo, une ouvrière part aussi de chez elle avant l'ouverture de l'école et ne rentre que bien après la sortie, surtout si elle travaille loin de son domicile. Il lui faut organiser sa vie en conséquence, ce qui n'est pas aisé. C'est bien pire dans le cas d'une infirmière, dont ni les horaires, ni les vacances ne coïncident avec ceux de son mari et de ses enfants. Pour qu'une femme puisse remplir pleinement son rôle dans la société, il serait nécessaire à la fois de diminuer les heures de travail et d'augmenter le nombre des institutions sociales: crèches, garderies, colonies de vacances et maisons familiales. Et aussi d'adapter les horaires.

—Le rôle des femmes dans la vie publique vous paraît lié à leur place générale dans la société?

—Absolument. Je pense qu'une participation nombreuse des femmes dans la vie politique est un élément essentiel de la démocratie. Tout simplement parce qu'elles font partie de la nation au même titre que les hommes. Elles représentent la moitié du pays et je pense que, lorsqu'elles comprennent que tout ce qui concerne leur vie dépend de la politique : les logements, l'école, les conditions de travail, la santé, sans oublier la paix, elles sont un élément dynamique, aussi bien comme électrices que comme élues.

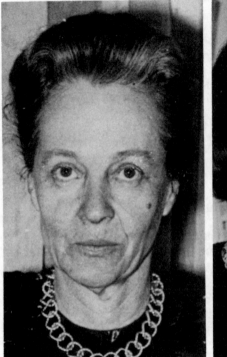

Madame Marie-Claude Vaillant-Couturier.
'Une participation nombreuse des femmes dans la vie politique est un élément essentiel de la démocratie.'

Madame Jacqueline Thome-Patenôtre.
'Une femme-député doit jouer son rôle dans la politique nationale et internationale.'

La non-participation des femmes

Madame Suzanne Ploux, député du Finistère (Union pour la Nouvelle République).

—Comment êtes-vous venue à la politique ?

—Par la Résistance. Rien ne m'y prédisposait puisque j'appartenais à une famille de militaires où personne n'avait jamais voté. Dès juin 1940, mon mari est entré dans un réseau de la France combattante. A la Libération, en 1945, nous avons fait une liste 'Front national', et elle a été élue en entier. Le lendemain j'étais maire.

réseau (m): network

—Vous n'avez pas hésité à accepter ?

—Non, je pensais que c'était un devoir. Mais il m'a fallu tout apprendre, car je ne savais rien des questions administratives. On s'y met très vite, vous savez, et n'importe quelle femme peut le faire si elle s'en donne la peine. J'avais pourtant déjà trois enfants, avec seulement une femme de ménage pour m'aider. Je passais mes matinées à la mairie et le reste du temps chez moi. Je n'ai pas l'impression d'avoir été débordée.

mairie (f): town hall
déborder: to overwhelm

174

—Comment expliquer alors que si peu de femmes siègent dans les diverses assemblées?

—C'est un problème auquel j'ai beaucoup réfléchi. Je ne vois qu'une explication: la peur d'être critiquées, de se singulariser. Ce n'est pas encore très 'bien vu' dans certaines familles. Mais celles qui ont commencé sont vite passionnées par leurs responsabilités, et elles continuent.

se singulariser: to attract attention

—Certaines même jusqu'au Parlement. Est-ce que le fait d'être une femme a joué dans votre élection?

—Je ne crois pas. Mais cela a certainement facilité mes campagnes électorales; on est plus courtois avec une femme. Quant aux contacts avec les administrés, je crois qu'ils sont plus aisés. Les gens se confient à vous pleinement; ils vous considèrent un peu comme une assistante sociale.

assistante sociale (f): health visitor

Intérêt de la vie politique

Madame Jacqueline Thome-Patenôtre, député-maire de Rambouillet (Fédération de la gauche démocrate et socialiste).

✱ —Est-ce que, en tant que femme, vous vous trouvez vouée à certaines questions, éducatives ou sociales?

—Il existe une certaine tendance à nous confiner dans les problèmes qui concernent les femmes et les enfants. Mais j'estime qu'une femme-député doit également jouer son rôle dans la politique nationale et internationale, être un député à part entière. Ce qui ne veut pas dire que nous n'intervenions pas énergiquement quand nous sommes directement concernées. Je crois qu'un parlementaire, pour être écouté, donc utile, doit se spécialiser. Pour ma part je me suis intéressée d'abord aux problèmes de la construction et des rapports France-Amérique. Aujourd'hui je me passionne pour un dossier douloureux: celui des enfants martyrs.

tendance (f): tendency

dossier (m): (file on a) matter
douloureux: distressing

—Ne vous arrive-t-il pas de trouver monotone la routine parlementaire?

—Franchement, si. Parce que finalement, on ne joue pas un rôle très important dans la masse des députés. On ne voit jamais tout à fait le résultat de son travail. Ce qui est passionnant, c'est la mairie. Dans sa commune on est bâtisseur, créateur, on fait une politique des choix. Tenez, par exemple, nous venons d'édifier une piscine couverte; mais nous savons qu'à cause de cette dépense-là nos trottoirs resteront plus longtemps en mauvais état. On est au cœur des vrais problèmes...

—... et très près des gens, n'est-ce pas?

—Oui. Quand on a tenu permanence depuis tant d'années, on se sent solidaire de tout le monde. Seule à seul avec de pauvres gens, victimes de leur ignorance, on prend leur défense avec cœur, je vous assure. Voyez-vous, j'ai connu un temps et un milieu social où les gens qui vivaient de leurs rentes refusaient aux ouvriers le droit d'avoir des vacances. Ce n'est pas si ancien que cela. Je crois que cela m'a révoltée pour la vie. C'est peut-être pour aider à changer cela que je me suis mise à la politique. ✱ 🎲

Notes

scrutin de liste à la proportionnelle: On vote pour une liste de candidats choisie parmi plusieurs listes. Le nombre de candidats élus est plus ou moins proportionnel à celui des voix réunies par chaque liste.

système uninominal à deux tours: L'électeur vote, non pour une liste, mais pour un candidat. Si l'un des candidats réunit plus de la moitié des suffrages au premier tour (majorité absolue), il est élu; sinon, on procède à un second tour où il suffit pour être élu de réunir le plus de suffrages (majorité relative).

Verb Constructions

se confier à qn.: to confide in, put one's trust in, s.o.
réfléchir à qch.: to reflect on sth.
refuser qch. à qn.: to refuse s.o. sth.

se confiner dans qch.: to immerse oneself in sth.
se passionner pour qch.: to be deeply interested in sth.
hésiter à faire qch.: to hesitate to do sth.

Further Vocabulary

elles sont 30 sur 30 000:
there are 30 of them out of 30,000
toutes les nuances de l'éventail politique:
all shades of the political spectrum
assumer leurs responsabilités:
to shoulder their responsibilities
remplir pleinement son rôle: to play her full part
au même titre que...:
by the same right (on the same footing) as . . .
vouée à certaines questions:
(exclusively) involved in certain questions
il existe une certaine tendance:

there is a certain tendency
les enfants martyrs: ill-treated children
ne vous arrive-t-il pas de trouver...?:
don't you ever find . . .?
quand on a tenu permanence:
when one has been available (to talk with one's constituents)
on se sent solidaire de tout le monde:
one has a sense of solidarity with everybody.
qui vivaient de leurs rentes: who had a private income
je me suis mise à la politique: I went into politics.

Au Conseil Municipal.
N'importe quelle femme peut faire ce travail si elle s'en donne la peine.

A Questions à préparer

1 Qu'est-ce que l'auteur trouve à critiquer dans l'attitude des femmes envers la vie politique?

2 Pourquoi la participation des femmes dans la vie parlementaire de la France atteignit-elle son apogée en 1944–46?

3 Quels sont les principaux problèmes qui confrontent une femme qui veut se faire député? Ces problèmes sont-ils particuliers à la vie d'une femme-député?

4 Justifiez les mesures que propose Mme Vaillant-Couturier pour alléger le travail des femmes, en expliquant:
   (*a*) à quoi servirait-il de diminuer les heures de travail.
   (*b*) la fonction des institutions sociales énumérées.
   (*c*) comment les horaires pourraient être adaptés.

5 Pourquoi est-il important que les femmes participent pleinement à la vie politique?

6 Comparez le point de vue de Mme Ploux à celui de Mme Vaillant-Couturier sur le peu de participation des femmes dans la vie politique.
   (*a*) Laquelle des raisons offertes semble, à votre avis, la plus convaincante?
   (*b*) Y en aurait-il d'autres, pensez-vous?

7 Êtes-vous de l'avis que les femmes aient des avantages sur les hommes dans les campagnes électorales?

8 Mme Thome-Patenôtre est à la fois député à l'Assemblée nationale et maire de Rambouillet: laquelle de ces positions lui donne le plus de satisfaction? Pourquoi? En serait-il de même pour vous?

B Sujet de rédaction à discuter

La femme dans le domaine politique.

(1) Quelles sont, selon vous, les qualités d'un bon parlementaire?

(2) Connaissez-vous des femmes qui aient ces qualités?

(3) Quelle contribution particulière les femmes pourraient-elles apporter à la vie politique?

C Sujet de rédaction

Portrait (vrai ou imaginaire) d'une femme-député dans le parlement du Royaume-Uni.

Grammar

1 The Subjunctive

(*a*) — *Ce qui ne veut pas dire que nous n'intervenions pas énergiquement:*
   Which does not mean we don't intervene forcefully . . .
   In subordinate clauses presented as contrary to fact, and introduced by verbs of denying or doubting, or expressions such as *sans que, non que, ce n'est pas que*, etc., the subjunctive is required (see 7.1 and 17.1).

(*b*) *Avoidance of the subjunctive*   (see 8.1.*b*)
   — *Une dactylo... part aussi de chez elle avant l'ouverture de l'école et ne rentre que bien après la sortie:*
   A typist . . . leaves home before school starts and does not return home until long after it has finished.
   (For 'not until' see 25.1*b*).

177

2 Nouns

(a) Masculine nouns

(i) — *Mme Vaillant-Couturier, député du Val-de-Marne*

Some nouns applicable to both sexes are always masculine. Among these are words referring to professions, e.g. *professeur, docteur, auteur, écrivain, médecin*; also *maire*.

(ii) — *la femme-député*

To indicate the feminine one can say *une femme professeur, une femme docteur*, etc.

(b) Feminine of nouns

Nouns which have both a masculine and a feminine form follow the same rules as adjectives for the endings in the feminine:

-x, -se	: *un époux*	*une épouse*	: a husband, a wife
-er, -ère	: *un ouvrier*	*une ouvrière*	: a worker
-eur, -euse	: (if the noun is formed from the stem of a French verb)		
	un vendeur	*une vendeuse*	: a sales assistant
-eur, rice	: (if the noun is not formed from the stem of a French verb)		
	un conducteur	*une conductrice*	: a driver
	un consommateur	*une consommatrice*	: a consumer
	un directeur	*une directrice*	: a head teacher
	un électeur	*une électrice*	: an elector, a voter
	un instituteur	*une institutrice*	: a primary school teacher
	un lecteur	*une lectrice*	: a reader
	un moniteur	*une monitrice*	: a monitor

Note also the adjective:

	rémunérateur	*rémunératrice*	: remunerative

3 Personal Pronouns

(a) *en, y* as verb complements

— *Quelles en sont... les raisons?:*
What are the reasons (for this)?
(*la raison de qch.:* the reason for sth.)
— *si elle s'en donne la peine...:*
if she takes the trouble (to do so) . . .
(*se donner la peine de faire qch.*)
— *Rien ne m'y prédisposait...:*
Nothing predisposed me (to it) . . .
(*prédisposer qn. à qch.*)
— *On s'y met très vite:*
One takes to it very quickly.
(*se mettre à (faire) qch.*)

The pronoun required to replace the noun, phrase or clause understood depends on the prepositional construction of the verb or noun (see 28.4).
Note that there are cases where a pronoun is not used in French, although it would be expected in English (see 15.1).

(b) — *Les gens se confient à vous:* People trust you.
If the indirect object of a pronominal verb is a person, the stressed pronoun governed by *à* is used (see 15.2a).

4 Prepositions

à — *à part entière:* with all-round interests
de — *avoir une vie d'épouse et de mère:*
to be a wife and mother
— *je ne savais rien des questions administratives:*

I knew nothing about administrative matters.
en — *élue en entier:* elected in its entirety
— *en conséquence:* accordingly   (see 4.4)

Exercises

(1) Avoidance of the Subjunctive *sans* + infinitive

Exemple: Nous travaillons sans qu'on nous entende.
Réponse: Nous travaillons sans nous faire entendre.
Exemple: Elle se lève sans que les délégués la remarquent.
Réponse: Elle se lève sans se faire remarquer par les délégués.

1 Il sort sans qu'on le voie. 2 Elle parle sans que les députés l'écoutent. 3 Elle discute sans qu'on la comprenne. 4 Elle refuse sans que les gens la condamnent.

(2) Avoidance of the Subjunctive *peut-être que...*

Exemple: Il se peut qu'il vienne.
Réponse: Peut-être qu'il viendra.

1 Il se peut qu'il le fasse. 2 Il se peut que vous le sachiez. 3 Il se peut que nous partions. 4 Il se peut qu'on nous voie. 5 Il se peut qu'on nous comprenne.

(3) Avoidance of the Subjunctive Adjective + *de* + *trouver*

Exemple: Elle était fâchée qu'elles fussent parties.
Réponse: Elle était fâchée de les trouver parties.

1 Elle était étonnée qu'ils fussent absents.

2 Elle était amusée qu'il fût venu. 3 Elle avait peur qu'il ne fût arrivé. 4 Elle avait honte qu'ils fussent sortis. 5 Elle était désolée qu'il fût parti.

(4) The Subjunctive Translate:

1 She has herself elected so that she can help people. 2 She has herself elected so that we can help people. 3 We shall build the swimming pool before we repair the pavements. 4 We shall build the swimming pool before they repair the pavements. 5 She hesitates to explain it to us in case she makes mistakes. 6 She hesitates to explain it to us in case we make mistakes. 7 She won't do it unless she sees the results. 8 She won't do it unless we give her the results.

(5) Translate:

1 These ideas are important: women should reflect on them, as voters and as consumers. 2 The percentage of women teachers continues to increase; this is particularly true of primary-school teachers. 3 She found the work of a mayor hard at first, but she took to it very easily. 4 Women can play their part in many jobs all the more easily because people are ready to trust them. 5 As these interviews show, women can, if they take the trouble, participate in politics on the same footing as men.

34

Les arts ménagers sont sur le point de devenir une science...

Les arts ménagers sont restés longtemps en dehors du domaine scientifique. L'importance des tâches ménagères est pourtant évidente; faire un lit, par exemple, représente chaque matin environ sept minutes, soit par an 2 555 minutes, c'est-à-dire plus que les 40 heures de la semaine de travail d'un salarié. Il y a donc un intérêt primordial à reduire la durée des tâches du foyer. Le succès des arts ménagèrs, depuis la fondation du salon en 1923, montre un changement de la mentalité traditionnelle et la confiance que l'on éprouve désormais à l'égard des techniques de la vie quotidienne. Il y a cependant des limites à l'allégement du travail familial.

éprouver: to feel

allégement (m): reduction

Les obstacles à la rationalisation

Il est difficile de transposer aux travaux du ménage les méthodes industrielles de productivité qui permettent d'accomplir plus de travail dans le même temps; leur structure même rend irréalisable la production en série. La ménagère doit en effet accomplir des actes infiniment variés, interdisant les gestes de répétition automatique: cuisiner, laver, nettoyer, ranger, repasser... Elle doit aussi remplir des rôles divers: être infirmière, diététicienne, éducatrice, comptable, hygiéniste... Elle doit surtout être présente, disponible, attentive, psychologue... Des enquêtes ont évalué à un nombre variant de 50 à 150 (suivant la composition de la famille) les différentes tâches à accomplir par une maîtresse de maison en une seule journée.

irréalisable: impracticable
ménagère (f): housewife
ranger: to tidy up
repasser: to iron
comptable (m and f): accountant
disponible: on call
évaluer: to estimate
suivant: according to
s'étaler: to be spread out

A ce caractère de variété et de multiplicité s'ajoute celui de la dispersion dans le temps, les travaux s'étalant tout le long du jour, depuis l'heure du depart matinal du mari ou des enfants jusqu'au soir où, après le souper, il faut encore, entre autres choses, faire la vaisselle et aider les écoliers dans leurs devoirs. La nuit même, parfois, jeune bébé ou malade réclame des soins. Il ne peut donc être question de 'bloquer' le travail, en le faisant tout à la suite; il est évidemment impossible de donner à sa famille en une seule fois les repas de toute la semaine, ni de recoudre 'en série' les boutons décousus au cours de deux ou trois mois. Il faut ajouter aussi les imprévus: encre renversée, culotte déchirée, vitres cassées, convives inattendus... attente prévue et improbable du plombier, de l'électricien, du peintre, du releveur de compteurs, toutes choses qui demandent une perpétuelle 'reconversion' de main-d'œuvre, une adaptation aux circonstances, et qui rendent rares les moments de réelle liberté.

imprévu (m): unforeseen event
déchirer: to tear
vitre (f): window-pane
convive (m and f): guest
plombier (m): plumber
releveur (m) *de compteurs:* meter inspector

La productivité au foyer

Dans le domaine ménager, la rationalisation rencontre donc des obstacles importants. Cependant, en examinant les horaires d'un certain nombre de ménagères, d'une même région ou de divers pays, à la ville ou à la campagne on s'aperçoit qu'ils révèlent des temps différents dans des familles de même composition et pour un même genre de vie. En Suède par exemple les temps moyens sont beaucoup plus réduits qu'en France. En comparant ces durées de travail pour un résultat identique, on constate que certaines ménagères obtiennent des rendements bien meilleurs que d'autres. Il y a donc une possibilité de diminuer les durées moyennes. Malgré ce qui a été dit d'abord, il est

rendement (m): output

possible et fécond de comparer la femme en sa cuisine à un ingénieur dans son usine; fréquemment les mêmes problèmes interviennent pour elle: aménagement des horaires, économie de gestes, rentabilité des machines, etc.

Les principaux éléments de productivité sont liés: (a) à la structure fonctionnelle de la maison (plan, disposition intérieure, matériaux faciles à entretenir...), et à l'équipement (machine à laver, vide-ordures, cireuse...); (b) à l'organisation: disposition des appareils, rangement des ustensiles et des stocks de denrées, ordonnance et planification des achats, rationalisation des itinéraires, des 'courses' etc.; (c) à l'instauration de services collectifs: crèche, garderie d'enfants, entreprise de distribution de grande concentration, livraison à domicile. Il est essentiel de noter que les progrès ne résident pas seulement dans l'emploi des machines ou dans la modernisation du logement. La productivité dépend en effet, pour une très grande part, de l'organisation des actes à accomplir.

Autrefois dans la vie de la femme, il n'était pas question d'avoir des heures de liberté; il n'y avait pas de délimitation entre le temps de travail et le temps libre. Actuellement, la technique et l'organisation permettent à la maîtresse de maison de se réserver des heures de liberté; ce temps de loisir est une victoire sur le travail servile; il est nécessaire au perfectionnement individuel dans le domaine intellectuel, moral et physique; il favorise les activités proprement humaines les plus valables, en priorité l'éducation des enfants, mais aussi la rêverie, la poésie, la culture. Réhabiliter et anoblir les 'arts' ménagers, c'est faire un pas vers le progrès humain.

fécond: fruitful
intervenir: to occur
aménagement (m): organisation
rentabilité (f): efficiency
vide-ordures (m): waste-disposal unit
cireuse (f): polisher
denrées (f.pl): foodstuffs

rêverie (f): dreaming

Further Vocabulary

la confiance que l'on éprouve... à l'égard des...:
the confidence people have in the . . .
interdisant les gestes de répétition:
making repetitive actions impossible
depuis l'heure du départ matinal du mari:
from the time when the husband leaves in the morning
(il) réclame des soins: he needs, demands, attention.
les boutons décousus: buttons which have come off

on constate que...:
one notes that, it is noteworthy that . . .
il est possible et fécond de comparer...:
one can usefully compare . . .
les progrès ne résident pas dans...:
progress does not depend on . . .

A Questions à préparer

1 'L'importance des tâches ménagères est pourtant évidente': que veut dire le mot 'importance' dans cette phrase?

2 Quel but se sont donné les fondateurs du salon des arts ménagers en 1923?

3 Quels progrès ont été réalisés depuis cette date?

4 '... être infirmière, institutrice, diététicienne...' — pour chacun des six rôles énumérés dans le texte, expliquez comment et dans quelles circonstances la ménagère doit les remplir.

5 Quels sont les principaux obstacles qui s'opposent à l'introduction des méthodes industrielles dans le foyer? Quels seraient les avantages de ces méthodes?

6 'Méthodique, méticuleuse, adaptable, accommodante': lequel de ces mots qualifie le mieux la ménagère idéale? Expliquez votre choix.

7 Pourquoi les moments de 'réelle liberté' de la ménagère risquent-ils d'être rares?

8 Qu'est-ce qui indique que la rationalisation du travail ménager est praticable malgré ces obstacles?

9 (a) Relevez les termes qui appartiennent d'habitude au domaine industriel et qui dans cet article s'appliquent aux travaux domestiques.

(b) Remplacez ces termes dans leur contexte par des expressions plus usuelles. (e.g. itinéraires = courses)

10 Examinez jusqu'à quel point la vie de la ménagère a été facilitée par les 'éléments de productivité' énumérés. Comparez sa vie à celle de sa grand-mère.

11 Quel a été le principal objet de toutes ces améliorations?

B Sujets de discussion

1 Le danger que la ménagère, libérée de tóutes ses tâches domestiques, ne s'ennuie à la maison, est-il réel et important ?

2 Expliquez la dernière phrase du texte et justifiez donc le progrès réalisé dans le domaine des arts ménagers.

C Résumé

Écrivez en quelque 200–250 mots un résumé de ce texte.

D Sujet de rédaction

La maison de l'avenir.

En vous référant en particulier au cinquième paragraphe du texte, faites le portrait de la maison de l'avenir; montrez clairement les avantages qu'elle offrira à la ménagère.

E Sujet de rédaction

Portrait optimiste de la vie féminine de l'avenir.

En vous référant aux textes précédents, essayez de faire le portrait de la vie féminine telle que les auteurs de ces textes l'auraient souhaitée.

(1) L'enseignement et la formation professionnelle.

(2) La conquête des professions 'masculines'.

(3) Les conditions du travail pour les mères de famille.

(4) La prise en charge par la société de certaines fonctions de la femme.

(5) L'allégement des tâches ménagères.

(6) Résumé des différences entre la vie de la femme de demain et celle de la femme d'hier.

Grammar

1 Pronominal Verbs

On aperçoit quelqu'un:
One catches a glimpse of (sees) someone.

— on s'aperçoit qu'ils révèlent...:
one notices (realises) that they show . . .

Certain verbs have a different meaning when used pronominally. Other examples:

attendre:	*s'attendre à qch.:*
to wait for	to expect sth.
plaindre:	*se plaindre:*
to pity	to complain
douter de qch.:	*se douter de qch.:*
to doubt sth.	to suspect, guess sth.
douter que:	*se douter que:*
to doubt whether	to have an idea that . . .

2 The Infinitive

(*a*) The infinitive can be used as a **noun equivalent**:

  (i) **as the subject of a verb:**

    —faire un lit... représente...:
    making a bed . . . represents . . .

    — Réhabiliter et anoblir les arts ménagers, c'est...:
    To give new status and prestige to 'good housekeeping' . . . (see 12.5).

  (ii) **as the complement of a verb:**

    — c'est faire un pas vers...:
    is to take a step in the direction of . . .

    — cuisiner, laver, nettoyer, ranger, repasser:
    cooking, washing . . .

(*b*) The infinitive can be used as an **adjective equivalent** (with a governing preposition):

  — les différentes tâches à accomplir:
  the various jobs to be done (see 4.3)

(*c*) **The infinitive governed by *de*:**

The most common link between verb, noun or adjective and a dependent infinitive is *de*, although the infinitive may follow all prepositions except *en*:

  — Il est difficile de transposer...:
  It is difficult to transpose . . .

  — Il y a... une possibilité de diminuer...:
  There is a real chance of reducing . . .

But

  — En comparant ces durées de travail:
  By comparing . . . (see 2.1)

(*d*) **The infinitive governed by *à*** has a number of special uses:

  (i) It is used after an unparticularised noun which is the object of verbs such as *avoir*:

    — Il y a donc un intérêt... à réduire:
    It is thus worth while reducing . . . (see 18.3)

  (ii) It acts as an adjective equivalent in many compound nouns:

    une machine à laver: a washing machine
    une salle à manger: a dining room
    un fer à repasser: an iron
    une planche à repasser: an ironing board

  (iii) A number of adjectives are followed by *à*:

    — matériaux faciles à entretenir:
    easily maintained materials

    Others are *seul, premier, dernier, unique, difficile, bon, mauvais, lent, prompt* and *prêt*:

    — (elles) sont prêtes... à accepter des emplois. (passage 30)
    Ce fruit est bon à manger. (see 2.1*b* and 9.2*b*)

3 Participles

The present participle

(a) Frequently preferred to a clause introduced by *qui*:
  — *interdisant les gestes de répétition:*
    which make impossible . . .
  — *variant de 60 à 150:*
    which vary between 60 and 150
(b) Used to give a reason or an explanation:
  — *les travaux s'étalant tout le long du jour:*
    (with) the work being spread out over the length of the day (i.e. since the work is spread out . . .)   (see 25.2a)

(c) Used with *en* to form adverb phrases of time, manner and means:
  — *en le faisant tout à la suite:*
    by doing it all at once
  — *En comparant ces durées de travail:*
    On comparing (when one compares) . . .
    Elle travaillait en riant:
    She laughed as she worked.
    Il est sorti en courant: He ran out.
    Il est descendu en boitant:
    He limped downstairs.

4 Prepositions

à — *livraisons à domicile:* home deliveries
en — *la production en série:* mass production
  — *recoudre 'en série':* to sew on all at once
  — *en une seule fois:* at one go

entre — *entre autres choses:*
    among other things   (see 26.5)
pour — *pour une très grande part:*
    to a very large extent (degree)

Exercise

Translate:

1 One should start by comparing the timetables of various housewives.   2 On examining the time spent on housework it was realised that productivity depended on various factors.   3 For a housewife who also wants to be an M.P., a doctor or a teacher, improving efficiency in the home is a step towards her goal.   4 The possibility of improving the layout of houses has been examined.   5 By organising the jobs to be done, greater efficiency could be achieved.   6 Household jobs, such as cooking, washing and ironing, could be done by machines.   7 One may doubt whether the techniques of mass-production can be applied to the home.   8 During the day, unforeseen events, all calling for adaptability, make planning difficult.   9 With such obstacles facing it, rationalisation has tended to be neglected.   10 In the past there was no question of having free time or a career: the place of women was in the home.

Test passages for translation into French

1 to 5: L'enseignement

A discussion between a French journalist and a group of Sixth Form pupils.

(1) You've just come into the Sixth Form: what do you think of school life now?

— Well, to my mind, what makes school more interesting is that I can choose three subjects which I shall study for two or three years. In the Fifth Form, we were given too much work.

You were crammed?

— Yes; there were things we had to learn because they were part of our education.

— We should be given advice, particularly since we don't know if a subject will be of any use later in life.

— The teachers could guide us more often: we ourselves are not always in a position to know what we should choose.

(2) Tell me, why have you decided to study foreign languages?

— My liking for languages, and for French in particular, developed after a three-week holiday with a French family. I had to adapt to a different family environment, and at first it was difficult to talk without hesitating and making a mistake in one word out of two. It was like learning a new language! But the benefit was easy to see when I came back from France. I made good progress in class and found the lessons much more interesting.

And you others? I suppose your teachers are always stressing the importance of staying abroad?

— Yes; our French teacher has written to an organisation which arranges holidays with French families, so we shall go to France next summer.

(3) Let's come back now to your life in school. Most young people of your age have left school: does this give you the impression of being separated from 'real life', from the world of work?

— No. After all, it's a separation which exists only for a few years and, for a school, imitating 'real life' is not the most important thing.

— But a school — and I'm not talking only about ours — should be used outside school hours. You mustn't make a school a place used only by a few pupils and teachers. Leisure activities are becoming more and more important, and schools could be open in the evenings, at week-ends and in the holidays, for all sections of the community.

(4) Do most Sixth Form pupils in your school hope to go to university?

— In theory, yes, but in practice some pupils decide after a year or two that they would prefer to begin a career without going to university, and there are others, especially those who want to have a career on the Arts side, who find that there is no place for them in the universities they have chosen. They sometimes prefer to find a full-time job for a year, and then study for a degree.

— It's generally the teachers who say that it would be preferable for us to go to university: most of the pupils in our class, for example, have been advised to consider this possibility.

(5) Do you find that your ideas have changed because of what you have been taught at school?

— Not directly; I know that we are made to study certain things so that we can think about life and make decisions for ourselves, but a lot of what we study has nothing to do with things that people of our age are interested in.

— But even if we hadn't stayed at school, this would still be so. Work can turn people into robots, making them waste their time and their intelligence. When we're eighteen, or twenty-one, we shall probably know as much about life as those who have already spent three or six years in a second-rate job.

6 to 9: Les jeunes

(6) Even before May 1968, unrest had become widespread in French schools and universities. Faced with the violence with which angry students and schoolchildren demanded certain rights, it is not surprising that the authorities asked for police help. What is principally remembered today about this is that the violence of one side caused a violent reaction on the other, and so no one was in a position to know fully what was happening. To understand why these young people decide to demonstrate and thus perhaps face the violent intervention of the authorities, one must begin by considering the way in which the adolescent accepts or rejects his parents' system of values.

(7) In surveys and discussions organised by teenage magazines the same replies are repeated: according to the young people questioned, their parents' ideas are out of date, and even when they are prepared to tackle problems, they never show understanding. In other words, young people are sorry that their parents never make any effort to put themselves in their place. When one asks these young people to say what they would like their parents to do, many reply that they certainly don't think their parents could become 'pals'; but they reproach them with not showing trust in them. Others are pleased that some parents or teachers know how to retain their authority without keeping their distance, and seem to prefer that an adult should be a 'pal' and not someone cold and distant.

All this doesn't perhaps explain why students and other young people use violence to express their revolt, and one may doubt whether any simple solution can be found, but such enquiries do show that understanding between the generations ought to be possible.

(8) One question which has traditionally caused conflict between parents and children is that of marriage, and the right of children to choose freely the person whom they wish to marry. The majority of parents have always wanted their children not to get married until they have approved their choice, with the result that young people have been less and less ready to accept their parents' advice, not only as regards marriage, but also their personal life in general.

(9) Whatever parents say or do, there are, outside the family, other influences to which their children are, year by year, more exposed. New advances in information techniques enable anyone, whatever his age, to know what is happening in his own country and abroad. In such a situation it is not surprising that the influence of the press, radio and television is most strongly felt amongst the young.

Why should one be worried by this? What must not be forgotten is that such publications and programmes give information not only about society in general, but also about things that directly concern the teenage consumers themselves. Teenagers are encouraged to be the first to buy a particular product, they are told that up to now their life has been empty without it and—perhaps the most attractive argument—that those who buy the product will be the only ones to be 'up to date'—thanks, of course, to their own good taste!

10 to 15: Les loisirs et le sport

(10) The author showed very clearly that expenditure on leisure-time activities has not stopped going up. On average, and taking into account the increase in prices, the amount of money spent on leisure has more than doubled. One does not know how to predict the progress over the next ten years. Speaking cautiously and making the usual reservations, the author thought that these changes may tend to encourage either the five-day week or longer holidays, but only a careful examination of the figures will enable definite conclusions to be drawn.

(11) According to an opinion poll, most Frenchmen over sixty-five have never in their lifetime done any sport at all, but nevertheless they want their children to take part. The exploits of the Americans and Russians, of whom one out of five regularly do sport, have made them realise its importance. Football is the most popular sport in France, although most people admit they prefer watching it on television. Young people are generally less interested in cycling and athletics than in swimming and skiing.

(12) Whereas in the past long-distance skiing was popular, nowadays conditions have changed and people like well-equipped ski-resorts and organised holidays. Setting out alone, with your pack on your back, for long treks, however interesting they may be, is not an activity that the majority of skiers take part in. How far away now seems that time when there were discoveries worth making! Nansen was the first to cross Greenland on skis and he did it alone without the help of press and radio.

(13) Winter sports, however, are not as popular as one thinks. They are still reserved for a minority able to afford relatively dear holidays. But the authorities are building more resorts, and organisations are being set up to make skiing more easily available to less-well-off families. It now takes less time to build the resorts, and those responsible for the tourist trade are trying to encourage people to go and ski at weekends.

(14) The single-handed yacht race, organised by the newspapers, allows millions to appreciate the extraordinary courage of the competitors. We can all share in their most anxious moments, without the slightest risk: listen to the waves rushing upon them, see them struggling in the middle of the ocean, hear them appealing for help. All their activities are made known to us: their meals of tinned food; their bottled beer; their days of calm and nights of storm. What a consolation for them to know they are never quite alone!

(15) The dozen or so newspapers who offer prizes obviously think it is worth while to encourage these exploits. It is an odd phenomenon of our times, when so many people prefer to go on organised holidays, that the misfortune of the lonely sailor should so excite them! But the 300,000 or so amateur yachtsmen in France—after poring over their maps, and thinking of the times when, faced with the enormous crowd of yachts in the harbour, they nearly sold their own boat—will all be found, when summer returns, on board their sailing dinghies.

16 to 21: Les transports

(16) The increasing number of road accidents raises a general question: should those who pass their driving test be allowed to drive without having to pass a psychiatric examination? Usually the car

does not change man for the better. On the one hand he may try, when driving, to compensate for the sense of inferiority he has as a pedestrian; on the other hand he may react against his natural timidity and try to show off. Perhaps the authorities should not confine themselves to testing the car, but should examine the capacities and personality of any one wanting to drive.

(17) Some people think that the car acts on the driver like a drug. It promises him liberty, and when he cannot overtake and feels frustrated he thinks he can take risks. At these moments he is powerless to control his reactions. The car obeys his commands and goes faster and faster, without him fully realising that the life of another person depends on his prudence. Improvement of the roads is all the more necessary as nothing is likely to calm his aggressive instincts. Nevertheless one should not lose sight of the fact that the car is an important part of man's existence, and will remain so for a long time yet.

(18) The problem is, in fact, that the car has been made the mainstay of a whole economic system, whereas the railways, compared with the roads, have not received sufficient investment. Whether the railways are capable of attracting traffic or not, it is certain that the roads are overcrowded, and that long-distance traffic should go by rail. No transporter of goods, wanting speed and security, would send his goods by road, if the fares were arranged differently. If prices were arranged so that there was an advantage to transporters in going by rail, the deficit would be reduced, and fewer lines would have to be closed.

(19) In cities the large number of cars has caused traffic flow to diminish by at least ten kilometres an hour. The authorities would like the use of the car to be severely restricted and have already taken forceful measures to have the streets cleared of parked cars. For many years nothing effective could be done, as public transport could not satisfy the needs of the users. As a result of the choking of the city centres, long-term plans have now been drawn up, which favour the adoption of radical measures, and could help to increase the speed of buses and taxis. Most of the principal objectives could be achieved at very small cost, although, faced with the rapid increase in car production, the authorities will doubtless have recourse to more extreme measures.

(20) From the beginning of the last century, a tunnel underneath the Channel between south-eastern England and northern France began to be considered as a project that could be of benefit to both countries. However, the British and French governments have taken decades to reach a deci-

sion. Perhaps the delay can be explained easily enough, since the tunnel would cost a great deal to build, and governments feared that it might be a danger during a war. It seems that these problems are not as important as they were; the question now is whether a tunnel would be likely to cause accidents or traffic hold-ups. Whatever the problems, the governments have taken the right view in deciding to carry out the project: even supposing that a tunnel is built before 1985, they will soon have to begin building a second one for the millions of travellers wishing to cross the Channel.

(21) Although the problem of noise caused by aircraft already concerns millions of people, air travel is only in its infancy, and future developments are likely to make the problem even more difficult to solve. We are told that only airports situated close to large towns will enable the aeroplane to compete with other means of transport. But it seems that no government has ever examined the problem from the point of view of the majority of people, who do not travel by plane every day, and who prefer to live near their work. Or do governments think that people are incapable of complaining and are willing to retreat in the face of every invasion of their lives by other men's inventions? What is certain is that something must be done before it is too late.

22 to 24: Le logement

(22) Every year, more than ten thousand people leave Paris to go and live in the suburbs, and in other large towns the situation is the same. Why do all these families decide to live several miles from a town centre, perhaps on an estate where the facilities they had before — shops, transport, cinemas, for example — are lacking? For the husband, living in the suburbs makes him waste several hours per week travelling between his home and his work; his wife, if she did not live outside the town, would be able to do her shopping more easily; and both of them find it more difficult to go out in the evenings.

In fact, although every new 'suburbanite' has these problems, they nearly all soon realise that they don't miss Paris, or Lyons, or Marseilles, at all, especially as far as the cost of a flat is concerned. Estates planned on a human scale, apartment blocks where neighbours can easily get to know and talk to each other, flats where one has only to look out of the window to see gardens and trees, space where one can let one's children play without having to watch them every minute: these are the things which make a new estate into a successful community.

(23) One cannot discuss estates and dormitory-suburbs without considering the example of Sarcelles. Built within the last ten years, this 'new town' already has more than 50,000 inhabitants. Most of these would have preferred to live in Paris, but after discovering that a flat there costs 1000 francs or more to rent, they began to look for a home outside Paris, finally settling in one of the many suburbs, including Sarcelles, that have been built since the war. At first they feel lost: the buildings are similar, the roads look utterly alike. But gradually they become used to their new life, and find that it has many advantages.

(24) In the provinces, there are very few new towns. The best-known of these is perhaps Mourenx, built a few miles from the industrial complex of Lacq to house those working in the factories there. The rapid development of the complex has meant that a rural parish has become, in less than ten years, a town with a population of more than 120,000, the largest proportion of whom work at Lacq. But the problem is what will become of Mourenx when the gas deposits of Lacq are exhausted.

25 to 29: L'industrie et l'automation

(25) Bernard gloomily studied the factory in which he was to work for six months. The workers in dark blue clothes, standing or sitting behind their machines, endlessly repeated the same movements. The work involved cutting some plastic material, breaking it into two and throwing it into a wooden box. Although the work did not require effort or attention, the danger was that it could occasionally cause accidents, the workers inadvertently forgetting to take their hand out of the mould before it closed. Bernard had vowed that he would not leave until he had earned the 325,000 francs, which he had to find in order to pay the deposit demanded. Provided he worked carefully he would soon be the owner of a snack-bar, serving the rich customers who travel on the motorways.

(26) The workers at the factory discussed their problems with complete freedom. Since they had extra expenses as a result of night-work and had to keep the factory going twenty-four hours out of twenty-four, they had decided to ask for extra rest-days and increased bonuses. They were seeking material conditions which would be more in keeping with the difficulties of their work. So far they had taken no steps which might frighten the management, but they admitted that there were so many improvements to be made that a strike seemed likely. In that case, although they did not know what would become of them, they would continue the struggle.

(27) They well knew, however, that a strike would bring emotional as well as financial problems. It was always the wives who suffered most. A strike lasting more than three weeks could reduce the family budget to nothing. It was the wives who had to find the money to pay the rent and feed the children, which was all the more difficult at such times because prices tended to rise and the husband usually received no more than half his pay. In many cases it seemed to the wives that the husbands were more interested in the union than in their families, and whilst for the wife, alone at home, there were the children to be fed and the bills to be paid, for the husband, fully occupied in the strike, there were the pleasures of the fight. Little by little their savings melted away, relations became increasingly bitter. Those whose enthusiasm lasted to the end were very few indeed.

(28) Between now and the end of the century, millions of workers will have to be retrained. Those who do not prepare for this will risk finding themselves out of work: only in exceptional circumstances will a worker without any qualification be able to find employment. No doubt it will sometimes happen that a wage earner finds a job with more responsibility, but these will be exceptional cases. Qualified personnel will continue to be in short supply, and, as one might have expected, the only long-term means of changing this situation will be through education. Thus although many people fear that with the advent of the age of automation workers in any office or factory may become social rejects, through losing their jobs, the challenge of automation is addressed above all to the educational system.

(29) Our civilisation is going through a spiritual crisis. Economic mutations, scientific and technical progress and the upheaval of traditional ways of life, all accelerate man's rush towards material progress. It is impossible to foresee any limit to this progress, but it seems to be developing more needs than it can satisfy and it is not giving the answer to the deepest aspirations of humanity. The world is in need of a renaissance, and none of those who are in a position of responsibility — whether it be political, economic, social, intellectual or essentially spiritual — has the right to think that he is not concerned. To help give a meaning to individual and collective life is one of the most important tasks of the State, particularly in the fields of education, information, culture and changes in social relationships.

Georges Pompidou, addressing the French Parliament. 25 June 1969

30 to 34: La femme au travail et dans la société

(30) The work which was being done by women before this century was largely domestic, although one should not let it be thought that it was completely so. However, work outside the home was not common. As a result of the industrial revolution, whose effects were not noticed in France before 1850, industry has changed radically in the last hundred years. The new phenomenon lies in the fact that there has been a significant movement of activity from the primary and secondary to the tertiary sector of industry. The description 'women's work' now applies to a large variety of jobs, and hence the scope of women's activities has greatly increased. Whereas before they changed jobs infrequently, because they lacked opportunity, nowadays there are numerous jobs especially suitable for women.

(31) It is true, however, that society still does not approve of the idea of women going out to work. Apparently 56 per cent of Frenchmen are against women working. It seems there are still many obstacles in the way of professional training for women, and although employers think they have special abilities, they find they have serious shortcomings as well. Abilities such as manual skill, patience, care, explain why women are appreciated in certain sections of industry; but it is also easy to understand why, with their high rate of absenteeism, and a tendency to change jobs frequently, employers should not wish to employ them, even if they are obliged to because of their special skills. Dissatisfaction with the work encourages absenteeism, which is also linked with family problems. If one takes into account women's household responsibilities, it is obvious that only social changes are likely to improve this situation.

(32) What is certain, nevertheless, is that the popular idea of women's rôle in society, to the extent that it exaggerates the sexual aspect — 'pin-ups', with sleepy looks, persuading you to buy some product or other — no longer corresponds to the real situation. It was thought, in the past, that woman's place was in the home and it was feared that when women began to work there would be havoc in the offices. Moreover there were generally clear-cut distinctions between 'masculine' and 'feminine' jobs; whereas nowadays these distinctions are disappearing faster than is generally recognised, as machine power does away with the need for muscular power. The higher the qualifications of women the more they wish to play a full rôle in society; which is hardly surprising. But to recognise that women should play such a rôle is to accept some social upheavals. On the one hand it is inconceivable that society should not take responsibility for those tasks usually done by the mother. On the other hand it is possible that working hours could be modified. These undoubtedly are the most important changes that society could consider.

(33) Although in Britain women were first given the right to vote in 1918, it was not until 1928 that they obtained the same civic rights as men. Nevertheless, out of the 630 members of Parliament there are only twenty or so women M.Ps. It is the same with women engineers, women doctors, women lawyers, etc.: the proportion of women is not as high as one would expect. The reasons for this are clear. It is not that women are less interested than men in such professions, but rather that as a result of their obligations in the home they find it difficult to play a full rôle in society. Women tend to say they know nothing about political matters, but when they are deeply interested in an issue they have as much influence as voters as men. In the absence of any radical social changes it is unlikely that women will take on more responsibilities; but there is no doubt that if society were to take the trouble, much could be done to involve women more closely in the important decisions and activities of our times.

(34) Firstly, by examining housework scientifically it should be possible to achieve greater efficiency. At present the housewife has very little free time, since her work is spread out over the day and the number of jobs to be done varies between sixty and a hundred and fifty. Organising her work is difficult: it is obviously not possible for her to prepare all the week's meals at one go. Nevertheless it has been noticed that in Sweden, comparing families of the same type and way of life, the housewife has more spare time than in France. Greater use of machines allows a better organisation of the jobs to be done: the automatic cooker, the washing machine, the floor-polisher, for example, make planning easier. Efficiency is also closely linked with the structure of the house (lay-out, easily maintained materials) and with the provision of services such as nurseries, supermarkets and home deliveries.

An improvement in these aspects of life would represent an important step forward towards freeing women from servile tasks, thus enabling them to play their full part in society.

English text of retranslation passages

1 Sunday

I was at that time twenty-five years old. I had just arrived in Paris; I was employed in a Ministry and Sundays seemed to me like wonderful holidays, although nothing exciting ever happened.

I woke up early that morning with a feeling of freedom which office-workers know so well, that feeling of release, relaxation, peace of mind and independence.

I opened my window. The weather was glorious. Over the town stretched the clear blue sky, full of sunshine and swallows.

I got dressed very quickly and set out, intending to spend the day in the woods, breathing in the scents of the leaves; for I am country-born, brought up in the fields and beneath the trees.

Paris was waking up joyfully in the warmth and the sunlight. The fronts of the houses were shining; the caretakers' canaries were in full song in their cages and there was a general cheerfulness which lit up peoples' faces, provoking laughter everywhere.

I reached the Seine to take the boat which would put me off at Saint-Cloud.

Maupassant

2 Alone across the Atlantic (1)

Two months had gone by since I left Gibraltar, on the 6th of June. Until then my voyage had proceeded as I had anticipated, each day something new happened and life was never monotonous. The hardships which I endured were no more than those which a sailor of earlier days used to consider as part of the working day in the old sailing-ships.

I had found that I could handle my ship well. We were good companions. She did her share of the work and I did mine. I felt more and more attached to her and admired her spirit.

To tell the truth, there were still 1500 miles between me and the port of New York, but I had enough food and water.

I didn't know what weather I was going to meet nearer the North Coast of America, but I remained fully confident whatever might happen. Nevertheless, the storms and the hurricane which lay in store for my little cutter and her old sails were going to exceeed in violence everything I had been able to foresee . . .

Alain Gerbault: 'Seul à travers l'Atlantique'

3 Plans for the future

When Albert Combes reached the age of thirteen, after taking his school-leaving certificate, the schoolmaster summoned his father to the school house. Combes notified his employer. He asked for a morning off, got dressed in his Sunday best, and came to see the master at half past ten. All the time he was away Anna was at a loose end and mooched about the room, unable to do anything, anxious for news.

Albert, who hadn't been informed of this move, was playing by the river.

At a quarter to twelve, as soon as Combes had pushed open the door, Anna was at his side, gripping the lapels of his jacket with both hands and looking up at him:

'What did the master say?'

'Well,' Combes replied, 'he can give us one piece of advice . . . He told me: "Your boy works well, what are you going to do with him?"'

'But . . .,' said Anna.

'I know, I know, I told him . . . "If he isn't advanced enough we'd have to find some means of keeping him at school." "Well," the master told me, "we could get him a scholarship. He would stay with me a little longer, during these holidays, then he would go to town and prepare for the Training College and we'd make him a teacher."'

André Chamson

4 The population renewal

The overall facts of the French population problem are well known. The first is the considerable increase, since the end of the war, in the birth-rate: 'The first ten years,' M. Sauvy says, 'have seen not only the highest growth-rate that France has ever known, but the sharp reversal of a downward trend.'

What are the causes of this reversal? It seems that the most important is the State's Family Policy. The allowances, the advantages and priorities granted to large families reassure parents. On the other hand the desire shown by the lower middle classes in the nineteenth century to leave all their property to a single child, so as not to divide it, would no longer have any sense at a time such as ours, when inherited wealth plays only a tiny part in family budgets and people live off what they earn. For the same reason young people marry earlier and more adventurously. They are less dependent than before on the generosity of parents.

André Maurois: 'La France change de visage'

5 Morning

The next day, as arranged, they got up very early — not without some difficulty. They were to go with Aldo to take up the nets.

The air was still cool. Donatella was wearing a pair of linen trousers rolled up to her knees, and an old sweater. A scarf covered her hair. Her face, which had been somewhat wan when she left the bedroom with Didier, was brightening up. Louk kept running towards the boat, barking, and coming back again to frisk around them.

Aldo was waiting for them near the fishing boat. It had no engine. Didier rowed with him as far as the nets. They brought back three or four kilos of soles and small fish . . .

In the middle of the morning Donatella and Didier went for a swim, this time with the little motor boat, in the creek on the other side of the rocky point. Then they remained lying in the bottom of the boat on the small inflatable mattress.

Above them, the sky was still as blue and cloudless, but paler because of the heat. And in the bright morning light, on the sea with its gentle glittering waves, they didn't see the least sign of a ship.

Henry Castillou: 'Tant que l'un de nous vivra'

6 Across the frozen sea

The next day, as soon as there was enough light, the five men set out to reach land. Nan, who had a compass, walked at the head of the tiny company.

Before leaving he said: 'We must never lose sight of each other. We must proceed like men who try to get to the top of a mountain, tied together by a rope. We are tied to each other by our comradeship.'

The narrow strait separating the islet from the land was no more than five miles wide, but nevertheless it took them more than eight hours to cross it. They had to climb over huge ice-floes, go down into deep holes and start climbing again. At times the walls were so smooth that they lost precious time using a knife to cut out steps where one could get a foothold.

When the sun went down, they had reached the mainland and a rock which was taller than the others gave them shelter for the night. The next day they set out again and made a further advance westward of a few miles.

Edouard Peisson

7 Madame Lefèvre and her dog

The dog was made comfortable in an old soap box and he was offered first of all some water to drink. He drank. He was next offered a piece of bread. He ate. Madame Lefèvre, who was uneasy, had an idea: 'When he has really got used to the house we will let him run free. He will find food while roaming the countryside.'

So he was allowed to run free, but this did not stop him being hungry. Moreover he would only bark when he wanted food; but then he would do so with obstinate fury.

Everyone could go into the garden. Pierrot would go and make a fuss of each newcomer and would remain quite silent.

But Madame Lefèvre had now got used to this animal. She even came to love him and sometimes to give him out of her hand mouthfuls of bread soaked in the gravy from her stew.

But she hadn't given any thought to the tax, and when she was asked for eight francs for this dog which didn't even bark, she nearly fainted from shock.

It was immediately decided to get rid of Pierrot.

Maupassant

8 An historic flight

I took off at 4.41 a.m. on the 25th of July 1909. I was a little apprehensive. What would happen to me? Would I reach Dover or would I land in the middle of the Channel?

I headed straight for the English coast, going steadily higher metre by metre. I flew above the sand-hill from where Alfred Leblanc was waving and wishing me good luck. I was between sky and water. There was blue everywhere.

From the time I left the ground I ceased to feel the slightest excitement and no longer had time to analyse my impressions. It was afterwards that I realised the risks I had taken and the importance of my flight.

Up there the only trouble was that my speed was well below what I had hoped. This was due to the monotonous sheet of water which stretched out beneath my wings. I hadn't the tiniest landmark, whereas on the ground, trees, houses and woods form so many milestones enabling one to have an idea of the speed of the machine in flight. Flying over water is exasperatingly monotonous.

For the first ten minutes, I steered at right angles to the coast, leaving on my right the destroyer *Escopette*, responsible for escorting me and which I quickly overtook.

Without a compass, losing sight of French soil and unable to make out England, I kept both my feet still so as not to move the steering rudder. I was afraid of drifting.

For another ten minutes I flew blind at a height of 100 metres, straight ahead. The *Escopette* was far behind. I was now without anything to guide me. My loneliness was sinister.

Louis Blériot

9 The 'Bac' at any price

CHABERT: So here's the big lad who had the bad luck to fail his exam?

ÉTIENNE: (embarrassed snigger) Ha! Ha!

PÉRISSON: Reply when you are spoken to, idiot, instead of laughing and fidgeting. No, headmaster, let us not talk about bad luck. Étienne is thoroughly lazy, and neither my supervision nor my beatings have any effect. I've brought him to you as a last resort.

CHABERT: Sit down . . . You, young man, sit there . . .

PÉRISSON: No, let him stay on his feet. He isn't tired, he has done nothing for six years. So, this oaf has managed to fail his 'Bac'. I have been informed of the marks he got. Anyway, he'll tell you what they are himself. Come on, speak, you fool!

ÉTIENNE: Five in French, three in Latin, four in English.

PÉRISSON: And in Maths?

ÉTIENNE: Nought.

PÉRISSON: D'you hear the great oaf? Nought! Nought! And he dares to say it without blushing. I could kill him.

CHABERT: Believe me, Mr Périsson, a failure should be viewed with greater calmness. Bear in mind that Laforgue took the 'baccalauréat' five times.

PÉRISSON: Which Laforgue?

CHABERT: Laforgue, the poet Jules Laforgue. Moreover he gave it up in the end. Yes, my dear sir, Jules Laforgue never got his 'baccalauréat'.

PÉRISSON: As a result of which he became a poet.

Marcel Aymé: 'Les Oiseaux de la lune'

10 Wind and sea

I remember that one day we climbed to the top of the lighthouse. The noise of the wind, which could not be heard below, increased as we got higher, rumbled like thunder in the spiral staircase and made the crystal walls of the lamp quiver above us. When we came out a hundred feet above the ground, it was as if a hurricane lashed our faces, and from all around there rose up a kind of angry murmuring which nothing can describe.

I cannot tell you how extraordinary this sight of the infinite was when seen from the lighthouse platform. Each one of us was struck by it, in different ways no doubt, but I recall that its effect was to stop immediately all conversation. Not uttering a word and leaning on the flimsy railing which alone separated us from the abyss, we all distinctly felt the huge tower sway beneath our feet at each onslaught of the wind.

Eugène Fromentin

11 A night march in Italy (1)

For a second Jacques hesitated. It was so dark beneath the trees that only a few yards away the path was no longer distinct. It was perhaps better that there should be no moon, but the march would be difficult.

'Hold each other by the shoulder: pass it down,' he said over his shoulder . . .

'Look, Brûlain, get a move on! Everything's still to be done.'

'Yes, sir . . . Forward, Idbani,' he said softly. Silently the company moved off, following in the steps of the guide.

It seemed to Brûlain as if they had been walking for hours. It was so dark beneath the trees that only the guide succeeded in making out the line of the path . . . He had twice got lost, misled by big pools of water, while advancing amongst the trees with ever increasing difficulty, until the dead branches of the fir trees, as sharp as blades, had forced them to stop. They had had to hold back the men, retrace their steps and turn round the mules, amid confusion and falls.

Pierre Moinot: 'Armes et bagages'

12 A night march in Italy (2)

A few voices were now talking quite openly of killing the guide, who remained deaf to the insults heaped on him under his breath by Brûlain, but he was becoming increasingly uncertain and at intervals sighed and groaned with fear.

'Jacques?' called the voice of Chadrine who was coming back up.

'What's the matter?'

'The captain wants to know whether or not we shall get out of these woods.'

'Let him come and try. I've had enough of it.'

'We are moving in circles, old chap. I'm almost sure we passed this pond twice, just now. I recognised it.'

'What do you expect me to do about it! What are you stopping for?' he said to the guide. 'Stay there, Boris, behind me, hold my shoulder.'

'I've lost the way,' said the guide.

'How many times have you made this journey?'

'Four times. And on each occasion I go back down by myself with the mules.'

'I don't care about that. Find the way again. Calm down and find the way again. That's all you've got to do.'

'I know,' said the guide.

Pierre Moinot: 'Armes et bagages'

13 The bistrot

As we arrived outside Saint-Eustache where the crates of vegetables were piled up three or four metres high, the market-porters were weighing the orders on mobile scales and big sturdy girls in roll-neck sweaters, their blue aprons tied tightly, licked their indelible pencils with the tips of their tongues in order to do their accounts on ruled notebooks, in the light of the acetylene lamps.

'I know a good bistrot kept by a pal of mine.'

The bistrot was at the beginning of the rue Montmartre. There was a bar at the front of the dining room. At the end of it sat in state a well-built, fair-haired girl with pink cheeks . . . When she noticed Michel a smile lit up her face:

'Jeannot!' she shouted.

From the back room there appeared à thin giant of a man in his shirt sleeves, with a note pad in his hand.

'I've brought some friends!' said Michel. 'We're hungry.'

'There's room at the back. Go and sit down, I'll be with you.'

The back room was full: men in overalls, and night-birds like ourselves, occupied the various tables. We found one in a corner and we were about to sit down when Sommer, whom we had already forgotten, appeared in front of us.

'Well, what about me?' he said.

'Take a chair and join us,' conceded Michel.

Jeannot returned to take the order: grilled pig's trotters, a bottle of Meursault.

'I must look after everyone,' he said. 'When the rush is over I'll come and see you. I'll have you brought some "blancs cassis".'

He disappeared and a pale-looking waiter with a moustache came and set down three glasses on our table.

Michel Déon: 'Les Gens de nuit'

14 Alone across the Atlantic (2)

Early in the morning of the 20th of August, I realised that this day would see the climax of all the storms I had met. As far as the eye could see there was nothing but a raging whirlpool of water over which towered an army of clouds as black as ink, driven by the storm . . .

All at once a disaster seemed to engulf me; it was exactly noon. Suddenly I saw coming from the horizon a huge wave, whose white roaring crest seemed so high that it overtopped all the others. I could scarcely believe my eyes. It was a thing of beauty as well as of terror. It was coming towards me with a rumble of thunder.

Knowing that if I stayed on deck I would meet certain death, for I was bound to be swept overboard, I just had time to climb into the rigging and I was about half-way up the mast when the wave broke in fury over the *Firecrest*, which disappeared beneath tons of water and a whirlpool of foam. The ship paused and heeled over beneath the shock and I wondered if she was going to be able to surface again.

Alain Gerbault: 'Seul à travers l'Atlantique'

15 Progress

THE MAN: Nowadays, you see, pleasures, amusements, excitements, the cinema, taxes, discothèques, the telephone, the radio, the aeroplane, big stores . . .

THE WOMAN: Oh, yes, there's no mistake about it!

THE MAN: . . . prison, the 'grands boulevards', the Welfare State and everything, everything . . .

THE WOMAN: Quite so . . .

THE MAN: Everything which makes up the charm of modern life, it has all changed humanity to such an extent that it has become unrecognisable! . . .

THE WOMAN: And not for the better, either!

THE MAN: And yet, it would be idle to deny progress which you can see progressing everyday . . .

THE WOMAN: Quite so . . .

THE MAN: . . . In technology, applied science, mechanics, literature and the arts . . .

THE WOMAN: Indeed. One must be fair. It isn't nice to be unfair.

THE MAN: You could even go as far as to say that civilisation is continuously advancing on a favourable course thanks to the joint effort of all nations . . .

THE WOMAN: That's correct. I was about to say the same.

THE MAN: How far we have travelled since our ancestors living in caves, devouring each other and living off sheep skins! How far we have travelled!

THE WOMAN: Oh! Yes indeed! . . . And central heating, what about central heating? Did they have that in their caves?

THE MAN: Well, my dear lady, when I was a little boy . . .

THE WOMAN: They are sweet at that age!

THE MAN: . . . I lived in the country; I remember our heating still came from the sun, winter and summer; we used paraffin for lighting—it's true it was cheaper then—and sometimes even candles! . . .

THE WOMAN: That happens even today when there are power failures.

Eugène Ionesco: 'La Jeune Fille à marier'

Verbs

1 Formation of the Subjunctive

(a) Present Subjunctive

With most verbs, the third person plural of the present indicative provides the **stem**:

donner	ils donnent	je donne
finir	ils finissent	je finisse
perdre	ils perdent	je perde
servir	ils servent	je serve

The **endings** are:

-e	je serve	-ions	nous servions
-es	tu serves	-iez	vous serviez
-e	il serve	-ent	ils servent

Note that the first and second persons plural have the same form as the imperfect indicative. This occurs in many verbs that have an irregular present indicative. Examples:

jeter	je jette	nous jetions	vous jetiez
devoir	je doive	nous devions	vous deviez
prendre	je prenne	nous prenions	vous preniez

The present subjunctive of the following verbs is irregular (see Verb Tables): *aller, avoir, être, faire, falloir, pouvoir, savoir, valoir, vouloir.*

(b) Imperfect subjunctive

The **stem** is the same as for the past historic. For example, the first person singular is formed by adding -*se* to the second person singular of the past historic:

donner	tu donnas	je donna*sse*
vendre	tu vendis	je vendi*sse*
recevoir	tu reçus	je reçu*sse*

The **endings** are:

je donn*asse*	je vend*isse*	je re*çusse*
tu donn*asses*	tu vend*isses*	tu re*çusses*
il donn*àt*	il vend*ît*	il re*çût*
nous donn*assions*	nous vend*issions*	nous re*çussions*
vous donn*assiez*	vous vend*issiez*	vous re*çussiez*
ils donn*assent*	ils vend*issent*	ils re*çussent*

Venir and *tenir* are the only exceptions to these three types (see Verb Tables).

(c) Perfect and pluperfect subjunctive

The auxiliary is put into the subjunctive form:

Vous *avez* réfléchi : Il faut que vous *ayez* réfléchi.

J'*avais* réfléchi : Bien que j'*eusse* réfléchi.

Il *est* venu : Avant qu'il *soit* venu.

Nous *étions* venus : De peur que nous ne *fussions* venus.

2 Formation of the Past Historic

The past historic is always one of three types. The **endings** are:

-ai	-is	-us
-as	-is	-us
-a	-it	-ut
-âmes	-îmes	-ûmes
-âtes	-îmes	-ûtes
-èrent	-irent	-urent

Venir and *tenir* are the only exceptions (see Verb Tables).

3 Certain Verbs in -er

(a) Verbs in -*ger*, -*cer*. The *g* or *c* must be softened (*ge*, *ç*) before *o* or *a*:

nous siégeons; il rangeait
nous commençons; il commençait

(b) Verbs such as *mener, lever, acheter* require *è* before mute *e* endings:

il amène; il amènera

(exceptions: appeler and jeter double the consonant.)

(c) Verbs such as *espérer, siéger, régler* change *é* to *è* before mute *e* endings, except in the future:

il siège; il gérera

4 Verb Tables

(a) Regular verbs

Infinitive	Participles	Present Indicative	Past Historic	Future	Present Subjunctive
donner	donnant donné	donne -es -e donnons -ez -ent	donnai	donnerai	donne -es -e donnions -iez -ent
finir	finissant fini	finis -is -it finissons -ez -ent	finis	finirai	finisse -es -e finissions -iez -ent
vendre	vendant vendu	vends vends vend vendons -ez -ent	vendis	vendrai	vende -es -e vendions -iez -ent

(b) Irregular verbs

Infinitive	Participles	Present Indicative	Past Historic	Future	Present Subjunctive
acquérir	acquérant acquis	acquiers -s -t acquérons -ez acquièrent	acquis	acquerrai	acquière -es -e acquérions -iez acquièrent
aller	allant allé	vais vas va allons allez vont	allai	irai	aille -es -e allions -iez aillent
apercevoir: *like* recevoir					
assaillir	assaillant assailli	assaille -es -e assaillons -ez -ent	assaillis	assaillirai	assaille -es -e assaillions -iez -ent
s'asseoir	asseyant assis	assieds -s assied asseyons -ez -ent	assis	assiérai	asseye -es -e asseyions -iez -ent
atteindre: *like* craindre					
avoir	ayant eu	ai as a avons avez ont *Imperative:* aie ayons ayez	eus	aurai	aie aies ait ayons ayez aient
battre	battant battu	bats bats bat battons -ez -ent	battis	battrai	batte -es -e battions -iez -ent
boire	buvant bu	bois -s -t buvons -ez boivent	bus	boirai	boive -es -e buvions -iez boivent
concevoir: *like* recevoir					
conclure	concluant conclu	conclus -s -t concluons -ez -ent	conclus	conclurai	conclue -es -e concluions -iez -ent
conduire	conduisant conduit	conduis -s -t conduisons -ez -ent	conduisis	conduirai	conduise -es -e conduisions -iez -ent
connaître	connaissant connu	connais -s connaît connaissons -ez -ent	connus	connaîtrai	connaisse -es -e connaissions -iez -ent
construire: *like* conduire					
coudre	cousant cousu	couds -s coud cousons -ez -ent	cousis	coudrai	couse -es -e cousions -iez -ent
courir	courant couru	cours -s -t courons -ez -ent	courus	courrai	coure -es -e courions -iez -ent
couvrir: *like* ouvrir					
craindre	craignant craint	crains -s -t craignons -ez -ent	craignis	craindrai	craigne -es -e craignions -iez -ent
croire	croyant cru	crois -s -t croyons -ez croient	crus	croirai	croie -es -e croyions -iez croient
croître	croissant crû (*f* crue)	croîs croîs croît croissons -ez -ent	crûs	croîtrai	croisse -es -e croissions -iez -ent

Infinitive	Participles	Present Indicative	Past Historic	Future	Present Subjunctive
cueillir	cueillant cueilli	cueille -es -e cueillons -ez -ent	cueillis	cueillerai	cueille -es -e cueillions -iez -ent
détruire: *like* conduire					
devoir	devant dû (*f* due)	dois -s -t devons -ez doivent	dus	devrai	doive -es -e devions -iez doivent
dire	disant dit	dis -s -t disons dites disent	dis	dirai	dise -es -e disions -iez -ent
dormir	dormant dormi	dors -s -t dormons -ez -ent	dormis	dormirai	dorme -es -e dormions -iez -ent
écrire	écrivant écrit	écris -s -t écrivons -ez -ent	écrivis	écrirai	écrive -es -e écrivions -iez -ent
envoyer	envoyant envoyé	envoie -es -e envoyons -es envoient	envoyai	enverrai	envoie -es -e envoyions -iez envoient
être	étant été	suis es est sommes êtes sont *Imperative:* sois soyons soyez	fus	serai	sois sois soit soyons soyez soient
faillir	faillant failli	—	faillis	faillirai	—
faire	faisant fait	fais -s -t faisons faites font	fis	ferai	fasse -es -e fassions -iez -ent
falloir	— fallu	il faut	il fallut	il faudra	il faille
fuir	fuyant fui	fuis -s -t fuyons -ez fuient	fuis	fuirai	fuie -es -e fuyions -iez fuient
haïr	haïssant haï	hais hais hait haïssons haïssez haïssent	haïs	haïrai	haïsse -es -e haïssions -iez -ent
lire	lisant lu	lis -s -t lisons -ez -ent	lus	lirai	lise -es -e lisions -iez -ent
mentir: *like* dormir					
mettre	mettant mis	mets -s met mettons -ez -ent	mis	mettrai	mette -es -e mettions -iez -ent
mourir	mourant mort	meurs -s -t mourons -ez meurent	mourus	mourrai	meure -es -e mourions -iez meurent
mouvoir	mouvant mû (*f* mue)	meus -s -t mouvons -ez meuvent	mus	mouvrai	meuve -es -e mouvions -iez meuvent
naître	naissant né	nais -s naît naissons -ez -ent	naquis	naîtrai	naisse -es -e naissions -iez -ent
nuire	nuisant nui	nuis -s -t nuisons -ez -ent	nuisis	nuirai	nuise -es -e nuisions -iez -ent
offrir: *like* ouvrir					
ouvrir	ouvrant ouvert	ouvre -es -e ouvrons -ez -ent	ouvris	ouvrirai	ouvre -es -e ouvrions -iez -ent
paraître: *like* connaître					
partir: *like* dormir					
plaire	plaisant plu	plais -s plaît plaisons -ez -ent	plus	plairai	plaise -es -e plaisions -iez -ent
plaindre: *like* craindre					

Infinitive	Participles	Present Indicative	Past Historic	Future	Present Subjunctive
pleuvoir	pleuvant plu	il pleut	il plut	il pleuvra	il pleuve
poindre	poignant point	il point ils poignent	il poignit	il poindra	il poigne
pouvoir	pouvant pu	peux (puis) -x -t pouvons -ez peuvent	pus	pourrai	puisse -es -e puissions -iez -ent
prendre	prenant pris	prends -s prend prenons -ez prennent	pris	prendrai	prenne -es -e prenions -iez prennent
produire: *like* conduire					
recevoir	recevant reçu	reçois -s -t recevons -ez reçoivent	reçus	recevrai	reçoive -es -e recevions -iez reçoivent
réduire: *like* conduire					
se repentir: *like* dormir					
résoudre	résolvant résolu	résous -s -t résolvons -ez -ent	résolus	résoudrai	résolve -es -e résolvions -iez -ent
rire	riant ri	ris ris rit rions riez rient	ris	rirai	rie -es -e riions riiez rient
savoir	sachant su	sais -s -t savons -ez -ent *Imperative:* sache sachons sachez	sus	saurai	sache -es -e sachions -iez -ent
sentir: *like* dormir sortir: *like* dormir					
servir: *like* dormir souffrir: *like* ouvrir					
suffire	suffisant suffi	suffis -s -t suffisons -ez -ent	suffis	suffirai	suffise -es -e suffisions -iez -ent
suivre	suivant suivi	suis -s -t suivons -es -ent	suivis	suivrai	suive -es -e suivions -iez -ent
tenir	tenant	tiens -s -t tenons -ez tiennent	tins -s -t tînmes tîntes tinrent	tiendrai	tienne -es -e tenions -iez tiennent *Imp:* tinsse -es tînt tinssions -iez -ent
traduire: *like* conduire					
vaincre	vainquant vaincu	vaincs -s vainc vainquons -ez -ent	vainquis	vaincrai	vainque -es -e vainquions -iez -ent
valoir	valant valu	vaux -x -t valons -ez -ent	valus	vaudrai	vaille -es -e valions -iez vaillent
venir	venant venu	viens -s -t venons -ez viennent	vins -s -t	viendrai	vienne -es -e venions -iez viennent *Imp:* vinsse -es vînt vinssions -iez -ent
vêtir	vêtant vêtu	vêts -s vêt vêtons -ez -ent	vêtis	vêtirai	vête -es -e vêtions -iez -ent
vivre	vivant vécu	vis -s -t vivons -ez -ent	vécus	vivrai	vive -es -e vivions -iez -ent
voir	voyant vu	vois -s -t voyons -ez voient	vis	verrai	voie -es -e voyions -iez voient
vouloir	voulant voulu	veux -x -t voulons -ez veulent *Imperative:* veuille veuillons veuillez	voulus	voudrai	veuille -es -e voulions -iez veuillent

Grammatical Index

References are to the passage and grammar section:
e.g. 8.3 refers to passage 8, grammar section 3.

199